가틍가가치분
투자 비밀 노트

감정평가사가 알려주는

# 가등기·가처분 투자 비밀노트

차건환 지음

두드림미디어

"특수경매는 이 책을 읽은 분과 읽지 아니한 분을 구분할 것입니다.

이 책을 읽지 않고는 특수경매를 한다고 할 수 없습니다."

## 지은이 차건환

현) 감정평가사사무소 운영
서강대학교 공공정책대학원 졸업
공매 경매 투자(약 20년)
감정평가사, 공인중개사, 주택관리사

네이버카페 '부자클럽이망' 《특수경매 원터어 과정》 진행(수시 모집)
https://cafe.naver.com/donzzul22
메일주소 : counsapp@naver.com

전) 스피드옥션 '사례로 풀어보는 법원경매감정평가서 분석' 강의
전) 캠퍼스부동산스쿨 '특수물건의 수익실현 특강'
전) 패스트캠퍼스 '특수물건 심화사례과정 담당'

자서 《감정평가사가 알려주는 정년 없는 부동산 경매》
《스타트 소액 특수경매》
《법정지상권 투자 비밀노트》
《공유지분 투자 비밀노트》

## 소액으로 얼마든지 가능한 특수경매

누구나 생각합니다.

'경매 투자를 하려면 큰돈이 있어야 하는 게 아닌가?'

돈 없는 분들이 돈을 벌려고 하는데 어디서 큰돈이 있을까요?

1,000만 원이 안 되는 소액으로도 얼마든지 가능합니다. 더구나 매출도 필요 없습니다. 소액으로 낙찰받아 꾸준하고 안정적인 수익을 낼 수 있는 분야가 특수경매 시장입니다. 물론 예전에 비해 특수경매 시장도 경쟁이 과열되는 분위기가 있습니다.

이는 많은 분들이 일반경매 시장에서 특수경매 시장으로 넘어오는 영향이 클 것입니다. 그리고 많은 경린이들이 특수경매로 시작하기도 합니다. 경매 초보자들도 당장은 믿을 만한 전문가의 가이드를 받게 되면 어렵지 않게 시작하고 정착할 수 있습니다.

## 부동산 경기와 정책의 무풍지대 소액 특수경매

시대의 변화와 더불어 경매 투자에서도 투자자들의 지식이 나날이 업그레이드되고 있습니다. 이제는 아파트 등의 일반경매 시장에서는 아무리 고수라도 초보자들과 별반 차이가 없습니다. 한마디로 일반경매 시장에서는 먹을 것이 없다는 것입니다.

"아파트, 빌라 경매임잖은 매번 하는데 패찰이 다반사이니 경매에 회의감이 드신다고요?"

"대출 금리 때문에 더 이상 투자가 힘들다구요?"

"경매는 큰돈이 필요해서 못한다구요?"

그렇다고 경매를 하지 않고서는 재테크를 꿈꿀 수 없습니다. 왜냐하면 다양한 재테크 수단들 중에서 경매만큼 리스크 대비 수익성이 좋은 곳은 없기 때문입니다.

## 특수경매(물건)에 입문하는 분들에게

특수물건이라는 영역에 입문하는 대다수 분들은 열[[쯤]]기 강사의 강의나 책에서 소개하는 내용을 보고, **특수물건은 권리상 하자나 법적인 문제만 해결하면 바로 수익이 실현된다고 착각하게 됩니다.**

소송 등의 지엽적인 부분(물건소장 작성 등)을 서술하면서 부각시키고 이를 본 독자들은 절차절법적인 공부만으로 특수경매 관련 학습은 끝인 것으로 착각합니다.

이는 **휴세무민**(憑世誣民)이거나 짧은 경험으로 느끼는 것을 전체인 것처럼 착각하는 것입니다. 소송 등의 절차절법적인 공부만으로 특수경매의 정 령을 논한다면 변호사들이 특수경매 시장을 독점해야 하는 게 아닐까요?

정작 중요한 것은 이러한 절차적인 문제가 해결되어도 마무리가 안 되어 어쩔 수 없이 보유하게 되는 물건이 있는 반면, 문제 해결이 안 되더라 도 잘 팔리는 물건이 있다는 것입니다.

**결국에는 하자의 해결 여부와 상관없이 마무리가 가능한 돈이 되는 물건, 어렵지 않게 팔 수 있는 물건을 분석하고 선별하는 능력이 필요합니다.**

그리기 위해서는 (민법 등) 실체법을 공부해야 합니다.

## 특수경매의 수준을 한 단계 업그레이드!

제가 부동산 법원 경매와 인연을 맺은 지 어언 20년이 넘었습니다. 초기에는 특수경매에 관한 똑넓은 인식도 없었을 뿐더러 특별한 지식보다는 용기만 있더라도 쉽게 수익이 창출되는 시장이었습니다.

그러나 시간의 흐름에 따라 특수경매 분야의 문턱도 낮아지고, 지금은 다양한 교재와 강의를 찾아볼 수 있습니다. 그린데 소설류와 같은 무용담 에서부터 세밀한 이론을 정리한 교재도 발간되고 있고, 초기 유명세를 떨친 강사의 고역 강의에는 사람들이 좀 설 정도가 되었지만, 몇몇을 제외 하고는 특수경매 투자에서 정작보다는 도태되는 분들이 상당수 있습니다.

**많은 이유가 있겠지만,** 급한 마음에 여기저기서 비법이라는 광고 문구에 현혹되어 체계적인 공부는 생략하고 바로 고액의 실전 투자반 또는 물건 투자반을 통해 수익을 실현하려고 하는 것이 그 이유일 것입니다.

물건을 처리하고 해결하는 과정은 때로는 너무 쉽게 수익 창출로 연결되기도 하지만 때로는 다사다난한 경우도 많은데, 강사가 끝까지 케어해 주는 경우는 없습니다. 여기서 수강생들은 실망하고, 결국에는 특수경매를 포기하게 되는 것입니다. 이러한 상황을 수강생이나 강사, 어느 한쪽의 책임이라고 탓할 수는 없습니다.

## 최소한 이 책이라도 학습하고, 실전 투자를 시작하기를 바랍니다.

이 책 한 권으로 이론과 실전 사례를 완벽히 동시에 학습하는 효과가 있다고 장담할 수는 없지만, 실전 투자에서 일어날 수 있는 다양한 상황을 간접적으로 체험해보면서 이론 중심의 강의와 실전 투자에서 발생하는 괴리감을 최소화하는 데 도움을 드리려고 합니다.

## 보편 타당한 상식이 진리임을 깨달아야 합니다

### "공부를 하지 않고 소액으로 투자해서 도을 벌었다"라는 생각을 가진 분들은 이 책을 구매하지 마시기 바랍니다.

저자는 이제까지 다양까지 다양한 투자자들을 접해왔습니다. 그중 가장 실망스러운 유형은 단순하고 기본적인 세상의 이치를 깨닫지 못하는 분들이었습니다. 기본적인 공부도 안 된 상태에서 말 같지도 않은 내용을 비법이라고 가르치는 말도 안 되는 강의만 좋아다니는 분들입니다.

세상에 공짜는 없습니다. 혹여 나는 200~300만 원의 수업료를 지불했다고 마지려는 분들도 계실 겁니다. 그 도만 지불하면 공부도 필요 없고, 투자 수익을 창출해주는 실전반이 있다면 제가 먼저 그 강의의 수강신청을 할 것입니다.

기억하세요! 아무리 힘들어도 스스로 경매 공부를 해야 합니다. 돈이 부족한 분들이라면 더더욱 공부를 해야 합니다. 돈이 부족한 분들은 스스로 경매 공부를 해야 합니다. 적은 돈으로 남들보다 돈을 잘

별러면 가지고 있어야 할 무기가 무엇일까요?

답은 정해져 있습니다.
아는 만큼 보이고 보이는 만큼 움직입니다. 움직이는 만큼 수익이 창출됩니다. 평생!

사이비 같은 비밀 강의 수강을 통해 특수경매에서 성공해보겠다고 생각하는 분들은 부디 다시 생각해보시기를 바랍니다. 세상에 그런 비밀이 있으면 나 혼자 누리지, 자선사업가도 아닌 이상 그런 비밀을 공유할 사람이 있을까요?

마지막으로 처음 가졌던 마음가짐, 초심을 잊지 마시기 바랍니다.
지면의 한계로 부족한 사례의 스토리텔링은 (온라인 또는 오프라인) 강의로 찾아뵙겠습니다.

혼자가 아닌 우리라는 느낌을 주는 네이버 카페 '부자클라이밍'의 이선임, 이장렬, 이영식, 이웅, 최희영, 이광민, 유지현, 박현근 님과 저자의 법 관련 궁금증에 아낌없이 조언해주신 법무법인 장수의 박상목 대표변호사님께 깊은 감사의 인사를 드립니다.

차건환

※ 본서 내용 중에 설명이 생략된 경매사건들이 있으나 이는 원래의 계획에 없던 것으로 조금이라도 독자들에게 도움이 되고자 관련 사건을 검색해볼 수 있도록 한 것이니 양해바랍니다.

※ 가등기·가처분 이론이나 판례를 공부하다 보면 민법적으로 생소한 이론들이 연관되어 있습니다.
그때마다 이것저것 찾아보지 않더라도 교재로 별도로 학습이 가능하도록 했습니다(ex. 소멸시효와 제척기간의 비교 등).
민법적인 내용들은 각 분야가 뇌신경회로의 시냅스와 같이 관련되어 있다는 것을 이해하면 폭넓은 학습이 가능하리라 확신합니다.

이런 분에게 본서를 추천합니다.

· 지속적인 수익이 필요한 분
· 투자금이 소액이라 고민인 분
· 소액 특수경매를 어떻게 시작해야 할지 몰라 고민인 분
· 이론적인 내용뿐만 아니라 실전 사례도 보고 싶은 분
· 평생 동안 꾸준하게 할 수 있는 재테크 무기를 장착하고 싶은 분
· 제대로 가등기·가처분 관련 공부를 하고 처리과정을 배우고 싶은 분

# PART 1.
# 가등기

차례

# PART 1.
# 가등기

# PART 1.
# 가등기

# PART 2.
# 가처분

# PART 2.
# 가처분

# PART 2.
# 가처분

PART

가등기

# 가동기의 개관

# CHAPTER 1. 가등기의 개관

## 가등기란?

| 종류 | 개념 | 효력 | 실례 |
|---|---|---|---|
| 보전가등기 | 장래의 권리 또는 조건부 권리의 순위를 보전하기 위한 예비등기 | 본등기의 순위를 보전하는 효력 | 매매예약을 원인으로 하는 소유권이전청구권보전을 위한 가등기 |
| 담보가등기 | 금전소비대차계약 + 대물변제의 예약 + 채권담보계약 + 가등기 | – 담보권실행<br>– 경매청구 | 대물변제예약을 원인으로 하는 채권담보목적의 가등기 |

## 가등기의 개념 도해(1)

소유권이전청구권보전가등기(=순위보전가등기)
- 매매예약을 원인으로 하는 가등기
- 매매계약을 원인으로 하는 가등기

담보가등기(=소유권이전담보가등기)
⇒ 가담법 적용

대물반환예약을 원인으로 하는 가등기

담보목적가등기
(=차용물의 반환에 갈음해 부동산을 이전할 것을 예약하는 것이 아닌 매매대금(부동산 x), 물품대금, 공사대금, 손해배상채권 등을 담보하는 가등기)

설정 차용물의 반환에 갈음해 부동산을 이전할 목적이라 하더라도 가등기목적물의 가액이 그 피담보채권의 원금과 이자의 합계액을 초과하지 않는 경우에는 담보가등기가 될 수 없다. 즉, 담보목적가등기는 가담법이 적용되지 않기 때문에 경매절차에서 배당받을 수 없고, 경매신청권도 없다. 담보목적가등기권자가 채권을 변제받는 유일한 방법은 본등기를 통해서 가등기 목적물의 소유권을 취득하는 것이다.

① 매매(2018. 8. 1)
소유권이전청구권보전가등기
(2018. 8. 10) 원인 : 매매예약
② 이중매매
소유권이전등기
(2018. 9. 10)
③ 본등기
(2018. 10. 10)
④ 등기관 직권말소
(병 소유권 상실)

갑 → 병 → 을

담보가등기의 채권회수방법
1. 권리취득에 의한 실행 : 청산절차 = 통지→청산기간경과→청산금지급→소유권이전등기(본등기)
2. 경매에 의한 실행 : 담보가등기에 기해 경매신청

갑(채권자)  ←2억 원 차용→  을(채무자)
저당권설정 대신 가등기
(대물변제예약)
3억 원

① 2016. 7. 10 담보목적가등기
경매 진행
② 2018. 9. 10 낙찰
③ 2018. 11. 10 본등기 실행
④ 병(낙찰자) 소유권 상실

갑(부동산)  을(가등기권자)  병(낙찰자)

CHAPTER

# 2

## 가등기의 종류

## CHAPTER 2. 가등기의 종류

### 1. 보전가등기(통상의 가등기)

#### 소유권이전청구권보전가등기의 개념

1) 부동산에 관한 물권(소유권, 지상권, 지역권, 저당권, 권리질권) 또는 부동산 임차권의 설정 · 이전 · 변경 · 소멸의 청구권을 미리 보존하려 할 때, 즉 장래 권리변동을 발생시킬 청구권을 보전하려고 할 때

2) 위 청구권의 시기부 또는 정지조건부일 때

3) 위 청구권의 장래에 있어서 확정되는 것일 때 이루어지는 등기

등기사항전부증명서상의 '소유권이전청구권가등기'

등기부등본의 등기원인에는 '매매예약'또는 '매매예약'이라고 기재되어 있으며, 흔히 소유권이전청구권가등기를 '매매예약가등기'라고도 한다.

아직 계약 체결의 상태에 이르지는 못했으나 장래에 체결될 것으로 미리 예정하는 개념으로서 매매예약이 체결된 경우와 달리 매수인은 매도인에 대해 당장은 이전등기청구권을 가지지 못하지만, 주주 매매예약을 완성할 수 있는 권리인 예약완결권(豫約完結權)이 행사되면 매도인은 소유권이전등기의무를 매수인은 대금지급의무를 부담하는 등 매매예약의 이행단계에 돌입하게 된다.

# CHAPTER 2. 가등기의 종류

## 1. 보전가등기(통상의 가등기)

일반적으로 가등기는 '매매예약'을 원인으로 하는 경우가 많다. 소유권이전청구권가등기는 실제 소유권을 가져오기 위한 목적이 아니라 채무자의 부동산을 담보로 잡는 목적으로 이용되기 때문이다. 이것을 흔히 '담보가등기'라고 한다.

| 순위번호 | 등 기 목 적 | 접 수 | 등 기 원 인 | 권리자 및 기타사항 |
|---|---|---|---|---|
| 9 | 소유권이전 | 2017년 7월 6일<br>제20314호 | 2017년 6월 28일<br>매매 | 소유자 송정 ▓ 590625-******<br>경기도 여주시 현남길 ▓ (현암동)<br>매매목록 제2017-832호 |
| 10 | 소유권이전청구권가<br>등기 | 2017년 7월 6일<br>제20315호 | 2017년 6월 28일<br>매매예약 | 가등기권자 조억 ▓ 771025-******<br>경기도 수원시 팔달구 권광로 373,<br>(우만동, ▓ ) |

(출처 : 대한민국 법원 사이트)

## 1. 보전가등기(통상의 가등기)

## 가. 보전가등기의 효력

### 1) 순위보전적 효력

① 가등기에 기하여 본등기가 이루어지면, 본등기의 순위가 가등기의 순위에 의하게 되므로(부동산등기법 제9①조), 가등기 이후의 등기로서 가등기에 의해 보전되는 권리를 침해하는 등기는 등기관의 직권으로 말소된다(부동산등기법 제92조). 다만, 본등기에 의한 물권변동의 효력이 가등기 시로 소급하는 것은 아니다.

② 소유권이전등기 청구권 보전을 위한 가등기의 효력(순위보전의 효과 O, 물권변동의 효과 X)

순위보전의 효과          물권변동의 효과

'갑'의 토지          '갑' 건물신축          '을' 본등기          '병'이 토지 매수
'을' 가등기

## 사안의 개요

1. 피고 강영○ 소유이던 서울성북구 정능동 정능동 810외x 대 86평(이하 "이 사건 대지"라고 함)에 관해 1971. 10. 7일자로 소외 김영희 명의로 매매예약에 의한 소유권이전등기청구권보전을 위한 가등기가 경료됨.

2. 1971. 12. 31 피고 강영○는 위 가등기를 경료한 후 이 사건 대지에 건물을 건립해 피고 명의로 소유권이전등기를 경료함.

3. 1972. 4. 4 등 소외인 명의로 위 가등기에 기한 소유권이전의 본등기가 경료됨.

4. 1978. 12. 11 원고 명의로 매매를 원인으로 소유권 이전등기가 경료됨.

5. 원고는 소유권이전등기를 완료한 후 이 사건 대지 위 건립된 건물에 관해 피고 등을 상대로 건물철거, 대지인도 청구를 하고 피고는 반소로 원고를 상대로 법정지상권설정등기를 청구함.

## 1. 보전가등기(통상의 가등기)

### 대법원 1982. 6. 22 선고 81다1298, 1299판결

가등기는 그 성질상 본등기의 순위보전의 효력만 있고 후일 본등기가 경료될 때에는 본등기의 순위가 가등기한 때로 소급함으로써 가등기 후 본등기 전에 이루어진 중간처분이 본등기보다 후순위로 되어 실효될 뿐이고 본등기에 의한 물권변동의 효력이 가등기한 때로 소급하여 발생하는 것은 아니므로 본건 대지에 관한 소외인 명의의 가등기가 경료된 후 그에 기한 본등기가 이루어지기 전까지의 본건 대지의 소유자는 피고 1이었던 것이고, 따라서 본건 대지와 건물은 모두 피고 1의 소유에 속해 있다가 소외인이 1972. 4. 4 본건 대지에 관하여 소유권이전등기를 경료함으로써 대지와 건물이 각기 소유자를 달리하게 된 것이나 본건 건물을 철거한다는 조건 등의 특별한 사정이 없는 한 피고 1은 본건 대지상에 건물의 소유를 목적으로 하는 관습상의 법정지상권을 취득하였다고 판단하여 원고의 청구를 기각하였다(대법원 1982. 6. 22 선고 81다1298, 1299 판결).

### 2) 가등기에 기한 본등기

가등기와 본등기 사이의 중간처분의 등기, 처분제한의 등기는 등기관의 직권에 의해 말소된다.

#### ① 가등기 상태

| 순위 번호 | 등기 목적 | 접수 | 등기 원인 | 권리자 및 기타사항 |
|---|---|---|---|---|
| 1 | 소유권이전 | 2014. 5. 18 | 매매 | 고세○ |
| 2 | 소유권이전청구권 가등기 | 2018. 7. 1 | 매매계약 | 백승○ |
| 3 | 소유권이전 | 2018. 9. 15 | 매매 | 권경○ |
| 4 | 전세권 | 2018. 10. 13 | 전세권 설정 | 류현○ |

# CHAPTER 2. 가등기의 종류

## 1. 보전가등기(통상의 가등기)

② 가등기에 기한 본등기 실행

| 순위 번호 | 등기 목적 | 접수 | 등기 원인 | 권리자 및 기타사항 |
|---|---|---|---|---|
| 1 | 소유권이전 | 2014. 5. 18 | 매매 | 고세○ |
| 2 | 소유권이전청구권 가등기 | 2018. 7. 1 | 매매계약 | 백승○ |
| 2-1 | 본등기 | 2019. 1. 7 | 가등기에 의한 본등기 | 백승○ |
| 3 | 소유권이전 | 2018. 9. 15 | 매매 | 권경○ |
| 4 | 전세권 | 2018. 10. 13 | 전세권 설정 | 류현○ |

백승○가 본등기를 하면 등기부등본 갑구에 순위번호가 2-1번으로 기재되는데 이것을 '부기등기'라고 하며, 부기등기는 본등기의 순위에 따른다. 즉, 본등기는 가등기 순위를 따르게 되는 것이다.

3) 가등기 이전등기의 가부 및 등기부상 공시 방법

가등기는 원래 순위를 확보하는 데 그 목적이 있으나, 순위 보전의 대상이 되는 물권변동의 청구권은 그 성질상 양도될 수 있는 재산권일 뿐만 아니라 가등기로 인하여 그 권리가 공시되어 결과적으로 공시방법까지 마련된 셈이므로, 이를 양도한 경우에는 양도인과 양수인의 공동신청으로 그 가등기상의 권리의 이전등기를 가등기에 대한 부기등기의 형식으로 경료할 수 있다고 보아야 한다(대법원 1998. 11. 19 선고 98다24105 판결).

4) 가등기상 권리의 처분을 제한하는 처분금지가처분의 기입등기의 가부 및 등기부상 공시 방법

가등기에 대한 부기등기의 형식으로 공시한다.

## 가등기소유권이전청구권 가처분

피보전권리 : 사해행위 취소로 인한 소유권이전청구권가등기 말소청구권

매각물건명세서에 사해행위로 가등기말소판결이 존재를 기재했다.

## 가처분의 목적달성(소송결과) 여부 확인 방법

대법원도서관 특별열람신청란을 신청한다 ⇒ 본안소송결과를 확인한다

⇒ 판결문 사본제공을 신청한다 ⇒ 판결문을 확인한다(목적달성 여부 확인).

※ 가처분권자를 탐문하는 방법이 현실적이다.

### 실사례 충주 2008 타경 2384

**사건내용**

| 소 재 지 | 충북 음성군 생극면 생리 | | | |
|---|---|---|---|---|
| 경매구분 | 강제경매 | 채 권 자 | 신0000 | |
| 용 도 | 공장용지 | 채무소유자 | 김00 | |
| 감 정 가 | 138,690,000 (08.05.07) | 매 각 기 일 | 09.01.20 (93,250,000원) | |
| 최 저 가 | 78,014,000 (56%) | 종 국 결 과 | 09.04.07 배당종결 | |
| | | 토 지 면 적 | 1,541.0m² (466.2평) | |
| | | 건 물 면 적 | 0m² (0.0평) | |
| 입찰보증금 | 7,801,400 (10%) | 경매개시일 | 08.03.25 | |
| 주 의 사 항 | · 선순위가등기 · 별도등기 | 배당종기일 | 08.07.09 | |
| 조 회 수 | · 금일조회 1 (0) · 금차공고후조회 353 (6) · 누적조회 361 (7) · 7일내 3일이상 열람자 0 · 14일내 6일이상 열람자 0 | | | |

(기준일-2009.01.20/전국연회원전용)

**소재지/감정요약**

충북 음성군 생극면 생리

감정평가액
토지:138,690,000

감정평가요약
- 북측노후5m내외원진입
- 공장진출입도로, 경하
- 매수도및지자선도로접
- 부정형평지
- 일반관리
- 제로변동률일측 징증 완
- 공부지목전임야, 이하현황
- 공장건물수혜진입 농
- 전기등 인입가능설
- 차량진출입가능
- 부정형평지
- 리토포장된토지
- 부속동고압지상
- 부축차창원은으로이용중
- 이래_대부분나대지상
- 타임 변동내역
- 관리지역
- 배출시설설치제한지역

2008.05.07 한국감정

**물건번호/면적(m²)**

물건번호: 단독물건

공장용지:629.0
(190.27평)
₩138,690,000

**감정가/최저가/과정**

| 감정가 | 138,690,000 |
|---|---|
| 최저가 | 78,014,000 (56%) |

경매진행과정
① 138,690,000
2008-10-28 유찰
② 25% ↓ 104,018,000
2008-12-02 유찰
③ 25% ↓ 78,014,000
2009-01-20 매각

| 매수인 | 김00 |
|---|---|
| 응찰수 | 2명 |
| 매각가 | 93,250,000 (67.24%) |

2009-04-07 종결

**임차조사**

법원임차조사
*공장용소규모나 목적물인 관련된 사람을 만나거나 전유부분에 점유하는 것으로 점유관계는 미상이나 점유자는 없는 것을 알 수 있음

**등기권리**

소유권 김00
2003.04.19
전소유자재00

가등기 김경
2003.06.26
소유이전청구권
등

가압류 기술신용보증
월주
2003.08.30
85,000,000

가압류 신용보증기금
월주
2003.09.06
18,000,000

가처분 김00
2005.06.04
김경0 가등기 소
유권이전청구권
월주

가처분 김00
2005.06.04
김경0 가등기 소
유권이전청구권
차 00

임 류 음성군
2006.09.27

임 류 근로복지공단
2006.12.11

임 류 신용보증기금
2007.03.02

가압류 교보생명보험

## 등기부 등본 (말소사항 포함) - 토지

[토지] 충청북도 음성군 생극면 생리    고유번호 1545-1996-367540

【 표 제 부 】 ( 토지의 표시 )

| 표시번호 | 접 수 | 소 재 지 번 | 지 목 | 면 적 | 등기원인 및 기타사항 |
|---|---|---|---|---|---|
| 1 (전4) | 1997년4월15일 | 충청북도 음성군 생극면 생리 | 답 | 629㎡ | 부동산등기법 제177조의 6 제1항의 규정에 의하여 2002년 05월 27일 전산이기 |
| 2 | 2002년6월17일 | 충청북도 음성군 생극면 생리 | 공장용지 | 629㎡ | 지목변경 |

【 갑 구 】 ( 소유권에 관한 사항 )

| 순위번호 | 등 기 목 적 | 접 수 | 등 기 원 인 | 권 리 자 및 기 타 사 항 |
|---|---|---|---|---|
| 1 (전9) | 소유권이전 | 2001년9월20일 제19055호 | 2001년9월20일 매매 | 소유자 박용○ 충주시 호암동 부동산등기법 제177조의 6 제1항의 규정에 의하여 2002년 05월 27일 전산이기 281214-2******* |
| 2 | 소유권이전 | 2003년4월19일 제8616호 | 2003년4월19일 매매 | 소유자 김○○ 음성군 문백읍 은화리 731217-2******* |
| 3 | 소유권이전청구권가등기 | 2003년6월26일 | 2003년6월26일 매매 | 권리자 김영 640323-2******* |

열람일시 : 2008년05월02일 오전 10시52분17초    1/4

---

[토지] 충청북도 음성군 생극면 생리    고유번호 1545-1996-367540

| 순위번호 | 등 기 목 적 | 접 수 | 등 기 원 인 | 권 리 자 및 기 타 사 항 |
|---|---|---|---|---|
| | | 제13760호 | 매매예약 | |
| 3-1 | 3번가등기가처분권리처분금지 처분 | 2003년8월3일 제19004호 | 2003년8월29일 충주지방법원충주지원의 가처분결정(2003카단514호) | 피보전권리 사해행위취소로 인한 소유권이전등기청구권 가등기의 말소청구권 채권자 김순○ 충주시 주덕읍 신중리 제13760호 소유권이전청구가등기의 2003. 6. 26. 접수 취소를 원인으로 한 소유권이전등기 말소등기 금지 (연기사항) |
| 3-2 | 3번가등기가처분권리처분금지 처분 | 2003년8월9일 제20009호 | 2003년8월9일 충주지방법원충주지원의 가처분결정(2003카단525호) | 피보전권리 사해행위취소로 인한 소유권이전등기청구권 가등기의 말소청구권 채권자 신용보증기금 서울특별시 마포구 공덕동 254-5 (연기사항) |
| 3-3 | 3번가등기소유권이전청구권가처분 처분 | 2005년8월4일 제23252호 | 2005년8월2일 충주지방법원충주지원의 가처분결정(2005카단172호) | 피보전권리 사해행위 취소로 인한 소유권이전청구권등기 말소청구권 채권자 이○○ 520306-2******* 충주시 연수동 수룡동 금지사항 양도, 담보권설정, 기타 일체의 처분행위의 금지 |
| 4 | 가압류 | 2003년4월30일 제19335호 | 2003년4월28일 순천지방법원의가처분결정 | 청구금액 금85,000,000원 채권자 기술신용보증기금 180171-0000028 |

열람일시 : 2008년05월02일 오전 10시52분17초    2/4

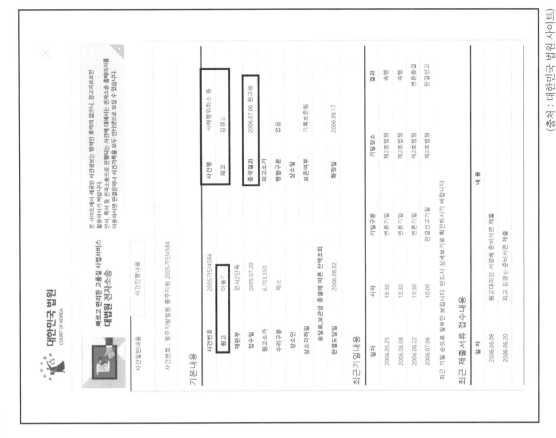

(출처 : 대한민국 법원 사이트)

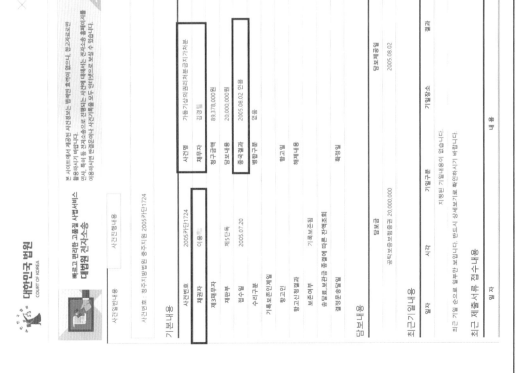

(출처 : 대한민국 법원 사이트)

[토지] 충청북도 음성군 생극면 생리

| 순위번호 | 등 기 목 적 | 접 수 | 등 기 원 인 | 권리자 및 기타사항 |
|---|---|---|---|---|
| 3-2 | 3번가등기소유권이전<br>청구권가처분 | 2003년9월9일<br>제49063호 | 2003년9월9일<br>청주지방법원의<br>주류결정<br>(가처분결정 2003카단<br>3145호) | 가처분<br>피보전권리 사해행위취소를 원인으로 한<br>소유권이전등기청구권 가처분<br>채권자 ○○<br>부산 중구 중앙동 4가 17-7<br>(원고 사항)<br>금지사항 양도, 담보권설정 기타 일체의 처분<br>행위의 금지 |
| 3-3 | 3번가등기소유권이전<br>청구권가처분 | 2005년8월2일<br>제22002호 | 2005년8월2일<br>청주지방법원의<br>가처분결정<br>(2005카단2244) | 가처분<br>피보전권리 사해행위 취소로 인한<br>소유권이전등기청구권<br>채권자 ○○ 508306<br>(원고 사항)<br>금지사항 양도, 담보권설정 기타 일체의<br>처분행위의 금지 |
| 4 | 가처분 | 2005년8월2일<br>제49035호 | 2005년8월2일<br>순천지방법원의<br>가처분결정<br>(2003카단4745) | 청구금액 금65,000,000원<br>채권자 ○○<br>부산 중구 중앙동 4가 17-7<br>(원고 사항) |
| 5 | 가처분 | 2003년9월9일<br>제49550호 | 2003년9월9일<br>청주지방법원의<br>가처분<br>(결정 2003카단<br>595호) | 청구금액 금18,000,000원<br>채권자 ○○<br>부산 중구 중앙동 4가 17-7<br>(원고 사항) |

---

등기사항전부증명서(말소사항 포함)
- 토지 -

고유번호 1545-1996-367540

[토지] 충청북도 음성군 생극면 생리

【 표 제 부 】 ( 토지의 표시 )

| 표시번호 | 접 수 | 소 재 지 번 | 지 목 | 면 적 | 등기원인 및 기타사항 |
|---|---|---|---|---|---|
| 1<br>(전 4) | 1997년4월16일 | 충청북도 음성군 생극면<br>생리 | 답 | 628㎡ | 부동산등기법 제177조의 6<br>제1항의 규정에 의하여 6<br>2002년 05월 27일 전산이기 |
| 2 | 2003년6월17일 | 충청북도 음성군 생극면<br>생리 | 공장용지 | 628㎡ | 지목변경 |
| 3 | 2013년8월6일 | 충청북도 음성군 생극면<br>생리 | 공장용지 | 1541㎡ | 합병으로 인하여 공장용지<br>912㎡를 충청북도 음성군<br>생극면 생리 500-4에서 이기 |

【 갑 구 】 ( 소유권에 관한 사항 )

| 순위번호 | 등 기 목 적 | 접 수 | 등 기 원 인 | 권리자 및 기타사항 |
|---|---|---|---|---|
| 1<br>(전 9) | 소유권이전 | 2001년9월20일<br>제19055호 | 2001년9월20일<br>매매 | 소유자 최○○ 281214-*******<br>충주시 호암동<br><br>부동산등기법 제177조의 6 제1항의 규정에<br>의하여 2002년 05월 27일 전산이기 |
| 2 | 소유권이전 | 2003년4월19일<br>제8616호 | 2003년4월19일<br>매매 | 소유자 김○○ 731217-*******<br>원주시 문막읍 동화리 |
| 3 | 소유권이전청구권가<br>등기 | 2003년6월26일<br>제19760호 | 2003년6월26일<br>매매예약 | 권리자 김○○ 640323-*******<br>원주시 부산구 인흥동가<br>피보전권리 사해행위취소를 원인으로 한<br>소유권이전등기청구권 가처분 |
| 3-1 | 3번가등기소유권이전<br>청구권가처분 | 2003년9월9일<br>제49063호 | | |

[토지] 충청북도 음성군 생극면 생리

| 순위번호 | 등기목적 | 접수 | 등기원인 | 권리자 및 기타사항 |
|---|---|---|---|---|
| 6 | 3-1번가처분등기말소 | 2005년6월18일 제16901호 | 2005년6월16일 해제 | |
| 7 | 3-2번가처분등기말소 | 2005년6월18일 제16903호 | 2005년6월16일 해제 | 권리자 음성군 |
| 8 | 압류 | | | 권리자 음성군 |
| 9 | 압류 | | | 권리자 근로복지공단 중부지사 충청북도 충주시 교현동 345-6 |
| 10 | 압류 | | | 권리자 국민건강보험공단 청주지사 |
| 11 | 가압류 | | | 청구금액 금8,477,031원 채권자 서울보증보험주식회사 서울특별시 종로구 종로1가 |
| 12 | 강제경매개시결정 | | | 채권자 신용보증기금 서울특별시 마포구 공덕동 254-5 (관주지점) |
| 13 | 소유권이전 | 2009년2월23일 제3886호 | 2009년2월23일 강제경매로 인한 매각 | 소유자 임기 741202-******* 경상북도 경산시 계양동 |
| 14 | 4번가압류, 5번가압류, 8번압류, 9번압류, 10번압류, 11번가압류, 12번강제경매개시결정 등기말소 | 2009년2월23일 제3886호 | 2009년2월23일 강제경매로 인한 매각 | |

(출처 : 대한민국 법원 사이트)

[토지] 충청북도 음성군 생극면 생리

| 순위번호 | 등기목적 | 접수 | 등기원인 | 권리자 및 기타사항 |
|---|---|---|---|---|
| 15 | 소유권이전 | 2009년2월25일 제4009호 | 2009년2월23일 매매 | 소유자 주식회사부동산신탁 베피 센타인 110111-3845091 서울특별시 영등포구 여의도동 13-31 한국기계산업진흥회관 3층 매매목록 제2009-80호 |
| 16 | 소유권이전 | 2009년3월2일 제4450호 | 2009년2월23일 매매 | 소유자 대한주식회사 김명 340411-******* 서울특별시 관악구 봉천동 매매목록 제2009-108호 |
| 16-1 | 16번등기명의인표시변경 | 2013년7월25일 제24120호 | 2011년12월27일 국적회복 | 김명(의 성명(명칭) 이명 이명(의 국적 대한민국 이명(의 등록번호 340411-******* |
| 16-2 | 16번등기명의인표시변경 | | 2012년2월17일 전거 | 이명(의 주소 서울특별시 관악구 청룡4길 2013년7월25일 부기 |
| 17 | 3-3번가처분등기말소 | | | 3번 가등기소유권기말 인하여 2009년3월12일 등기 |
| 18 | 3번가등기말소 | 2009년3월12일 제5304호 | 2009년7월6일 확정판결 | 대위자 김명 대위원인 2006년 8월 17일 청주지방법원 충주지원 2005가단4584호 확정판결에 의해 채권보전 |
| 19 | 3번가등기회복예고등기 | 2009년6월18일 제13995호 | 2009년6월18일 서울중앙지방법원에 의한 소제기(2009가나) | |
| 20 | 19번예고등기말소 | 2010년12월10일 제28070호 | 2010년12월3일 확정판결 | |
| 21 | 소유권이전 | 2013년7월25일 제24121호 | 2013년7월24일 매매 | 소유자 뉴원드인배주식회사 110111-1817175 충청북도 음성군 생극면 오신로 266 매매목록 제2013-536호 |
| 22 (전 20) | | | | 합병한 충청북도 음성군 생극면 생리 500-4 공장용지 912m²에 대하여도 21번 등기함 |

(출처 : 대한민국 법원 사이트)

# CHAPTER 2. 가등기의 종류

## 1. 보전가등기(통상의 가등기)

그러나 가등기에 기한 본등기가금지가처분은 등기할 수 없다. 왜냐하면 가등기에 터잡은 본등기를 하는 것은 그 가등기에 의하여 순위보전된 권리의 취득(권리의 증대 내지 부가)이지 가등기상의 권리 자체의 처분(권리의 감소 내지 소멸)이라고는 볼 수 없기 때문이며, 따라서 그런 가처분은 위하여 본등기할 사항이라고 할 수 없다. 만약 그렇지 않고 이를 접수하여 등기사항이 아닌 것을 등기부에 기입하였더라도 그 기재사항은 아무런 효력을 발생할 수 없다고 할 것이다(대법원 1978. 10. 14 자 78마282 결정).

### 5) 가등기 이후 경료된 국세 압류등기의 효력

[1] 국세 압류등기 이전에 소유권이전청구권 보전의 가등기가 경료되고 그 후 본등기가 이루어진 경우 그 가등기가 매매예약에 기한 순위보전의 가등기라면 그 이후에 경료된 압류등기는 효력을 상실하여 말소되어야 할 것이지만, 그 가등기가 채무담보를 위한 가등기, 즉 담보가등기라면 그 후 본등기가 경료되더라도 가등기는 담보적 효력을 갖는 데 그치므로 압류등기는 여전히 유효하므로 말소될 수 없다(대법원 1998. 10. 7 자 98마1333 결정).

※ 부동산강제경매절차에서 선순위의 담보권이나 가압류가 없는 소유권이전등기청구권의 순위보전을 위한 가등기가 담보가등기인지 순위보전의 가등기인지 밝혀질 때까지 경매절차를 중지해야 하는 것인지 여부(소극)

⇒ 부동산의 강제경매절차에서 경매 목적 부동산이 낙찰된 때에도 소유권이전등기청구권의 순위보전을 위한 가등기는 그보다 선순위의 담보권이나 가압류가 없는 이상 담보 목적의 가등기와는 달리 말소되지 아니한 채 낙찰인에게 인수되는 것인 바, 권리신고가 되지 않아 담보가등기인지 순위보전의 가등기인지 알 수 없는 경우에도 그 가등기가 등기부상 최선순위이면 집행법원으로서는 일단 이를 순위보전을 위한 가등기로 보아 낙찰인에게 그 부담이 인수될 수 있다는 취지를 임절물건명세서에 기재한 후 그에 기하여 경매절차를 진행하면 족한 것이지, 반드시 그 가등기가 담보가등기인지 순위보전의 가등기인지 밝혀질 때까지 경매절차를 중지하여야 하는 것은 아니다(대법원 2003. 10. 6 자 2003마1438 결정).

# CHAPTER 2. 가등기의 종류

## 1. 보전가등기(통상의 가등기)

※ [1] 갑이 타인의 토지를 매수하면서 을과의 합의하에 을 명의로 소유권이전등기를 경료한 다음 갑 앞으로 가등기를 경료한 경우, 그 가등기
약정은 통정허위표시가 아니라고 한 사례

⇒ 갑이 을과의 합의하에 을 명의로 소유권이전등기를 경료한 다음, 을에 대
한 다른 채권자들이 그 토지에 대해 압류, 가압류, 가처분을 하거나 을이 승낙 없이 토지를 임의로 처분해버릴 경우의 위험에 대비하기 위
해 갑 명의로 소유권이전등기청구권 보전을 위한 가등기를 경료하였다면, 갑은 을에게 그 토지를 명의신탁한 것이라고 보여지고, 또한 그 가등
기는 장래에 그 명의신탁 관계가 해소되었을 때 가등기에 기한 본등기를 경료함으로써 장차 가등기 경료 이후에 토지에 관하여 발생할지도 모
르는 등기상의 부담에서 벗어나 갑이 완전한 소유권을 취득하기 위한 법적 장치로서 갑과 을 사이의 약정에 의하여 경료된 것이라고 할
것이므로, 위 가등기를 경료하기로 하는 갑과 을 사이의 약정이 무효가 되는 것도 아니라고 한 사례

제3자로부터 토지를 을의 이름으로 매수해 매매대금을 완납하고 을의 명의로 소유권이전등기를 경료한 다음, 을에게 대
금을 지급함으로써 장차 가등기 경료 이후에 토지의 약정에 의하여 경료된 것이라고 실제로 매매에
위의 사실이 없었다고 해서 그 가등기가 무효가 되는 것도 아니라고 한 사례

[2] 명의신탁자가 장차 소유권이전등기청구권 보전을 위한 가등기를 경료한 후 가등기에 상관없이 소유권이전등기를 넘겨받은 경우, 가등기
에 기한 본등기청구권의 혼동으로 소멸되는지 여부

⇒ 채권은 채권과 채무가 동일한 주체에 귀속한 때에 한하여 혼동으로 소멸하는 것이 원칙이므로, 어느 특정의 물건에 관한 채권을 가지는 자가
그 물건의 소유자가 되었다는 사정만으로는 채권과 채무가 동일한 주체에 귀속한 경우에 해당한다고 할 수 없어 그 물건에 관한 채권이 혼동으
로 소멸하는 것은 아닌 바, 토지를 을에게 명의신탁하고 장차의 소유권이전의 청구권 보전을 위하여 자신의 명의로 가등기를 경료한 갑이, 을에
대하여 가지는 가등기에 기한 본등기청구권은 채권으로서, 갑이 을을 상속하거나 을의 가등기에 기한 본등기 절차 이행의 의무를 인수하지 아
니하는 이상, 갑이 가등기에 기한 본등기 절차에 의하지 아니하고 을로부터 별도의 소유권이전등기를 경료받았다고 하여 혼동의 법리에 의하여
갑의 가등기에 기한 본등기청구권이 소멸하는 것은 아니다.

# CHAPTER 2. 가등기의 종류

## 1. 보전가등기(통상의 가등기)

[3] 가등기를 경료한 가등기권자가 그 가등기와는 상관없이 소유권이전등기를 넘겨받은 경우, 그 가등기에 기한 본등기 절차의 이행을 구할 수 있는지 여부

⇒ 부동산에 관한 소유권이전청구권 보전을 위한 가등기 경료 이후에 다른 가압류등기가 경료되었다면, 그 가등기에 기한 본등기 절차에 의하지 아니하고 별도로 가등기권자 명의의 소유권이전등기가 경료되었다고 하여 가등기 권리자와 의무자 사이의 가등기 약정상의 채무의 본지에 따른 이행이 완료되었다고 할 수는 없으니, 특별한 사정이 없는 한, 가등기권자는 가등기의무자에 대하여 그 가등기에 기한 본등기 절차의 이행을 구할 수도 있다(대법원 1995. 12. 26 선고 95다29888 판결). - 유효한 명의신탁 사례

한편 그와 같이 가등기권자가 별도의 소유권이전등기를 경료받았다 하더라도, 가등기 경료 이후에 가등기된 목적물에 관하여 제3자 앞으로 처분제한의 등기가 되어 있거나 중간처분의 등기가 되어 있지 않고 가등기와 소유권이전등기의 등기원인도 실질상 동일하다면, 가등기의 원인이 된 가등기의무자의 소유권이전등기의무는 그 내용에 좇은 의무이행이 완료되었다 할 것이어서 가등기에 의하여 보전될 소유권이전청구권은 소멸되었다고 보아야 하므로, 가등기권자는 가등기의무자에 대하여 더 이상 그 가등기에 기한 본등기절차의 이행을 구할 수 없는 것이다(대법원 1988. 9. 27 선고 87다카1637 판결, 2003. 6. 13 선고 2002다68683 판결 등 참조).

## 실사례 여주 2019 타경 34621

**사건내용**

| 법원/종목 | 2020-32713(병합·김윤▒) |
| --- | --- |
| 과거사건 | 여주 2010-12604 , 여주 2010-15795 , 여주 2012-7651 , 여주 2012-13823 , 여주 2016-986 , 여주 5계 2016-1002 |

| 소 재 지 | 경기 양평군 서종면 수능리 (12504)경기 양평군 서종면 ▒▒리 | 채 권 자 / 소유자 | 김○○ | | |
| --- | --- | --- | --- | --- | --- |
| 경매구분 | 강제경매 | 채무자/소유자 | 김○○ | | |
| 용 도 | 주택 | 청 구 액 | 278,914,679 | 매각기일 | 21.07.07 기각 |
| 감 정 가 | 403,816,000 (19.10.11) | 청 구 액 | 278,914,679 | 종국결과 | 21.07.05 기각 |
| 최 저 가 | 197,870,000 (49%) | 토지면적 | 728.0m² (220.2평) | 경매개시일 | 19.09.26 |
| 입찰보증금 | 59,361,000 (30%) | 건물면적 | 제시외 138.0m² (417.평) 제시2 6m²(1.8평) | 배당종기일 | 20.08.19 |

| 주의사항 | ·재매각물건 ·선순위가등기 |
| --- | --- |
| 조 회 수 | ·금일조회 1 (0) ·금회차공고후조회 716 (12) ·누적조회 1,662 (256)<br>·7일내 3일이상 열람자 3 ·14일내 6일이상 열람자 2 (기준일:2021.07.07/전국연간)<br>0는 5분이상 열람 |

**감정평가서요약**

(12504)
경기 양평군 서종면 수능
리 [▒▒길▒▒] 내

감정평가서요약
건물별 함상가(2020-
32713강제경매[서종
면] 2020.06.02)
- 건물철거후나지가상
- 토지제적상래소나지상
- 철근콘크리트위존슬
래브지붕
- 단독주택
- 내부구조우거실및침
실, 주방, 화장실등
- 건산도로양면에시멘트
포장도로접함
- 차량접근가능
- 유사규모의토지로하
침정도에등
- 등지3~4m포장도로접함
- 난방설비
- 계획관리지역

| 물건번호/면적(m²) | 감정가/최저가/과정 | 임차조사 | 등기권리 |
| --- | --- | --- | --- |
| 물건1 건물 단독물건<br>대지 728.0<br>(220.22평)<br>₩297,752,000<br>건물 132.0<br>(39.92평)<br>₩105,584,000<br>·현1층 : 1998.10.17<br>·승인 : 1998.10.21<br>제시외<br>·보일러실 6.0<br>(1.82평)<br>₩480,000 | 감정가 **403,816,000**<br>297,752,000<br>·대지 (평당 1,352,066) (73.73%)<br>·건물 105,584,000 (26.15%)<br>(평당 2,529,564)<br>·제시 480,000 (0.12%)<br><br>최저가 **197,870,000** (49%)<br><br>경매진행과정<br>**403,816,000**<br>① 2020-11-11 유찰<br><br>② 30% ↓ **282,671,000**<br>2020-12-16 변경<br><br>② **282,671,000**<br>2021-01-13 변경 | 법원임차조사<br>박○○ 주거<br><br>·전입 : 지상의 제시외 건물에 거<br>주하였으나 가옥폐가 (벽돌조) 건물<br>및 지상의 제시외 건물에서 거<br>주 방문하여 폐문 부재로 안내<br>문 가족을 만나지 못하여 점유<br>관계 미상이나 전입세대 열람<br>한 결과 그 주민등록 전입되어<br>있음. 자하1층 비주거용으로 사용<br>관으로 보임 점유. 전입신고<br>채무자(소유자)의 점유사용하는<br>것으로 조사.보고함(정○컨설팅)<br>현장 주민센터 확인및점유계<br>공부가 발급하여준 전입<br>세대 열람 내역과 주민등록표<br>등본에 의하면 채무자(소유자)세<br>대가 전입신고되어 있음.<br>·전입세대조사 전입세대 없음<br>고 (내부보는) 전고등용응하<br>이 현황조사 목록가 전입가<br>독 확인 등 주민등록표 등본 | 가등기 이▒<br>2003.06.07<br>소유이전청구<br>등<br><br>근저당 양평농협<br>[공동] 2007.08.31<br>430,000,000<br><br>가압류 이▒▒<br>[공동] 2015.06.24<br>230,334,245<br>2015 카단 3144 수<br>원 여주<br><br>가압류 김윤▒<br>[공동] 2018.03.23<br>256,252,160<br>2018 카단 804179<br>서울중앙<br><br>소유권 김○○<br>2018.10.25<br>매매 **650,000,000**<br>전소유자이▒▒ |

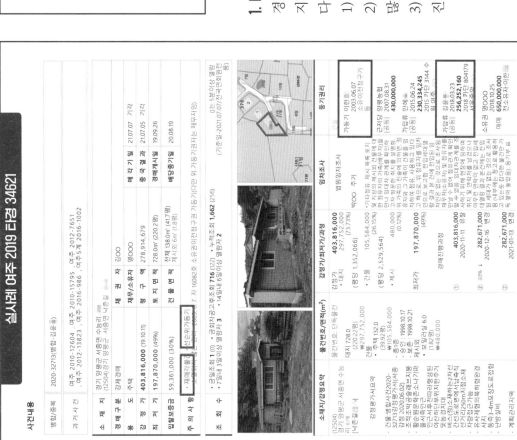

(출처 : 지지옥션)

---

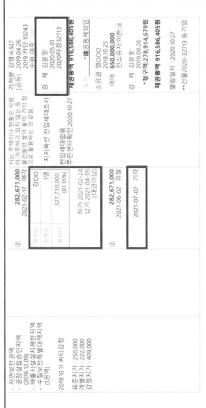

|  | | 282,671,000 매각 |  |  |
| --- | --- | --- | --- | --- |
| 과거 | 김○○ | 327,730,000 (81.16%) | 1명 |  |
| 매각가 | | | | |

② 허가 2021-02-24
납기 2021-04-05
(대금미납)

② 282,671,000 유찰
2021-06-02

② 2021-07-07 기각

· 지역보전권역
· 공원설립승인지역 (2016.12.09)
· 배▒시설설치제한지역
· 수질보전특별대책지역 (1권역)

2019.10.11 씨티감정
표준지가 : 250,000
개별지가 : 222,000
감정지가 : 409,000

|  | 가○○ | 282,671,000 | 매각 |  |  |
| --- | --- | --- | --- | --- | --- |
|  | 2021-02-17 | | | | |

지지옥션 전입세대대조서
전입세대 없음
주민센터확인:2020.10.27

사는 주택이나 현황상 사람이
이 거주하고 있지 않은 듯
물건들만 쌓여 있어하는 거의 집
고로 활용하는 것 같음.

| 소유권 김○○ |
| --- |
| 2020.05.01 |
| 2018.10.25 |
| 매매 **650,000,000** |
| 전소유자이▒▒ |

강제 김윤▒
2019.09.26
*청구액 278,914,679원

**채권총액 916,586,405원**

열람일자 : 2020.10.27
**건물등기 2020-32713**

가처분 강영▒ 외7
[공동] 2019.04.26
2019 카단 10243
수원 여주

강제 김윤▒
2020.05.01
2018.10.25
**650,000,000**
전소유자이▒▒

토지 김○○
**채권총액 916,586,405원**

(출처 : 지지옥션)

## 1. 미납 이유

경매사이트에서 선순위 가등기의 권리분석 좌오일 것이라고 주정하
지만 권리분석의 좌오보다는 현장 조사가 미비했다고 보아야 할 듯하
다.

1) 단독 임찰로 그것도 4,500만 원이나 높게 임찰했다.

2) 거기다 막상 건물을 보니 수리할 게 한두 군데도 아니고 생각보다
많은 수리비가 예상된다.

3) 무엇보다 주차장이 없다. 자가 들어가지 못하니 추가로 주차장과
진입로 공사가 필요하지만 진입로와 주차장을 공사할 여력이 안 된다.

본건 건물 전경(제시외 건물ㄱ 포함)

본건 건물 전경

(출처 : 저자 제공)

〈매수 통지서〉

이 사건 경매절차에 있어서 별지 기재 부동산에 대한 최저매각가격 금 56,132,560원으로는 압류채권자의 채권에 우선하는 부동산의 부담금 85,611,280원(당해세, 조세)과 절차 비용을 변제하면 남을 것이 없다고 인정되므로 민사집행법 제102조제1항(제268조)에 의해 통지합니다.

따라서 이 사건 경매절차를 계속 진행하기 위해서 채권자는 이 통지를 받은 날로부터 1주일 이내에 채권자의 채권에 우선하는 모든 부담금 및 절차비용을 변제하고 남을 만한 가격을 정하여 그 가격에 맞는 매수 신고가 없을 때는 채권자 자신이 그 가격으로 매수하겠다고 신청하고 충분한 보증을 제공해야 하며, 이 사항을 이행하지 않을 때는 경매절차가 취소됨을 알려드립니다.

(출처 : 저자 제공)

## 1. 보전가등기(통상의 가등기)

### 선순위가등기

먼저 등기부를 보면서 사실관계를 살펴보면, 이한○이가 2003년 6월 7일에 소유권이전청구권가등기를 하고, 2009년 10월 29일 가등기에 의한 본등기를 하지 않고 증여에 의한 소유권이전등기를 한다. 이런 경우에는 이한○의 소유권 확보라는 목적은 달성되었다라도 선순위가등기가 말소되거나 안 되는 두 가지 경우가 있다.

이 물건처럼 가등기 경료 이후에 가등기된 목적물에 관해 제3자 앞으로 처분제한의 등기나 중간처분의 등기가 되어 있지 않고, 가등기와 소유권이전등기의 등기원인도 실질적으로 동일하다면 본등기청구권은 소멸된다. 즉, 가등기 말소가 가능하다는 의미다(이 물건의 가등기와 본등기 사이에 아무것도 없기 때문에 가등기 말소가 가능하다).

그러나 가등기와 본등기 사이에 처분제한의 등기나 중간처분의 등기가 있는 경우는 말소가 곤란하다(가등기의 취지를 생각하면 이해가 된다).

※ 처분제한의 등기
- 가압류, 가처분, 체납처분에 의한 압류, 경매개시결정등기, 전세금양도금지의 특약, 공유물분할금지의 특약 등

※ 중간처분의 등기
- 소유권이전등기, 근저당설정등기, 가압류등기 등

※ 무잉여기각

2021. 7. 24

| 송달일 | 송달내역 | 송달결과 |
|---|---|---|
| 2021.05.17 | 가등기권자 이○○ 매각및매각결정기일통지서 발송 | 2021.05.17 송달간주 |
| 2021.05.17 | 교부권자 가○○ 매각및매각결정기일통지서 발송 | 2021.05.17 송달간주 |
| 2021.05.17 | 교부권자 양○○ 매각및매각결정기일통지서 발송 | 2021.05.17 송달간주 |
| 2021.05.17 | 배당요구권자 이○○ 매각및매각결정기일통지서 발송 | 2021.05.17 송달간주 |
| 2021.05.17 | 채무자 이○○ 매각및매각결정기일통지서 발송 | 2021.05.18 도달 |
| 2021.06.15 | 채권자대리인 동○ 매각및매각결정기일통지서 발송 | 2021.06.15 도달 |
| 2021.07.05 | 채권자대리인 동○ 기각결정정본 발송 | 2021.07.06 도달 |
| 2021.07.05 | 채무자 이○○ 매수통지서 발송 | |
| 2021.07.05 | 소유자 엉○○ ○○○(○○○○) 기각결정정본 발송 | 2021.07.06 도달 |

수원지방법원 여주지원

매각물건명세서

2019타경34621

| 사건 | 2019타경34621 부동산강제경매<br>2020타경3327(13 중복) | | 매각물건번호 | 1 | 작성일자 | 2007. 8. 31. (근저당) | 담임법관<br>(사법보좌관) | 조영□ |
|---|---|---|---|---|---|---|---|---|
| 부동산 및 감정평가액<br>최저매각가격의 표시 | 별지기재와 같음 | | 최선순위<br>설정 | | | 2021.01.29 | 배당요구종기 | 2019.12.31 / 2020.08.19 |

부동산의 점유자와 점유의 권원, 점유할 수 있는 기간, 차임 또는 보증금에 관한 관계인의 진술 및 임차인이 있는 경우 배당요구 여부와 그 일자, 전입신고일자와 확정일자의 유무와 그 일자

| 점유자<br>성명 | 점유<br>부분 | 정보출처<br>구분 | 점유의<br>권원 | 임대차기간<br>(점유기간) | 보증금 | 차임 | 전입신고<br>일자,<br>사업자등록<br>신청일자 | 확정일자 | 배당<br>요구여부<br>(배당요구일자) |
|---|---|---|---|---|---|---|---|---|---|
| 박이□ | 현황조사 | 주거<br>임차인 | | | | | | | |

〈비고〉

※ 최선순위 설정일자보다 대항요건을 먼저 갖춘 주택·상가건물 임차인의 임차보증금은 매수인에게 인수되는 경우가 발생할 수 있고, 대항력과 우선변제권이 있는 주택·상가건물 임차인이 배당요구를 하였으나 보증금 전액에 관하여 배당을 받지 아니한 경우에는 배당받지 못한 잔액이 매수인에게 인수되게 됨을 주의하시기 바랍니다.

등기된 부동산에 관한 권리 또는 가처분으로 매각으로 그 효력이 소멸되지 아니하는 것

2003. 6. 7. 자 1608호 소유권이전청구권 가등기(다만 위 가등기권자는 채무자임)

비고란

- 임금채권, 게시와 같이 포함하여 매각

주1 : 매각목적물에서 제외되는 미등기건물 등이 있을 경우에는 그 지목을 명확히 기재한다.
주2 : 매각으로 소멸되는 가등기담보권, 가압류, 전세권의 등기일자가 최선순위 저당권등기일자보다 빠른 경우에는 그 등기일자를 기재한다.

(출처 : 대한민국 법원 사이트)

(출처 : 대한민국 법원 사이트)

(출처 : 대한민국 법원 사이트)

## 1. 보전가등기(통상의 가등기)

## 나. 가등기에 기한 본등기의 절차

본등기 절차

1) 본등기의무자 = 가등기 의무자 = 전 소유자

2) 신청 시 등기필정보의 첨부

가등기의 등기필 정보가 아닌 등기의무자의 권리에 관한 등기필정보 첨부

3) 매매에 의한 소유권이전등기의 필요서류와 대체로 동일

※ 매매예약서가 작성된 경우 본등기 신청 시에는 매매예약서를 첨부해야 하므로 계약서를 다시 작성해야 한다. 그러나 매매계약서상에 작성해 가등기를 신청한 경우 본등기 신청 시에는 매매예약서를 첨부해야 하므로 계약서를 다시 작성해야 한다. 그러나 매매계약서상에 "본 매매완결 일자는 ○○년 ○○월 ○○일로 하며 위 완결 일자가 경과했을 경우 매매예약권리자의 매매완결의 의사표시가 없어도 당연히 매매가 완결된 것으로 본다"라는 문구가 있으면 별도의 매매예약서를 작성하지 않아도 된다.

중간처분등기의 직권말소

부동산등기법 제92조(가등기에 의하여 보전되는 권리를 침해하는 가등기 이후 등기의 직권말소)

1) 등기관은 가등기에 의한 본등기를 하였을 때에는 대법원 규칙으로 정하는 바에 따라 가등기 이후에 된 등기로서 가등기에 의하여 보전되는 권리를 침해하는 등기를 직권으로 말소하여야 한다.

2) 등기관이 제1항에 따라 가등기 이후의 등기를 말소하였을 때에는 지체없이 그 사실을 말소된 권리의 등기명의인에게 통지하여야 한다.

# CHAPTER 2. 가등기의 종류

## 2. 담보가등기(소유권이전담보가등기)

### 담보가등기의 특징

1) 가등기의 활용

원래 가등기는 '순위보전'의 목적으로 만들어졌다. 그런데 돈을 빌려주고 근저당을 설정하는 것처럼 담보가등기를 설정할 수도 있다. 즉, 돈을 갚지 못할 경우 소유권을 넘겨준다는 계약을 하고 소유권이전청구권가등기를 하는 것이다.

예를 들면 채권자가 3억 원 채무자의 주택에 2억 원의 근저당을 설정하는 대신 소유권이전청구권가등기를 설정한다. 채무자가 원금과 이자를 제때 갚지 못하면 채권자는 바로 가등기에 의한 본등기를 해 내 집의 소유권을 가져간다. 즉 채권자는 가등기를 이용해서 간단하게 채권을 회수하는 셈이 된다.

2) 왜 가등기를 담보처럼 활용할까?

돈을 빌려주고 근저당을 설정하면 경매를 신청하고 배당을 받아 채권을 회수하는 데 시간이 많이 걸리지만 가등기는 절차도 간단하고 근저당을 설정할 때 드는 비용보다 저렴하다. 채권자는 채무자가 이자를 잘 내면 이자를 받아서 좋고, 이자를 받지 못하면 3억 원의 집을 빼앗으면 되니 그것도 좋고 이래저래 남는 장사다.

담보가등기는 근저당권과 비슷한 성격을 지니지만 다른 점이 있다. 근저당권은 경매를 신청해 배당을 받을 수 있을 뿐이지만 담보가등기는 경매를 신청해 배당을 받을 수도 있고 본등기를 해서 소유권을 취득(청산 절차 필요)할 수도 있다.

## 2. 담보가등기(소유권이전담보가등기)

### '가등기담보 등에 관한 법률'

소유권이전청구권가등기를 한 채권자는 무조건 이어이 되니 좋지만 채무자는 2억 원의 빚 때문에 3억 원의 주택을 억울하게 빼앗기게 된다. 과거에는 이렇게 소유권이전청구권가등기를 악용하는 사례가 많았다. 이런 일을 방지하기 위해 국가는 '가등기담보 등에 관한 법률'을 제정했다(이하 '가등기담보법').

가등기담보법 제1조의 목적

**제1조(목적)** 이 법은 차용물(借用物)의 반환에 관하여 차주(借主)가 차용물을 갈음하여 다른 재산권을 이전할 것을 예약할 때 그 재산의 예약 당시 가액(價額)이 차용액(借用額)과 이에 붙인 이자를 합산한 액수를 초과하는 경우에 이에 따른 담보계약(擔保契約)과 그 담보의 목적으로 마친 가등기(假登記) 또는 소유권이전등기(所有權移轉登記)의 효력을 정함을 목적으로 한다.

설명하자면 내가 2억 원의 빚을 얻었고 채권자는 3억 원짜리 내 집에 소유권이전청구권가등기를 했다. 채무자는 빚을 상환하기로 약정한 날까지 빚을 갚지 못해 원금 2억 원에 이자가 붙어 원리금이 2억 2,000만 원이 되었다. 이때 채권자는 본등기로 소유권을 취득할 수 있다. 그런데 집 값 3억 원과 원리금 2억 2,000만 원의 차액 8,000만 원이 있으니 이것을 처리하는 방법을 정한다는 뜻이다.

가등기담보법에서는 차액 8,000만 원을 '청산금'이라고 구정하고 있고, 채권자는 채무자에게 '청산금'을 반드시 통보해야 하며, 채무자가 통지를 받은 후 2개월이 지나고 청산금 8,000만 원을 채무자에게 지급해야만 본등기를 하고 소유권을 취득할 수 있다. 가등기담보법은 이렇게 채무자를 보호하는 장치를 두어 채권자가 폭리를 취하는 것을 막고 있다.

- 가등기담보권의 설정 : 가등기담보계약(피담보채권 + 채산권 이전의 약정) + 담보가등기]
- 가등기담보권의 이전 : 가등기담보권 양도의 합의 + 가등기 이전의 부기등기 + 피담보채권의 양도

# CHAPTER 2. 가등기의 종류

## 2. 담보가등기(소유권이전담보가등기)

### 가등기담보권의 효력

1) 물권적 청구권(방해제거, 예방청구권)

2) 우선변제권

**제13조(우선변제청구권)** 담보가등기를 마친 부동산에 대하여 강제경매 등이 개시된 경우에 담보가등기권리자는 다른 채권자보다 자기채권을 우선변제 받을 권리가 있다. 이 경우 그 순위에 관하여는 그 담보가등기권리를 저당권으로 보고, 그 담보가등기를 마친 때에 그 저당권의 설정등기(設定登記)가 행하여진 것으로 본다.

3) 저당권 간주

**제12조(경매의 청구)** ① 담보가등기권리자는 그 선택에 따라 제3조에 따른 담보권을 실행하거나 담보목적 부동산의 경매를 청구할 수 있다. 이 경우 경매에 관하여는 담보가등기권리를 저당권으로 본다.

② 후순위권리자는 청산기간에 한정하여 그 피담보채권의 변제기 도래 전이라도 담보목적 부동산의 경매를 청구할 수 있다.

**제15조(담보가등기권리의 소멸)** 담보가등기를 마친 부동산에 대하여 강제경매 등이 행하여진 경우에는 담보가등기권리는 그 부동산의 매각에 의하여 소멸한다.

## 실사례 남부 2011 타경 14661

사건내용

| 소 재 지 | 서울 강서구 등촌동 530 | | |
|---|---|---|---|
| 경매구분 | 임의경매 | 채 권 자 | 김○○ |
| 용 도 | 다세대 | 채무소유자 | 김○○ |
| 감 정 가 | 160,000,000 (11.07.27) | 청 구 액 | 70,000,000 |
| 최 저 가 | 81,920,000 (51%) | 토지면적 | 20.0㎡ (6.0평) |
| 입찰보증금 | 8,192,000 (10%) | 건물면적 | 50㎡ (15.0평) |
| 매 각 기 일 | 12.05.15 (112,777,000원) | | |
| 종국결과 | 12.07.12 배당종결 | | |
| 경매개시일 | 11.07.21 | | |
| 배당종기일 | 11.09.28 | | |

조 회 수
- 금일조회 1 (0) · 금회차공고후조회 236 (6) · 누적조회 693 (8)
- 7일내 3일이상 열람자 0 · 14일내 6일이상 열람자 0

0는 5분이상 열람
(기준일-2012.05.15/전국연인원진)

### 소재지/감정요약

서울 강서구 등촌동 530 ·

감정평가서요약
- 철콘및조경슬라브
- 등촌초교북측 약200m지
- 주위공동주택(신세대주택), 단독주택, 근린생활시설 등혼재
- 차량출입가능, 대중교통
- 인근시내버스(정)및도로변
- 난방
- 부정형남동측하향완경사
- 서측
- 북측, 서측약6m도로와노폭 약6m도로접함
- 도시지역
- 3종일반주거지역
- 최고고도지구

### 물건번호/면적(㎡)

물건번호: 단독물건

대지 20.0/227.4 (6.04평)
₩56,000,000
건물 49.7 (15.03평)
₩104,000,000
총4층중 5/5층
· 보존: 1996.11.01
· 10세대

### 감정가/최저가/과정

감정가 160,000,000
· 대지 56,000,000 (35%)
(평당 9,286,899)
· 건물 104,000,000 (65%)

최저가 81,920,000 (51%)

경매진행과정
① 160,000,000
2011-11-15 변경
① 160,000,000
2012-01-31 유찰
② 20% 128,000,000
2012-03-06 유찰
③ 20% 102,400,000
2012-04-10 유찰
④ 20% 81,920,000
2012-05-15 매각

매수인 은○○
응찰수 12명
매각가 112,777,000 (70.49%)
2차 105,770,000

### 임차조사

법원임차조사
김○○
전입 2001.05.07
확정 2003.12.22
배당 2012.03.02 (정) 50,000,000
주거/전부
점유기간
2003.11.24~2005.1
.23

윤○○ 전입 2006.05.16
주거

*배당으로 주민등록대부의 하여 작성상 소유자 아닌 세 대주 점유자 조사대조됨
지자옥션 전입세대조사
현황 01.05.07 김○○
06.05.16 윤○○
주민센터확인:2011.11.08

### 등기권리

소유권 김○○
1997.02.14

가등기 김○○
2004.11.11
소유이전청구가
등
103,473,726

가압류 국민은행 김포기업금융
2004.11.18
93,379,239
가압류 우리은행 여신관리센터
2005.08.22
압 류 인천시강화군
2007.01.02
압 류 국민건강보험 인천서부지사
2007.09.21
압 류 인천세무서
2009.09.23
압 류 서인천세무서
2010.08.23
압 류 의정부
2010.11.03
압 류 김포시
2011.07.21
*청구액:70,000,000원
채권총액 196,852,965원

(출처 : 지지옥션)

## 가등기권자가 경매를 신청

2021. 7. 18

법원매각 NO.1 부동산경매정보 스피드옥션

| 사건 | 2011타경14661 부동산임의경매 | | | 대법원사이트 바로가기 |
|---|---|---|---|---|
| 작성일자 | 2012.05.07 | | 최선순위 설정일자 | 2004.11.11 담보가등기 |
| 배당요구 종기일 | 부동산의 감정평가액 최저매각가격의 표시 | | 배당요구종기 | 2011.09.28 |

부동산의 점유와 점유할 수 있는 기간, 차임 또는 보증금에 관한 관계인의 진술 및 임차인이 있는 경우 배당요구 여부와 그 일자, 전입신고일자 또는 사업자등록신청일자와 확정일자의 유무와 그 일자

| 점유자의 성명 | 점유부분 | 정보출처 구분 | 점유의 권원 | 임대차 기간 (점유기간) | 보증금 | 차임 | 전입신고일자·사업자 등록신청일자 | 확정일자 | 배당요구 여부 (배당요구일자) |
|---|---|---|---|---|---|---|---|---|---|
| | | 현황조사 | 주거 임차인 | | | | 2001.05.07 | | |
| 김○○ | 전부 | 권리신고 | 주거 임차인 | 2003.11.24~ 200 3.11.23 | 50,000,000 | 미상 | 2005.5.7 | 2003.12.22 | |
| 윤○○ | | 현황조사 | 주거 임차인 | | | 미상 | 2006.05.16 | | |

< 비고 >

※ 최선순위 설정일자보다 대항요건을 먼저 갖춘 주택·상가건물 임차인의 임차보증금은 매수인에게 인수되는 경우가 발생할 수 있고, 대항력과 우선변제권이 있는 주택·상가건물 임차인이 배당요구를 하였으나 보증금 전액에 관하여 배당을 받지 아니한 경우에는 배당받지 못한 잔액이 매수인에게 인수되게 됨을 주의하시기 바랍니다.

※ 등기된 부동산에 관한 권리 또는 가처분으로 매각으로 그 효력이 소멸되지 아니하는 것

매각에 따라 설정된 것으로 보는 지상권의 개요

※ 매각허가에 의하여 설정된 것으로 보는 지상권의 개요

해당사항 없음

※ 비고란

※ 주1 : 경매, 매각대상에서 제외되는 미등기건물 등이 있을 경우에는 그 취지를 명확히 기재함

※ 2 : 최선순위 설정일자보다 대항요건을 먼저 갖춘 주택·상가건물 임차인이 있는 경우에는 그 임차인의 임차보증금은 매수인에게 인수되는 경우가 발생할 수 있고, 대항력과 우선변제권이 있는 주택·상가건물 임차인이 배당요구를 하였으나 보증금 전액에 관하여 배당을 받지 아니한 경우에는 배당받지 못한 잔액이 매수인에게 인수되게 됨

※ 3 : 본 물건은 2012-05-05에 최초경매매각시 실제 차이가 발생될 수 있으므로 열람을 반드시 확인 후 입찰하시기 바랍니다.

(출처 : 스피드옥션)

## 문건처리내역

(출처 : 지지옥션)

| 접수일 | 접수내역 | 결과 |
|---|---|---|
| 2011.07.20 | 채권자 김OO 보정서 제출 | |
| 2011.07.22 | 등기소 강OOO 등기필증 제출 | |
| 2011.07.29 | 감정인 김OOOOOOO 감정평가서 제출 | |
| 2011.08.02 | 교부권자 경OO OOO 교부청구 제출 | |
| 2011.08.04 | 교부권자 국OOOOOO OOOOOO 교부청구 제출 | |
| 2011.08.09 | 교부권자 서OOOOO 교부청구 제출 | |
| 2011.08.12 | 기타 서OOOOO OOO OOO 현황조사서 제출 | |
| 2011.08.16 | 채권자 김OO 보정서 제출 | |
| 2011.09.06 | 채권자 김OO 보정서 제출 | |
| 2011.09.16 | 가압류권자 주OOOOOOO 권리신고및배당요구신청 제출 | |
| 2011.09.19 | 교부권자 인OOOOOO 교부청구 제출 | |
| 2011.09.20 | 채권자 김OO 인OOOO 교부청구 제출 | |
| 2011.09.27 | 기타 엄OO 열람및 반송 제출 | |
| 2011.10.26 | 채권자 김OO 주소보정 제출 | |
| 2011.11.16 | 교부권자 안OOO 교부청구 제출 | |
| 2012.01.30 | 교부권자 서OOOOO 교부청구 제출 | |
| 2012.01.31 | 교부권자 서OOOOO 교부청구 제출 | |
| 2012.02.08 | 임차인 윤OO 열람및복사신청 제출 | |
| 2012.02.17 | 임차인 윤OO 열람및복사신청 제출 | |
| 2012.02.21 | 교부권자 서OOOOO 교부청구 제출 | |
| 2012.03.02 | 임차인 김OO 권리신고및배당요구신청 제출 | |
| 2012.05.14 | 채권자 김OO 열람및복사신청 제출 | |
| 2012.05.22 | 최고가매수신고인 열람및복사신청 제출 | |
| 2012.06.04 | 최고가매수신고인 열람및복사신청 제출 | |
| 2012.06.21 | 최고가매수신고인 등기촉탁공동신청 및 지정서 제출 | |
| 2012.06.21 | 최고가매수신고인 등기촉탁공동신청 및 지정서 제출 | |
| 2012.06.26 | 교부권자 서OOOOO 교부청구예제통지서 제출 | |
| 2012.06.26 | 임차인 의OO 채권계산서 제출 | |
| 2012.06.27 | 임류권자 국OOOOOOO 교부청구 제출 | |
| 2012.06.28 | 임류권자 인OOOOO 교부청구 제출 | |
| 2012.06.28 | 교부권자 서OOOO 교부청구 제출 | |
| 2012.06.29 | 채권자 김OO 채권계산서 제출 | |
| 2012.06.29 | 임류권자 인OOOOOO 교부청구 제출 | |
| 2012.06.29 | 임류권자 안OOO 교부청구 제출 | |
| 2012.07.03 | 등기소 강O 영수증 제출 | |
| 2012.07.06 | 법원 서OOOOOOO OOO 전의통신문 제출 | |
| 2012.07.13 | 교부권자 서OOOOO 배당표등본발급의뢰 제출 | |
| 2013.06.21 | 가압류권자 주OOOOOO 배당표등본 제출 | |

(출처 : 대한민국 법원 사이트)

고유번호 1149-1996-109685

[참고사항]

| 순위번호 | 등기목적 | 접수 | 등기원인 | 권리자 및 기타사항 |
|---|---|---|---|---|
| 1-1 | 1번등기명의인표시변경 | 2004년11월11일 제48802호 | 2003년10월15일 전거 | 04월 22일 경산이기 ... |
| 2 | 소유권이전청구권가등기 | 2004년11월11일 제48803호 | 2004년11월11일 매매예약 | 가등기권자 김홍희 661210-2***** ... 서울 서초구 방배동 ... |
| 3 | 가압류 | 2004년11월18일 제48442호 | 2004년11월18일 서울남부지방법원의 가압류 결정(2004카합2648) | 청구금액 금103,473,729원 채권자 주식회사사민은행 110111-2965321 서울 중구 남대문로2가 9-1 (강남기업금융1) |
| 4 | 가압류 | 2005년8월22일 제46484호 | 2005년8월18일 서울중앙지방법원의 가압류 결정(2005카단96526) | 청구금액 금93,379,239원 채권자 주식회사우리은행 110111-0023393 서울 중구 회현동1가 203 (여신관리부) |
| 5 | 압류 | 2007년1월22일 제470호 | 2006년12월28일 압류(인천지역4-20753) | 권리자 인천광역시강화군 |
| 6 | 압류 | 2007년9월21일 제61117호 | 2007년9월20일 압류(부개2수구-1497) | 권리자 국민건강보험공단 제2부 인천사자사 |
| 7 | 압류 | 2009년9월23일 제46952호 | 2009년9월17일 압류(체납징수과-1453) | 권리자 안동세무서 |
| 8 | 압류 | 2009년8월23일 제55663호 | 2010년8월23일 압류(법인세4-5389) | 권리자 서인천세무서 |
| 9 | 압류 | 2010년11월23일 제60065호 | 2010년11월23일 압류(체무4-208663) | 권리자 의성구 |
| 10 | 압류 | 2011년3월16일 제19호 | 2011년3월18일 압류(세무과-18958) | 권리자 서울특별시강서구 |
| 11 | 10년만류등기말소 | 2011년8월14일 제7035호 | 2011년2월14일 해지 | |
| 12 | 소유권이전청구권가등기 | 2011년7월21일 제43743호 | 2011년7월21일 서울남부지방법원의 가등기경매개시결정(2011타경14661) | 채권자 김홍희 661210-2***** 서울 서초구 방배동 ... |

[ 을 구 ] ( 소유권 이외의 권리에 관한 사항 )

| 순위번호 | 등기목적 | 접수 | 등기원인 | 권리자 및 기타사항 |
|---|---|---|---|---|
| 1 | 근저당권설정 | 1995년12월11일 제44866호 | 1995년12월11일 설정계약 | 채권최고액 금55,500-000원 채무자 ... 근저당권자 주식회사중소기업은행 110111-... 서울 중구 을지로2가 50-4 |
| 2 | 1번근저당권등기말소 | 2001년2월27일 | 2001년2월27일 | 부동산임기 제177조의 6 제1항의 규정에 의하여 1999년 04월 23일 산산이기 |

4/5

## 2. 담보가등기(소유권이전담보가등기)

4) 별제권('채무자 회생 및 파산에 관한 법률'상의 용어)

- 파산재단에 속하는 특정의 재산에 대해 파산채권자에 우선해서 채권의 변제를 받을 권리를 말한다.

- 별제권자를 '파산재단에 속하는 재산상에 존재하는 유치권·질권·저당권·'동산·채권 등의 담보에 관한 법률'에 따른 담보권 또는 전세권을 가진 자'로 정의한다. 별제권은 파산절차에 의하지 않고 행사(제412조, 별제권의 행사)한다.

## 대물반환예약서

대물반환예약서

예약 당사자의 표시

예 약 자 (갑) 홍 길 동

서울 도봉구 쌍문동 355 미래빌라 404호

예약권리자 (을) 박 문 수

경기도 의정부시 가능동 633-10

부동산의 표시 : 별지 목록과 같다.

예약자 이정렬을 뿌이라 칭하고 예약 권리자 이기일을 乙이라 칭하여 상기 부동산을 담보로 하여 아래와 같이 '금전소비대차계약' 을 체결한다.

- 아 래 -

제 1 조 (대물반환예약)

① 채권자는 채무자에게 금 100,000,000원을 대여함에 있어 이자는 연 5%로 하여 매월 말일 지급하고, 변제기는 2024년 12월 31일까지로 한다. 만일 변제기까지 원리금을 변제하지 못하면 채무자는 대물변제로 상기 부동산의 소유권을 채권자에게 이전한다.

② 채무자가 제1항의 이자 채무를 3회 이상 불이행하면 기한의 이익을 상실하고 채권자는 원리금을 일시에 청구할 수 있으며 가등기된 부동산의 경매를 신청할 수 있다.

제 2 조 (담보가등기)

제1조의 채권을 담보하기 위하여 채무자는 채권자에게 상기 부동산에 대한 '담보가등기' 절차를 이행하기로 한다.

제 3 조 (청산금의평가통지)

① 채권자가 제1조의 규정에 의한 소유권을 취득함에는 2개월 전에 목적 부동산의 평가 액에서 차용의 원리금의 가액을 초과하는 청산금의 평가액을 채무자에게 통지하여야 한다.

② 제1항의 평가액을 정함에 있어서는 채권자가 선정하는 감정평가사의 평가에 의한다.

제 4 조 (가등기에기한본등기)

제3조 제1항의 청산기간을 도래하도록 원리금 등을 변제하지 않을 때에는 채권자는 채무자에게 청산금을 지급함과 동시에 담보가등기에 기한 본등기를 이행함에 있어 채무자는 이 등기절차에 필요한 일체의 서류를 갖추어 이에 협력하기로 한다.

제 5 조 (법정지상권)

① 채권자가 건물만에 대하여 제4조의 본등기로 소유권을 취득할 경우에 채무자 소유의

토지상에, 토지인을 취득할 때에는 채권자는 지상에 가등기담보에관한법률 제10조에 의한 법정지상권설정등기신청에 협력하기로 한다.

② 제1항의 경우에 지상권의 존속기간은 30년으로 하고 지료는 토지소유자가 선임하는 감정평가인의 평가에 의한다.

제 6 조 (대물변제약의의제)

제4조의 등기를 신청함에 있어서 위 당사자 간에 별도의 대물변제계약을 체결함이 없이도 제3조 제1항의 통지서가 채무자에게 송달된 후 2개월이 경과된 다음날에 자동적으로 제1조의 대물변제의 문제와이 성립된 것으로 본다.

제 7 조 (비용의부담)

본계약 이행에 필요한 일체의 비용을 채무자가 부담하되, 다만 법령에 의하여 부담할 세 액 등은 채권자가 부담한다.

제 8 조 (채권의소멸)

제4조와 제6조의 등기와 동시에 채무자는 채권자에게 부동산을 인도 또는 명도하고 위 등기와 인도가 된 때에는 제1조에 게기한 채권은 소멸하며, 채권자는 채권증서를 반환하 여야 한다.

제 9 조 (재판관할의합의)

본 건에 관한 재판의 관할은 채권자의 주소지 관할법원 하기로 이 증서 2통을 작성하여 각 1 통씩 소지한다.

상기 계약을 증명하기 위하여 본 예약서 2통을 쌍방이 기명날인한 후 각자 1통씩 소지한다.

2020년 11월 16일

예 약 자 (갑) 홍 길 동

예약 권리자 (을) 박 문 수

## 2. 담보가등기(소유권이전담보가등기)

가등기담보권의 실행 절차

**제3조(담보권 실행의 통지와 청산기간)** ① 채권자가 담보계약에 따른 담보권을 실행하여 그 담보목적부동산의 소유권을 취득하기 위하여는 그 채권(債權)의 변제기(辨濟期) 후에 제4조의 청산금(淸算金)의 평가액을 채무자 등에게 통지하고, 그 통지가 채무자 등에게 도달한 날부터 2개월(이하 "청산기간"이라 한다)이 지나야 한다. 이 경우 청산금이 없다고 인정되는 경우에는 그 뜻을 통지하여야 한다.

② 제1항에 따른 통지에는 통지 당시의 담보목적부동산의 평가액과 '민법' 제360조에 규정된 채권액을 밝혀야 한다. 이 경우 부동산이 둘 이상인 경우에는 각 부동산의 소유권이전에 의하여 소멸시키려는 채권과 그 비용을 밝혀야 한다.

**제4조(청산금의 지급과 소유권의 취득)** ① 채권자는 제3조제1항에 따른 통지 당시의 담보목적부동산의 가액에서 그 채권액을 뺀 금액(이하 "청산금"이라 한다)을 채무자 등에게 지급하여야 한다. 이 경우 담보목적부동산에 선순위담보권(先順位擔保權) 등의 권리가 있을 때에는 그 채권액을 계산할 때에 선순위담보 등에 의하여 담보된 채권액을 포함한다.

② 채권자는 담보목적부동산에 관하여 이미 소유권이전등기를 마친 경우에는 청산기간이 지난 후 청산금을 채무자 등에게 지급한 때에 담보목적부동산의 소유권을 취득하며, 담보가등기를 마친 경우에는 청산기간이 지나야 그 가등기에 따른 본등기(本登記)를 청구할 수 있다.

③ 청산금의 지급채무와 부동산의 소유권이전등기 및 인도채무(引渡債務)의 이행에 관하여는 동시이행의 항변권(抗辯權)에 관한 '민법' 제536조를 준용한다.

④ 제1항부터 제3항까지의 규정에 어긋나는 특약(特約)으로서 채무자 등에게 불리한 것은 그 효력이 없다. 다만, 청산기간이 지난 후에 행하여진 특약으로서 제3자의 권리를 침해하지 아니하는 것은 그러하지 아니하다.

# CHAPTER 2. 가등기의 종류

## 2. 담보가등기(소유권이전담보가등기)

**제14조(강제경매 등의 경우의 담보가등기)** 담보가등기를 마친 부동산에 대하여 강제경매 등의 개시 결정이 있는 경우에 그 경매의 신청이 청산금을 지급하기 전에 행하여진 경우에는 청산기간이 지나기 전이라도 담보가등기권리자는 그 가등기에 따른 본등기를 청구할 수 없다.

## 3. 담보목적가등기

1) 담보가등기와 달리 차용물이 아닌 매매대금, 물품대금, 공사대금, 손해배상채권을 담보하는 가등기

2) 차용물의 반환에 갈음하여 부동산을 이전할 것을 예약하는 가등기라고 하더라도 가등기목적물의 가액이 그 피담보채권의 원금과 이자의 합계액을 초과하지 않는 경우의 가등기

⇒ 담보목적가등기는 '가등기'담보에 관한 법률'이 적용되지 않기 때문에 경매절차에서 배당받을 수 없고 경매신청권도 없다. 따라서 담보목적가등기권자가 채권을 변제받는 유일한 방법은 가등기에 의한 본등기를 하여 가등기목적물의 소유권을 취득하는 것이다.

CHAPTER

# 3

권리문석

## 권리분석에 앞서

| | 보전가등기 | 담보가등기 |
|---|---|---|
| 선순위 | 인수, 그러나 말소가능한 수익물건 | 말소, 예외의 경우 인수 3 가지 |
| 후순위 | 말소 | 말소 |

## 가등기의 개념 도해(2)

매매예약 증서상에 매매완결 일자가 기재되고 이 완결일자가 경과했을 때는 매매완결의 의사표시가 없어도 당연히 매매가 완결된 것으로 본다. 즉, 예약이 계약으로 변한다.

그러나 약정이 없는 때는 그 예약이 성립한 때로부터 10년 내에 이를 행사해야 하고, 그 기간을 지난 때는 예약완결권 제척기간의 경과로 인해 가등기 권리가 소멸한다.

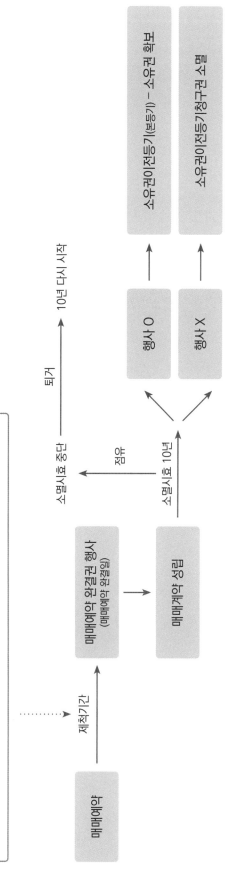

예약완결 행사기간 약정 O ⇒ 약정기간 내 행사 X ⇒ 예약완결권 소멸
예약완결 행사기간 약정 X ⇒ 예약이 성립한 때부로부터 10년 내에 행사 X ⇒ 예약완결권 소멸

예약완결권 행사기간 약정에 예약완결 의사표시 간주일이 명기되어 이 시점에
이미 매매예약이 완결되어 행사되어 매매계약이 성립 - 소멸시효 10년 적용

※ 실무상 90% 이상 매매예약서에 예약완결 의사표시 간주일이 명기되어 이 시점에
이미 매매예약이 완결되어 행사되어 매매계약이 성립 - 소멸시효 10년 적용

## 가등기의 개념 도해(3)

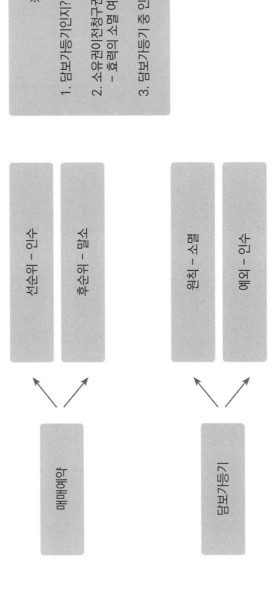

※ 검토 방향

1. 담보가등기인지? 소유권이전청구권가등기인지?

2. 소유권이전청구권가등기로서 선순위(인수)인 경우
   - 효력의 소멸 여부와 수익 확인

3. 담보가등기 중 인수하는 것 조심

매매예약 → 선순위 – 인수
         → 후순위 – 말소

담보가등기 → 원칙 – 소멸
          → 예외 – 인수

※ 인수 사유

- 경매 개시 전 청산 절차 종료
- 가담법 적용 제외
- 담보 목적 가등기

# CHAPTER 3. 권리분석

## 1. 보전가등기와 담보가등기의 구별

1) 등기사항전부증명서상 등기목적 ⇒ 통상 소유권이전청구권가등기로 동일하게 표시 ⇒ 구별 불가

2) 등기사항전부증명서상 등기원인 ⇒ 통상 보전가등기는 매매예약, 담보가등기는 대물반환예약으로 표시 ⇒ 절대적인 기준은 아님

| 순위번호 | 등 기 목 적 | 접 수 | 등 기 원 인 | 권 리 자 및 기 타 사 항 |
|---|---|---|---|---|
| 2 | 소유권이전 | 2006년4월4일<br>제60317호 | 2006년3월17일<br>매매 | 소유자 김◯◯ 331114-0◯◯◯◯◯◯<br>광주 서구 쌍암동 |
| 3 | 소유권이전청구권가등기 | 2008년9월19일<br>제65397호 | 2008년9월19일<br>매매예약 | 가등기권자 송◯◯◯◯◯◯◯◯◯◯ 2001111-012138◯◯<br>광주광역시 동구 산수동 530-55 |

| 순위번호 | 등 기 목 적 | 접 수 | 등 기 원 인 | 권 리 자 및 기 타 사 항 |
|---|---|---|---|---|
| 1 | 소유권보존 | 2008년3월29일<br>제86490호 | | 소유자 한◯ 731025-******<br>서울특별시 송파구 송암동 |
| 2 | 소유권이전 | 2011년1월11일<br>제1334호 | 2011년1월11일<br>매매 | 소유자 송◯ 691215-******<br>서울특별시 송파구 송암동<br>거래가액 금265,000,000원 |
| 3 | 소유권이전담보가등기 | 2011년9월29일<br>제85602호 | 2011년9월29일<br>대물반환예약 | 가등기권자 한◯ 731025-******<br>서울특별시 송파구 송암동 |

(출처 : 대한민국 법원 사이트)

# CHAPTER 3. 권리분석

## 1. 보전가등기와 담보가등기의 구별

3) 가등기가 담보가등기인지? 소유권이전청구권가등기인지?

- 등기부상 표시나 등기 시에 주고 받은 서류의 종류에 의하여 형식적으로 결정될 것이 아니고, 거래의 실질과 당사자의 의사 해석에 따라 결정될 문제라고 할 것이다(대법원 1992. 2. 11 선고 91다36932 판결).

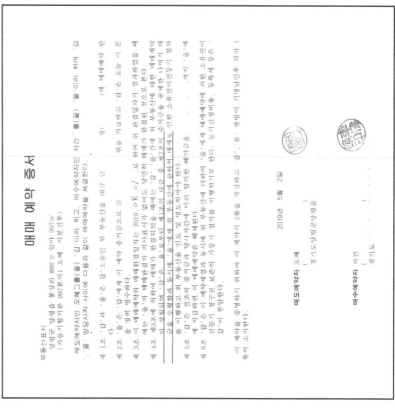

## 1. 보전가등기와 담보가등기의 구별

4) 집행법원은 가등기권리자에게 그 가등기가 담보가등기인 경우에는 그 내용 및 채권의 존부·원인·액수를, 담보가등기가 아닌 경우에는 그 내용을 신고하도록 최고한다.

⇒ 가등기권리자가 채권신고 기간(배당요구 종기일)까지 신고하지 않으면 집행법원은 보전가등기로 간주하고 경매 절차를 진행한다. 채권신고를 하게 되면 저당권자로 간주되어 배당받게 된다.

**제16조**(강제경매 등에 관한 특칙) ① 법원은 소유권이 이전에 관한 가등기가 되어 있는 부동산에 대한 강제경매등의 개시결정(開始決定)이 있는 경우에는 가등기권리자에게 다음 각 호의 구분에 따른 사항을 법원에 신고하도록 적당한 기간을 정하여 최고(催告)하여야 한다.

해당 가등기가 담보가등기인 경우 : 그 내용과 채권(이자나 그 밖의 부수채권(附隨債權)을 포함한다)의 존부(存否)·원인 및 금액

해당 가등기가 담보가등기가 아닌 경우 : 해당 내용

② 압류등기 전에 이루어진 담보가등기권리가 매각에 의하여 소멸되면 제1항의 채권신고를 한 경우에만 그 채권자는 매각대금을 배당받반거나 변제금을 받을 수 있다. 이 경우 그 담보가등기의 말소에 관하여는 매수인이 인수하지 아니한 부동산의 부담에 관한 기입을 말소하는 등기의 촉탁에 관한 '민사집행법' 제144조제1항제2호를 준용한다.

③ 소유권이 이전에 관한 가등기권리자는 강제경매 등 절차의 이해관계인으로 본다.

5) 가등기권리자의 경매신청 – 가등기담보법 제12조

# CHAPTER 3. 권리분석

## 1. 보전가등기와 담보가등기의 구별

① 최고서 발송

| 송달일 | 송달내역 | 송달결과 |
|---|---|---|
| 2017.11.10 | 주무관서 겸000000 최고서 발송 | 2017.11.13 송달간주 |
| 2017.11.10 | 가등기권자 김00 최고서 발송 | 2017.11.13 송달간주 |
| 2017.11.27 | 채권자 정00 주소보정명령등본 발송 | 2017.11.30 도달 |

② 가등기권자의 신고

| 접수일 | 접수내역 | 결과 |
|---|---|---|
| 2017.11.16 | 가등기권자 김00 권리신고 및 배당요구신청서 제출 | |
| 2018.12.17 | 가등기권자 김00 채권계산서 제출 | |

담보가등기가 아니라면 채권자는 해당 가등기의 내용을 신고할 수도 있고, 신고하지 않을 수도 있다. 채권자의 권리신고가 없는 경우 매각물건명세서에는 다음의 ③, ④와 같이 기재된다.

③ 매각물건명세서의 인수 여부 기재 1

> ※ 등기된 부동산에 관한 권리 또는 가처분으로서 매각으로 그 효력이 소멸되지 아니하는 것

| 갑구2번 소유권이전담보가등기(2011.9.23. 등기)가 담보가등기인지 순위보전가등기인지 권리신고가 없어 불분명하므로 말소되지 않은 경우 매수인이 인수함. 경우에 따라서는 매수인이 소유권을 상실함. | |
|---|---|

④ 매각물건명세서의 인수 여부 기재 2

> 등기된 부동산에 관한 권리 또는 가처분으로 매각으로 그 효력이 소멸되지 아니하는 것

| 갑구6번 소유권이전청구권 가등기(2017.02.16.등기)는 말소되지 않고 매수인에 인수됨. 만약 가등기된 매매예약이 완결되는 경우에는 매수인이 소유권을 상실하게 됨. | |
|---|---|

# CHAPTER 3. 권리분석

## 실사례 광주 2016 타경 16823(2)

### 사건내용

| 소 재 지 | 전남 화순군 화순읍 일심리 ████ (5826)전남 화순군 화순읍 광덕로 ██ | | | | |
|---|---|---|---|---|---|
| 경매구분 | 형식적경매(청산) | 채 권 자 | 조OO | | |
| 용 도 | 아파트 | 채무소유자 | 無 / 조OO | 매 각 기 일 | 17.08.10 (102,580,000원) |
| 감 정 가 | 123,000,000 (16.10.13) | 청 구 액 | 0 | 종 국 결 과 | 17.10.27 배당종결 |
| 최 저 가 | 86,100,000 (70%) | 토 지 면 적 | 29.1㎡ (8.8평) | 경매개시일 | 16.10.04 |
| 입찰보증금 | 8,610,000 (10%) | 건 물 면 적 | 60㎡ (18.1평) | 배당종기일 | 16.12.26 |
| 주 의 사 항 | 선순위가등기 | | | | |

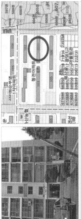

| 소재지/감정요약 | 물건번호/면적(㎡) | 감정가/최저가/과정 | 임차조사 | 등기권리 |
|---|---|---|---|---|
| (5826) 전남 화순군 화순읍 일심리 ████ 전남 화순군 화순읍 ████ [광덕로 ██] | 물건번호: 2번 (총물건수 2건) 대지 29.1/225719 (8.79평) 건물 · 건물 60.0 (18.15평) | 감정가 123,000,000 최저가 86,100,000 (70%) | 법원임차조사 | 가등기 정O 2015.01.08 소유이전청구가등 |
| 감정평가서요약 화순군민종합민원서 인근지역 주위아파트단지,단독주 택,근린생활시설등혼재 차량출입가능 인근버스(정)소재 세장형평지 단지내인접도로개설 2016.10.13현장관리비 600,000원미연체중 2016.10.13 기준경정 | 전용 59.99㎡ (18평) 공용 10.69㎡ (3평) 승인일자: 1996.06.28 보존: 1996.07.03 | 경매진행과정 ① 123,000,000 2017.06.29 유찰 ② 30% ↓ 86,100,000 2017.08-10 매각 조OO 2번 102,580,000 (83.40%) | 소 재 지 현장방문소 수차례 방문 했으나 폐문부재로 이해관계인을 만날 수 없어 권리신고안내문 을 우편함에 넣어두었으니 점유관계 등은 별도의 확인 요함여부미상 해당주소에 현재 약 600,00 0원이 연체중이라고 함 재개발하여 내부 확인(현 재입주자) 전입세대 열람 | 소유권 조OO 2016.08.02 전소유자조소조 임 의 조OO 2016.10.04 *청구액0원 열람일자: 2017.06.13 |
| 관리비미납 | 1,250,000원 17년4월분까지 미납액임 전기기본 수도포함 | 17년4월분~8월분 전기기본 수도포함 전기기본 수도포함 함 6,692세대 (2017.06.12 현재) | 지지옥션 전입세대조사 전입세대없음 주민센터확인 2017.06.14 | |

| | | 금액조회 1 (0) · 금액차공고후조회 31 (5) · 누적조회 134 (13) | | |
| | | 7일내 3일이상 열람자 5 · 14일내 6일이상 열람자 0 | | |
| | | 이는 5분위상 열람 (기준일: 2017.08.10/전국 연관전산 등) | | |

· 관리사무소 061-374-3355 · 관리서무소 061-374-3355

(출처 : 지지옥션)

## 가등기권자의 배당요구 - 담보가등기

2021. 7. 16.

지지옥션: 대한민국 넘버원 NO.1

### 문건처리내역

| 접수일 | 접수내역 | 결과 |
|---|---|---|
| 2016.10.04 | 등기소 최OOO 등기필증 제출 | |
| 2016.10.14 | 교부권자 화OO 미체납교부청구서 제출 | |
| 2016.10.19 | 감정인 가이OOOOO 감정평가서 제출 | |
| 2016.10.21 | 감정인 이OO 현황조사보고서 제출 | |
| 2016.10.25 | 가등기권자 정O 배당요구신청 제출 | |
| 2016.11.24 | 배당요구권자 신OOOOOO 권리신고 및 배당요구신청서 제출 | |
| 2017.01.04 | 배당요구권자 신OOOOOO 열람및복사신청 제출 | |
| 2017.03.16 | 배당요구권자 산OOOOOO 채권계산서 제출 | |
| 2017.08.24 | 최고가매수인 매각대금완납증명 | 2017.08.24 발급 |
| 2017.08.24 | 최고가매수인 등기촉탁신청 제출 | |
| 2017.09.12 | 최고가매수신고인 등기촉탁신청 및 지정서 제출 | |
| 2017.09.12 | 최고가매수신고인 매각허가결정정본 명 | |
| 2017.09.18 | 소유자 앙 OOOO 의견서OOO부사자성명승등등록제출 | 2017.09.14 발급 |
| 2017.09.22 | 최고가매수인 열람및복사신청 제출 | |
| 2017.10.20 | 가등기권자 정O(OOOO) 채권계산서 제출 | |

### 송달내역

| 송달일 | 송달내역 | 송달결과 |
|---|---|---|
| 2016.10.05 | 주무관서 국OOOOOOO OOOOOO 최고서 발송 | 2016.10.06 송달간주 |
| 2016.10.05 | 주무관서 관OOO 최고서 발송 | 2016.10.06 송달간주 |
| 2016.10.05 | 주무관서 서이OOOO 최고서 발송 | 2016.10.06 송달간주 |
| 2016.10.05 | 감정원 주OO 불가능함 발송 | 2016.10.06 송달간주 |
| 2016.10.05 | 가등기권자 정O 최고서 발송 | 2016.10.10 도달 |
| 2016.10.05 | 신청인 앙 OOOO OOO 개시결정정본 발송 | 2016.10.06 송달간주 |
| 2016.10.05 | 소유자 앙 OOOO OOO 개시결정정본 발송 | 2016.10.10 도달 |
| 2016.10.05 | 근저당권자 주OO OOOO 최고서 발송 | 2016.10.06 송달간주 |
| 2017.06.07 | 소유자 앙 OOOO OOO 매각기일및 매각결정기일통지서 발송 | 2017.06.08 송달간주 |
| 2017.06.07 | 신청인 앙 OOOO OOO 매각기일및 매각결정기일통지서 발송 | 2017.06.08 송달간주 |
| 2017.06.07 | 근저당권자 주OO OOOO 매각기일 매각결정기일통지서 발송 | 2017.06.08 송달간주 |
| 2017.06.07 | 배당요구권자 신OOOOOO 매각기일 매각결정기일통지서 발송 | 2017.06.08 송달간주 |
| 2017.06.07 | 배당요구권자 정O(OOOOO) 매각기일 매각결정기일통지서 발송 | 2017.06.08 송달간주 |
| 2017.08.10 | 가등기권자 1 앙 OOOO OOO OOO 보정명령등본 발송 | 2017.08.16 도달 |

(출처 : 지지옥션)

## 가등기권자의 채권계산서 제출

※ 리수O 지분에 서원OO이 가등기를 했음에도 불구하고 김경O가 근저당을 양도받고 추가로 근저당을 설정했다.

⇒ 즉 선순위의 가등기가 무의미하거나 또는 담보가등기로 확인했다는 반증일 수 있다.

김경O가 낙찰 후 주택재개발사업으로 수용되었다.

### 문건처리내역

| 접수일 | 접수내역 | 결과 |
|---|---|---|
| 2017.02.06 | 등기소 인OOOOO OOO 등기필증 제출 | |
| 2017.02.15 | 채무자겸소유자 리OO 열람및복사신청 제출 | |
| 2017.02.16 | 집행관 박O 현황조사보고서 제출 | |
| 2017.02.23 | 감정인 (주)OOOOOOOOO OOOO 감정평가서 제출 | |
| 2017.04.14 | 교부권자 국OOOOOO OOOOOO 교부청구서 제출 | |
| 2017.04.18 | 배당요구권자 서OO 채권계산서 및 배당요구신청서 제출 | |
| 2017.04.25 | 가등기권자 서OO 채권계산서 제출 | |
| 2017.04.28 | 교부권자 인OOOO OOO 교부청구서 제출 | |
| 2017.06.23 | 공유자 리OO 열람및복사신청 제출 | |
| 2017.10.18 | 채무자겸소유자 리OO 열람및복사신청 제출 | |
| 2017.12.05 | 공유자 리OO 열람및복사신청 제출 | |
| 2018.02.07 | 최고가매수신고인 김OO 매각대금완납증명 | |
| 2018.02.07 | 최고가매수신고인 김OO 부동산소유권이전등기촉탁신청서 제출 | |
| 2018.02.27 | 등기소 인OOOO OOO 등기필소통지서 제출 | |
| 2018.04.19 | 교부권자 국OOOOOOOOOOOO 교부청구서 제출 | |
| 2018.04.20 | 가등기권자 서OO 채권계산서 제출 | |
| 2018.04.24 | 교부권자 인OOOO OOO 미체납교부청구서 제출 | |
| 2018.04.30 | 배당요구권자 서OO OOOOO 채권계산서 제출 | |
| 2018.05.03 | 채권자 김OO 매각대금완납증명 | |
| 2018.05.08 | 채권자 김OO 채권계산서 제출 | |
| 2018.05.09 | 최고가매수신고인 부동산소유권이전등기촉탁신청서 제출 | |
| 2018.05.09 | 채권자 김OO 채권계산서 제출 | |
| 2018.05.16 | 채권자 김OO 열람및복사신청 제출 | |
| 2018.05.16 | 배당요구권자 서OO 배당표 제출 | |
| 2018.06.25 | 채무자겸소유자 리OO 열람및복사신청 제출 | |

## 실사례 인천 2017 타경 3859(2)

### 사건내용

| 소 재 지 | 인천 부평구 신곡동 (21305)인천 부평구 마장로 |
|---|---|
| 경매구분 | 임의경매 | 채 권 자 | 리OO |
| 용 도 | 대지 | 채무소유자 | 리OO / 리OOOO |
| 감 정 가 | 46,986,000 (17.02.15) | 청 구 액 | 18,557,260 | 매 각 기 일 | 18.01.11 (27,730,000원) |
| 최 저 가 | 23,023,000 (49%) | 토 지 면 적 | 전체 212 ㎡중 지분 22.9 ㎡ (6.9평) | 종 국 결 과 | 18.05.16 배당종결 |
| 입찰보증금 | 2,302,300 (10%) | 건 물 면 적 | 0㎡ (0.0평) | 경매개시일 | 17.02.06 |
| | | | | 배당종기일 | 17.05.01 |

주의사항 · 지분매각 · 법정지상권 · 선순위가등기 · 입찰외 · 토지만입찰

조 회 수 · 금일조회 1 (0) · 금회차공고후조회 59 (22) · 누적조회 342 (43)
· 7일내 3일이상 열람자 9 · 14일내 6일이상 열람자 3
0 는 5분이상 열람
(기준일-2018.01.11/전국연회원전용)

| 소재지/감정요약 | 물건번호/면적(㎡) | 감정가/최저가/과정 | 임차조사 | 등기권리 |
|---|---|---|---|---|
| (21305)<br>인천 부평구 신곡동<br><br>[마장로 ]<br><br>감정평가서요약<br><br>- 인천신곡초등학교교육<br>- 중OO근화시장위치<br>- 인근근린생활시설점포<br>- 주택등혼재된지역<br>- 차량출입가능<br>- 대중교통사정보통<br>- 가장형토지<br>- 남측약6m,서측약6m,북측<br>약3m도접함<br><br>3종일반주거지역<br>1종지구단위계획구역<br>(정비구역)(정비예정구역(재개발))<br>상대정화구역<br>절대정화구역<br>(2015.06.24)<br><br>2017.02.15 대한감정<br><br>표준지가: 2,350,000<br>개별지가: 1,114,000<br>감정지가: 2,050,000 | 물건번호: 2번<br>(총물건수 2건)<br><br>대지 22.9/212<br>(6.93평)<br>₩46,986,000<br>수정감정<br>[토지196/1813 리수<br>조 지분]<br><br>· 전체 74㎡ (22평)<br>· 지분 8㎡ (2평)<br><br>주택 8.074<br>(2.42평)<br>₩248,000<br><br>· 전체 74㎡ (22평)<br>· 지분 8㎡ (2평)<br><br>· 1종전포주택 9.5/88<br>(2.88평)<br>₩618,150<br><br>· 전체 88㎡ (27평)<br>· 지분 9.5㎡ (3평)<br><br>· 2종전포주택 9.5/88<br>(2.88평)<br>₩618,150<br><br>· 전체 88㎡ (27평)<br>· 지분 9.5㎡ (3평)<br><br>법정지상권성립여부불<br>분명 | 감정가 46,986,000<br>· 토지 46,986,000<br>(평당 6,780,087) (100%)<br><br>최저가 23,023,000<br>(49%)<br><br>경매진행과정<br>① 46,986,000<br>2017-11-01 유찰<br><br>② 30% ↓ 32,890,000<br>2017-12-06 유찰<br><br>③ 30% ↓ 23,023,000<br>2018-01-11 매각<br><br>매수인 (주)쏠리AM<br>응찰수 3명<br>매각가 27,730,000<br>(59.02%)<br><br>2위 27,000,000<br>(57.46%)<br>3위 24,760,000<br>(52.70%) | 법원임차조사<br><br>OIOO (토) 5,000,000<br> (월) 400,000<br> 주거<br><br>리OO 전입 2006.03.15<br> 주거<br><br>OIOO 전입 2008.10.29<br> 주거<br><br>리OO 전입 2013.06.17<br> 주거<br><br>리OO 전입 2016.11.01<br> 주거<br><br>*현황조사차 현장에 임하여<br>소유자를 면대한 바, 임점한<br>물 일부 출입 각 경우 사용하고<br>있으며, 전입된 리OO 실 관<br>한 이세대는 현재 거주하며<br>실내다고 소유자 리수원진<br>술 | 가등기 서원OO<br>2013.10.28<br>소유이전청구가<br>등<br><br>근저당 김경O<br>2013.11.07<br>**20,000,000**<br><br>근저당 김경O<br>2013.11.14<br>**19,500,000**<br><br>임 의 김경O<br>2017.02.06<br>*청구액:18,557,260원<br>채권총액 39,500,000원<br><br>열람일자 : 2017.10.17 |

[토지] 인천광역시 부평구 산곡동 ■■■

고유번호 1242-1996-680643

| 순위번호 | 등 기 목 적 | 접 수 | 등 기 원 인 | 권 리 자 및 기 타 사 항 |
|---|---|---|---|---|
| 1-1 | 1번등기명의인표시 | 2017년1월4일<br>제36239호 | 2017년1월4일<br>주소변경및도로 | 근저당권자 신■표 601113-*******<br>인천광역시 부평구 세월천로 ■■■ |
| 2 | ■구2■대수산자원연구지원<br>권설정 | 2013년11월19일<br>제77557호 | 2013년11월13일<br>설정계약 | 채권최고액 금 19,500,000원<br>채무자 대■종<br>인천광역시 강화군 ■■■ 52082■-*******<br>근저당권자 신■표 601113-*******<br>서울특별시 송파구 다산로6길 ■■ ■■ ■■<br>공동담보 토지 인천광역시 부평구 산곡동 ■■■ |

【 매 매 목 록 】

목록번호 2013-390
거래가액 금187,297,286원

| 일련번호 | 부동산의 표시 | 순위번호 | 예 비 란 |
|---|---|---|---|
| | | | 등기원인 | 경정원인 |
| 1 | [토지] 인천광역시 부평구 산곡동 ■■■ | 5 | 2013년7월25일<br>매매 | |

열람일시 : 2017년10월17일 15시00분45초

5/7

---

[토지] 인천광역시 부평구 산곡동 ■■■

고유번호 1242-1996-680643

| 순위번호 | 등 기 목 적 | 접 수 | 등 기 원 인 | 권 리 자 및 기 타 사 항 |
|---|---|---|---|---|
| 2-1 | 2번등기명의인표시변경 | | 2013년3월31일<br>전거 | 경설■■의 주소 서울특별시 강북구 화계사나들이<br>(수유동)<br>2014년8월11일 부기 |
| 3 | 2번□경■소변경분.<br>2번□실정권분변부.<br>2번□재권분변부.<br>2번□월권분변부.<br>2번□인천권분변부이 | 2013년8월7일<br>제34851호 | 2013년7월25일<br>매매 | 지분 1813분의 56<br>대 연 7208330-*****<br>경기도 성남시 분당구 정자일로 ■■<br>지분 1813분의 24<br>정■종 7510115-*****<br>지분 1813분의 16<br>■군 041117-*****<br>지분 1813분의 16<br>이순■ 070702-*****<br>서울특별시 송파구 오금도48길 ■■<br>매매목록 제2013-390호 |
| 4 | 2번대순재권분부여권설부권<br>가처기 | 2013년10월28일<br>제25602호 | 2013년10월28일<br>매매예약 | 가등기권자 이■ 460836■-*******<br>인천광역시 남동구 산곡4근72번길 ■■ |
| 5 | 2번설설권분부.<br>2번근권분변부이 | 2014년8월11일<br>제35150호 | 2014년8월6일<br>매매 | 지분 1813분의 56<br>김경■ 601113-*******<br>인천광역시 부평구 세월천로 ■■<br>매매목록 제2014-539호 |
| 6 | 2번이유자지분부이권 | 2014년10월30일<br>제47656호 | 2014년10월28일<br>매매 | 지분 1813분의 196<br>손유■ 601113-*******<br>인천광역시 부평구 세월천로 ■■<br>매매목록 제2014-777호 |
| 7 | 2번이순재산자의경부예대시설<br>정 | 2017년2월6일<br>제6706호 | 2017년2월6일<br>인천지방법원의<br>임의경매개시결정(2017<br>타경806■) | 채권자 김연■ 601113-*******<br>인천광역시 부평구 세월천로 ■■<br>근저당변소 ■■■ M4근구 세월천로 ■■<br>인천광역시 부평구 세월천로 ■■■ |

【 을 구 】 ( 소유권 이외의 권리에 관한 사항 )

| 순위번호 | 등 기 목 적 | 접 수 | 등 기 원 인 | 권 리 자 및 기 타 사 항 |
|---|---|---|---|---|
| 1 | ■구2■대수산자원연구지원<br>권설정 | 2017년11월7일<br>제57706호 | 2013년11월7일<br>설정계약 | 채권최고액 금50,000,000원<br>채무자 대■종<br>근저당권자 M근구 세월천로 ■■<br>인천광역시 부평구 세월천로65번길 ■■<br>공동담보 토지 인천광역시 부평구 산곡동 ■■■ |

열람일시 : 2017년10월17일 15시00분45초

4/7

# CHAPTER 3. 권리분석

## 2. 선순위 보전가등기

원칙 : 인수

예외 : 말소가 가능한 7가지 경우

### 1) 말소동의서 확보

- 등기부등본, 채권자 등 이해관계인 접촉, 현장조사, 인적네트워크 활용, 개인정보 확보 등 절차에 사전조사를 기초로 가등기명의자 접촉 ⇒ 일정한 금전적 보상에 의한 회유와 형사처벌의 위험성 압박을 통한 협상의 여지 파악 ⇒ 상황에 따라 말소동의서 확보
- 임결 전에 소정의 사례금 지급하고 '낙찰조건부 합의서 내지 약정서' 작성 ⇒ 명확한 조건의 설정과 위약금 조항 명시
- 낙찰 후 인감증명서 및 등기권리증을 수령해 가등기 말소절차 이행

### 2) (선순위)담보가등기

① 위 가등기 시에 담보가등기를 경료할 때 통상 작성되는 대물반환예약서 내지 매매예약서가 교환된 점을 들어 담보가등기가 아니라고 주장하나, 가등기가 담보가등기인지 여부는 그 등기부상 표시나 등기시에 주고 받은 서류의 종류에 의하여 형식적으로 결정될 것이 아니고 거래의 실질과 당사자의 의사해석에 따라 결정될 문제라고 할 것이므로, 원심은 옳고가 여러 차례에 걸쳐 피고에게 대하한 58,000,000원의 원리금을 담보하기 위한 담보가등기라고 인정하고 위 건물이 가등기담보 등에 관한 법률의 규정에 따른 정산절차 진행 전에 신청된 강제경매에 의하여 매수인에게 소유권이전이 된 이상 원고는 더 이상 위 가등기에 기한 본등기를 청구할 수 없다(대법원 1992. 2. 11 선고 91다36932 판결).

② 담보가등기의 입증자료 확보

채권자 등 이해관계인 접촉, 현장조사, 인적 네트워크 활용, 개인정보 확보, 가등기명의자 접촉 등을 통하여 등기부상 보전가등기이지만, 실제로는 채권담보 목적의 가등기임을 입증할 수 있는 자료(녹음, 진술서, 확인서 등) 확보

③ 상황에 따라 가등기명의자의 말소동의서 확보

## 2. 선순위 보전가등기

### 3) 매매예약 완결권의 제척기간 도과

① 선순위 가등기의 목적인 예약완결권이 제척기간 도과로 소멸되면, 선순위가등기는 말소청구 가능

② 매매예약 완결권의 법적 성질 및 그 행사기간

매매의 일방예약에서 예약자의 상대방이 매매예약 완결의 의사표시를 하여 매매의 효력을 생기게 하는 권리, 즉 매매예약의 완결권은 일종의 형성권으로서 당사자 사이에 그 행사기간을 약정한 때에는 그 기간 내에, 그러한 약정이 없는 때에는 그 예약이 성립한 때로부터 10년 내에 이를 행사하여야 하고, 그 기간을 지난 때에는 예약완결권은 제척기간의 경과로 인하여 소멸한다.

⇒ 기간을 도과한 때에는 상대방이 예약목적물인 부동산을 인도받은 경우라도 예약완결권은 제척기간의 경과로 인하여 소멸된다.

제척기간에 있어서는 소멸시효와 같이 기간의 중단이 있을 수 없다(대법원 2003. 1. 10 선고 2000다26425 판결).

③ 매매예약 완결권의 행사시기에 관한 약정이 있는 경우, 그 제척기간의 기산점

제척기간은 권리자로 하여금 당해 권리를 신속하게 행사하도록 함으로써 법률관계를 조속히 확정시키려는 데 그 제도의 취지가 있는 것으로서, 소멸시효가 일정한 기간의 경과와 권리의 불행사라는 사정에 의하여 권리 소멸의 효과를 가져오는 것과는 달리 그 기간의 경과 자체만으로 곧 권리 소멸의 효과를 가져오게 하는 것이므로 그 기간 진행의 기산점은 특별한 사정이 없는 한 원칙적으로 권리가 발생한 때이고, 당사자 사이에 매매예약 완결권을 행사할 수 있는 시기를 특별히 약정한 경우에도 그 제척기간은 당초 권리의 발생일로부터 10년간의 기간이 경과되면 만료되는 것이어서 그 기간을 넘어서 그 약정에 따라 권리를 행사할 수 있는 때로부터 10년이 되는 날까지로 연장된다고 볼 수 없다(대법원 1995. 11. 10 선고 94다22682, 22699(반소) 판결).

## 2. 선순위 보전가등기

④ 예약완결권의 행사기간에 관한 약정이 있는 경우(매개자동완결 조항 있음)

매매예약 완결권의 행사기간 및 당사자 사이에 약정하는 예약완결권의 행사기간에 특별한 제한이 있는지 여부(소극)

⇒ 민법 제564조가 정하고 있는 매매의 일방예약에서 예약자의 상대방이 매매예약 완결의 의사표시를 하여 매매의 효력을 생기게 하는 권리, 즉 매매예약의 완결권은 일종의 형성권으로서 당사자 사이에 행사기간을 약정한 때에는 그 기간 내에, 약정이 없는 때에는 예약이 성립한 때로부터 10년 내에 이를 행사하여야 하고, 그 기간을 지난 때에는 예약완결권은 제척기간의 경과로 인하여 소멸한다. 한편 당사자 사이에 약정하는 예약완결권의 행사기간에 특별한 제한은 없다.

⇒ 원심은 그 채택 증거에 의하여, 원고가 2002. 4. 30 이 사건 부동산에 관해 피고에게 2002. 4. 26 매매의 일방예약을 원인으로 한 이 사건 가등기를 마쳐준 사실을 인정했다. 나아가 원심은, 원고와 피고 사이에 예약완결권을 2032. 4. 25까지 행사할 수 있도록 약정한 사실은 인정되나, 피고의 예약완결권은 원고와 피고가 10년을 초과하여 약정한 위 기간까지 존속하는 것은 아니므로 피고의 예약완결권은 2002. 4. 26부터 10년이 경과한 2012. 4. 25 제척기간 10년의 도과로 소멸하였고, 따라서 피고는 원고에게 이 사건 가등기의 말소등기절차를 이행할 의무가 있다고 판단하였다.

⇒ 그러나 앞서 본 법리에 비추어 살펴보면, 원고와 피고가 예약완결권의 행사기간을 2032. 4. 25까지 행사하기로 약정하였으므로 약정한 2032. 4. 25이 지나야 그 예약완결권이 제척기간의 경과로 인하여 소멸한다고 할 것이어서, 이 사건 가등기가 예약완결권의 소멸을 이유로 무효라고 할 수는 없다(대법원 2017. 1. 25 선고 2016다42077 판결).

## 2. 선순위 보전가등기

### ※ 소멸시효와 제척기간의 비교

| 구분 | 소멸시효 | 제척기간 |
|---|---|---|
| 개념 | 권리태만에 대한 제재, 법적 안정성, 입증 곤란의 완화 | 권리 관계의 조속한 확정, 일정한 기간의 경과로 당연 소멸 |
| 요건 | – 권리의 불행사<br>– 일정 기간의 경과 | 일정 기간의 경과 |
| 주장·입증 | 당사자의 주장·입증 필요 | 법원의 직권조사사항 |
| 중단·정지 | 가능 | 불가 |
| 중단 사유 | 청구, 승인, (가)압류, 가처분 | × |
| 기산점 | 권리 행사 가능 시 | 권리 발생 시 |
| 포기 | 소멸시효의 이익 포기 가능 | 불가 |
| 기간 | 민사 : 10년 /3년 /1년, 상사 5년 | 통상 10년 |

### ※ 예약완결권의 제척기간

| 조건 | | 기간 | 기산점 | 기간의 중단·정지 |
|---|---|---|---|---|
| 예약완결권의 행사 기간에 관한 약정이 있는 경우 | 매매자동완결 조항이 있는 경우 | 소멸 시효 | 권리 행사 가능 시 | 가능 |
| | | 5년 /10년 | | |
| | 매매자동완결 조항이 없는 경우 | 약정기간 | 권리 발생 시<br>(매매예약 성립 시) | 불가 |
| | | 10년 초과 가능 | | |
| 예약완결권의 행사 기간에 관한 약정이 없는 경우 | | 제척기간 | 권리 발생 시<br>(매매예약 성립 시) | 불가 |
| | | 10년 | | |

## 제척기간 도과, 피담보채권소멸

1. 제척기간의 도과, 소멸 시효 완성을 원인으로 제권자대위 승소

2. 제척기간의 도과

1997년 12월 10일 매매예약 이후 10년이 지난 2007년 12월 10일경 소멸

3. 피담보채권의 소멸 시효 완성

1998년 2월 4일 가등기가 지금까지 약 19년 정도가 흘러 등기 접으로 보아 피담보채권인 이 사건 가등기의 피담보채권은 특별한 시효 중단의 사유가 없는 한 그 설정일로부터 10년이 경과한 2008년 4월 2일경 시효로 소멸

### 실사례 광주 2017 타경 7284(2)

**사건내용**

| 소재지 | 광주 서구 마륵동 (6195)[광주 서구 임마륵2길 ] |
| --- | --- |
| 경매구분 | 강제경매 | 채권자 | 서○○○○ |
| 용도 | 주택 | 채무/소유자 | 김○○ |
| 감정가 | 130,165,000 (17.09.08) | 매각기일 | 18.03.28 (157,460,000원) |
| 최저가 | 91,116,000 (70%) | 청구금액 | 848,077,900 | 종국결과 | 18.06.26 배당종결 |
| 입찰보증금 | 9,111,600 (10%) | 토지면적 | 2210m² (66.9평) | 경매개시일 | 17.05.08 |
| | | 건물면적 | 전체 110.9m² (33.6평) 제시외 33.6m² (10.2평) | 배당종기일 | 17.11.13 |

**주의사항**
· 선순위가등기
· 소멸되지 않는 권리 : 갑구 순위2번 소유권이전등기청구권가등기(1998.2.4. 접수제5690호)는 말소되지 않고 매수인이 인수함 만약 가등기된 매매예약이 완결되는 경우에는 매수인이 소유권을 상실하게됨
· 2018.02.19. 갑구 순위2번 소유권이전청구권가등기(1998.2.4. 접수제5690호) 말소됨(16.2.21자 정정기재).

| 조회수 | · 금일조회 1 (0) · 금회차공고후조회 85 (3) · 누적조회 528 (99) <br> · 7일내 3일이상 열람자 9 · 14일내 6일이상 열람자 7 | (기준일 : 2018.03.28/전국연원(윈) |

**감정평가요약**

(6195)
광주 서구 마륵동
[임마륵2길 ]
· 목조시멘트기와지붕
· 김대중컨벤션센터뒤쪽
· 주위인근
· 주거지대신도로후면주민촌
· 자연취락지대교통
· 버스(정)인근대중교통
· 차량접근가능
· 세로이용애물입내나지
· 인근도심내
· 낚암평탄

· 도시지역
· 일반주거지역
(5구역.진출)

2017.09.08 씨:가감정
표준지가 : 443,000
개별지가 : 433,600
감정지가 : 563,000

**물건번호/면적(m²)**

물건번호: 2번
(물건감정가 3건)

대지 221.0
(66.85평)
₩124,423,000
· (평당 1,861,227)
건물
· 주택 50.9
(15.40평)
₩4,848,000
· 부속주택 창고 26.4
(8.00평)
지연파손
· 제시외
· 보트 1985.06.29

(15.40평)
₩606
· 출입동로 48
(14.5평)
₩144,000
· 가추 11.4
(3.45평)
₩228,000
· 창고 4.5
(1.36평)
₩135,000
· 화장실 12.9
(3.90평)
₩387,000

**감정가/최저가/과정**

감정가 **130,165,000**
· 대지 124,423,000
(95.59%)

· 건물 4,848,000
(3.72%)

· 제시 894,000
(0.69%)

최저가 **91,116,000**
(70%)

경매진행과정
① 130,165,000
2018-01-10 유찰

② 91,116,000
2018-02-21 변경

30% ② 91,116,000
2018-03-28 매각

김○○
19명
157,460,000

**임차조사**

법원임대조사
조○○ 전입 2009.11.16
주거/전부
소유자점유
"소유자점유 점유자 접소 유자김미정 초기를에게 점유 임대 임차 유류중인바 있으니 임차권 존재 여부등은 불명임 조사시 임차인 점유로 기는 소유자의 점유로"

⊙ 09.11.16 조○○
주민센터확인:2017.12.27
지지옥션 전입세대조사

**등기권리**

소유권 김○○
1991.04.26

가등기 김재윤
[공동] 1998.02.04
소유이전청구가
등

가압류 서울보증보험
본사특수관리
2000.07.13
295,901,080
2000 카단 72306
서울중앙

압류 전남장흥군
[공동] 2010.04.02

가처분 서울보증보험
2017.03.07
2017 카단 50294
광주 김재윤근가등
기저

강제 서울보증보험
[공동] 포함신용지사
2017.05.08
*청구액:848,077,900원
재교총액 295,901,080원

[전남] 광주광역시 서구 마륵동 ㅁㅁ

고유번호 2041-1996-G68412

[ 갑 구 ] ( 소유권에 관한 사항 )

| 순위번호 | 등 기 목 적 | 접 수 | 등 기 원 인 | 권 리 자 및 기 타 사 항 |
| --- | --- | --- | --- | --- |
| 1 (전 2) | 소유권이전 | 1991년4월26일 제9175호 | 1991년3월24일 매매 | 소유자 김재윤 431215-******* <br> 광주시 상무출 신산파 |
| 2 (전 3) | 소유권이전청구권가등기 | 1998년2월4일 제5690호 | 1997년12월10일 매매예약 | 권리자 홍OO 480626-******* <br> 광주 서구 풍암동 22-호 센타빌 □□호 <br> 부동산등기법 시행규칙 부칙 제3조 제1항의 규정에 의하여 <br> 1번 내지 2번 등기를 1998년 08월 21일 전산이기 |
| 2-1 | 2번가등기소유권이전청구권가처분 | 2017년3월7일 제403호 | 2017년3월6일 광주지방법원의 가처분결정(2017카단302 <br> 94) | 피보전권리 채권자대위권에 의한 매매예약완결권 및 <br> 소유권이전등기청구권 채권자 신 <br> 소유권이전청구권가처분 소유자의 처분 청구권 <br> 지재물무 서울보증보험 주식회사 110111-0099771 <br> 서울 중로구 김상욕호 29 (서린동) <br> 금지사항 양도, 기타 일체의 처분행위 금지 |
| 3 | 가압류 | 2000년7월13일 제27024호 | 2000년7월10일 서울지방법원의 가압류 결정(2000카단72306) | 청구금액 금295,901,080원 <br> 채권자 서울보증보험주식회사 110111-0099774 <br> 서울 종로구 연지동 136-74 (본사특수관리부) |
| 4 | 압류 | 1999년4월6일 제6676호 | 1999년4월6일 압류(세무4부-□□호) | 권리자 광주시서구 |
| 5 | 4번압류등기말소 | 2010년3월9일 제35668호 | 2010년3월9일 압류해제 | |

열람일시 : 2017년12월22일 20시49분31초

2/3

## 광 주 지 방 법 원

## 판 결

| 사 건 | 2017가단509572 소유권이전청구권가등기 말소 |
| 원 고 | 서울보증보험 주식회사 |
| 피 고 | A |
| 변 론 종 결 | 2018. 1. 24. |
| 판 결 선 고 | 2018. 2. 7. |

## 주 문

1. 피고는 소외 B에게 별지 목록 기재 제1항 부동산에 관하여 광주지방법원 등기국
1998. 2. 4. 접수 제5693호로, 별지 목록 기재 제2, 3항 각 부동산에 관하여 같은
등기국 1998. 2. 4. 접수 제5690호로 각 마친 소유권이전청구권가등기의 각 말소등
기절차를 이행하라.

2. 소송비용은 각자 부담한다.

## 청 구 취 지

주문과 같다.

## 이 유

1. 원고의 주장

별지 청구원인 기재와 같다.

- 1 -

(출처 : 저자 제공)

---

대한민국 법원
COURT OF KOREA

빠르고 편리한 고품질 사법서비스
**대법원 전자소송**

본 사이트에서 제공된 사건정보는 법적인 효력이 없으니, 참고자료로만
활용하시기 바랍니다.
인지, 특허 등 전자소송으로 진행되는 사건에 대해서는 전자소송 홈페이지를
이용하시면 변경정보나 사건기록을 모두 인터넷으로 보실 수 있습니다.

사건일반내용    사건진행내용

사건번호 광주지방법원 2017가단509572

### 기본내용

| 사건번호 | 2017가단509572 | 사건명 | [전자] 소유권이전청구권가등기 말소 |
| 원고 | 서울보증보험 주식회사 | 피고 | 김재○ |
| 접수일 | 2017.04.17 | 종국결과 | 2018.02.07 원고승 |
| 원고소가 | 54,082,730 | 피고소가 | |
| 수리구분 | 제소 | 병합구분 | 없음 |
| 상소인 | | 상소일 | |
| 상소각하일 | | 보존여부 | 기록보존됨 |
| 인지액 | 223,400원 | | |
| 송달료,보관금 종결에 따른 잔액조회 | | | |
| 판결도달일 | | 확정일 | 2018.02.27 |

### 최근기일내용

| 일자 | 시각 | 기일구분 | 기일장소 | 결과 |
| --- | --- | --- | --- | --- |
| 2017.12.20 | 09:45 | 판결선고기일 | 제358호 소법정 | 무변론판결취소 |
| 2018.01.24 | 10:40 | 변론기일 | 제358호 소법정 | 변론종결 |
| 2018.02.07 | 09:50 | 판결선고기일 | 제358호 소법정 | 판결선고 |

최근 기일 순으로 일부만 보입니다. 반드시 상세보기로 확인하시기 바랍니다.

### 최근 제출서류 접수내용

| 일자 | 내용 |
| --- | --- |
| 2017.12.14 | 원고 소송대리인 법무법인 마름 김○○ 과세정보 제출영령 신청서(권주 서구청0 제출 |
| 2018.01.02 | 광주광역시 서구 서실조회신신서 제출 |

(출처 : 대한민국 법원 사이트)

부동산을 소유하고 있고, 별지 목록 기재 제1 내지 제3항 각 부동산에는 피고 A 명의의 소유권이전청구권가등기가(갑 제3호증의 1 내지 3), 별지 목록 기재 제4, 5항 각 부동산에는 피고 D 명의의 소유권이전청구권가등기가 각 마쳐져 있습니다(갑 제3호증의 4, 5).

### 3. 매매예약완결권의 제척기간 도과

매매예약완결권은 형성권으로서 당사자 사이에 그 행사기간을 약정한 때에는 그 기간 내에, 그러한 약정이 없는 때에는 그 예약이 성립한 때로부터 10년 내에 이를 행사하여야 하고, 그 기간을 지난 때에는 제척기간의 도과로 인하여 소멸되므로, 별지 목록 기재 제1 내지 제3항 각 부동산에 관한 가등기권자인 피고 A 의 매매예약완결권은 1997. 12. 10.자 매매예약이 있은 후 10년이 지난 2007. 12. 10.경, 별지 목록 기재 제4, 5항 각 부동산에 관한 가등기권자인 피고 D 의 매매예약완결권은 1998. 11. 13.자 매매예약이 있은 후 10년이 지난 2008. 11. 13.경 각 소멸되었습니다.

### 4. 피담보채권의 소멸시효 완성

1) 별지 목록 기재 제1항 부동산에 관하여 광주지방법원 등기국 1998. 2. 4. 접수 제5693호, 별지 목록 기재 제2, 3항 각 부동산에 관하여 같은 등기국 1998. 2. 4. 접수 제5690호.

2) 광주지방법원 광성등기소 1998. 11. 16. 접수 제14868호.

---

피고들 명의의 이 사건 각 가등기를 담보가등기로 본다고 하더라도, 피고 A 명의의 각 가등기는 1998. 2. 4.에, 피고 D 의 가등기가 1998. 11. 16.에 각 마쳐진 후 지금까지 약 19년 정도가 흐른 것으로 보여, 피고들 명의의 이 사건 각 가등기의 피담보채권은 특별한 사유가 없는 한 그 설정일로부터 10년이 경과한 각 2008. 11. 16.경 시효로 소멸되었습니다.

### 5. 채권자대위권의 행사

위와 같은 이유로 피고들 명의의 이 사건 각 가등기는 원인무효 내지 피담보채권의 소멸시효 완성에 따른 부종성으로 인하여 각 말소되어야 할 것인데, 무자력자인 B 은 피고들에게 이 사건 각 가등기의 말소등기를 구해야 할 것임에도 이를 해태하고 있으므로, B 의 채권자인 원고가 이를 대위하여 행사하는 것입니다.

### 6. 결론

그렇다면 소외 B 에게, 피고 A 은 별지 목록 기재 제1항 부동산에 관하여 광주지방법원 등기국 1998. 2. 4. 접수 제5693호로, 별지 목록 기재 제2, 3항 각 부동산에 관하여 같은 등기국 1998. 2. 4. 접수 제5690호로 각 마친 소유권이전청구권가등기의, 피고 D 는 별지 목록 기재 제4, 5항 각

2021. 7. 8.

## 제척기간 도과

### ※ 사실관계

2000. 3. 2 피고 윤외○○은 11.33/81.3지분에 매매예약을 원인으로 지분이전청구권가등기

2019. 1. 24 원고 의료재단은 공매를 원인으로 소유권이전등기 경료

### ※ 피고의 주장

이 사건 가등기가 피고의 전 소유자에 대한 공사대금 채권을 담보하기 위한 담보가등기이므로 10년의 제척기간의 적용을 받지 않는다(담보가등기라면 경락이 말소될 사항임).

### ※ 법원의 판단

매매예약 완결권의 행사 기간에 관한 대법원 판례는 채권에 대한 담보의 목적으로 이루어진 대물변제예약 완결권의 경우에도 마찬가지라고 할 것이다.

이 사건 부동산에 관한 매매예약 완결권은 매매예약일인 2000. 3. 2로부터 10년의 제척기간의 경과로 인해 소멸했다. 따라서 이 가등기는 원인무효이므로 피고는 가등기말소등기 절차를 이행할 의무가 있다.

채권담보를 목적으로 이 사건 가등기가 마쳐졌다고 주장하는 피고에게는 가등기담보권의 성립 당시 가등기담보권의 피담보채권이 존재했는지 여부 내지 소유권이전등기를 청구할 별물 관계가 있었는지 여부에 대한 입증 책임이 있지만 그 주장을 인정할 증거를 제출하지 못했다.

---

### 실사례 시흥 2017-07910-001(공매)

(조회수 · 130회)

**2017-07910-001 (언뉴재산(면측)) 상가(중부상-근린생활시설)**

| 소 재 지 | 경기 시흥시 신천동 [14950] 경기 시흥시 수인로 [도로명주소] |
|---|---|

| 자 분 방 식 | 매각 | 입 찰 방 식 | 일반경쟁(최고가방식) | 물 건 상 태 | 낙찰 |
|---|---|---|---|---|---|
| 감 정 가 | 20,000,000 원 | 소 유 자 | 우영개발 | 입찰시작일 | 2018.12.17 (10:00) |
| 최 저 가 | 10,000,000 원 | 토지면적 | | 입찰종료일 | 2018.12.19 (17:00) |
| 보 증 금 | (입찰금액의 10%) | 건물면적 | | 개 찰 일 | 2018.12.20 (11:00) |
| 조 회 수 | · 금일 1 / 0 · 누적 130 / 7 (단순조회 / 5분이상 열람) | | | 배당요구종기 | 2018.05.08 |
| 조회 분석 | · 7일내 3일이상 열람자 1 · 14일내 6일이상 열람자 0 | | | (기준일 · 2018.12.20 / 전국연합회원용) | |

| 주 의 사 항 | · 재매각 · 말소 인되는 권리 · 순위번호 3번 가등기 2000년 3월 16일 권리도 권리◎ · 203호외 할인교외교로로 이용중이므로서 서 확인후 입찰바람 |
|---|---|

| | 위 탁 기 관 | 시흥시청 |
|---|---|---|
| | 담 당 부 서 | 경기지역본부 |
| | 담 당 자 | 조세정리팀 |
| | 연 락 처 | 1588-5321 |

### 진행내역

| 회차/차수 | 입찰시작일자 ~ 입찰마감일자 | 개찰일자 | 최저가 매각가 | 결과 | 응찰자수 |
|---|---|---|---|---|---|
| 049/001 | 2018.12.17 (10:00) - 2018.12.19 (17:00) | 2018.12.20 (11:00) | 10,000,000 (50%) 14,199,990 (71%) | 낙찰 | (유효)1명 |

### 온비드 요약

| 소재지 | 온비드 요약 |
|---|---|
| [4290020] 경기 시흥시 신천동 경기 시흥시 신천동 | ▲ 연적 대 6.9m² 지분(총면적 3,305.8m²) 건물 20.27m²<br>▲ 위치및 부근현황 본건은 경기도 시흥시 신천동 소재 · 신천사거리 남동측 인근에 위치하며 대응교통여건은 보통 시됩니다.<br>▲ 이용현황 근린생활시설(203호외 연쇄약 표교별교회)로 이용중입니다.<br>▲ 영도책임 매수인<br>▲ 기타사항 해당사항 없음 |

### 감정평가정보

| 감정평가기관 | 평가일 | 평가금액(월) | 감정평가서 |
|---|---|---|---|
| | | 조회된 데이타가 없습니다 | |

### 등기사항증명서 (열람일자·2018.03.28)

| 구분 | 권리종류 | 권리자명 | 등기일자 | 설정액 | 비고 |
|---|---|---|---|---|---|

(출처 : 지지옥션)

[집합건물] 경기도 시흥시 신천동

고유번호 1355-2000-003598

| 【　표　제　부　】 （전유부분의 건물의 표시） | | | |
|---|---|---|---|
| 표시번호 | 접　수 | 건물번호 | 건물내역 | 등기원인 및 기타사항 |
| 1 | 2000년7월7일 | 제2층 제210호 | 철근콘크리트라멘조 20.27㎡ | 분할로 인하여 경기도 시흥시 신천동 774 ○명로라우스 제2층 제203호에서 이기 |

| （대지권의 표시） | | |
|---|---|---|
| 표시번호 | 대지권종류 | 대지권비율 | 등기원인 및 기타사항 |
| 1 | 1 소유권대지권 | 3395.8분의 6.91 | 2000년3월15일 대지권 2000년7월7일 |

| 【　갑　구　】 （소유권에 관한 사항） | | | | |
|---|---|---|---|---|
| 순위번호 | 등기목적 | 접　수 | 등 기 원 인 | 권 리 자 및 기 타 사 항 |
| 1 (전 1) | 소유권보존 | 2000년3월16일 제24973호 | | 소유자 우명산업주식회사 180111-0197962 부천시 원미구 중동12동 145-3 부천빌딩 4층 가등기로인하여 순위 제2번으로 인하여 등기 2000년3월13일 |
| 2 (전 3) | 소유권이전 | 2000년6월16일 제28109호 | 2000년2월3일 매매 | 공유자 지분 81.33분의 09.97 이성원 540810-******* 부천시 오정구 법동○ ▓▓▓▓ |
| 3 (전 4) | 1번우명산업주식회사지분전부 이전청구권가등기 | 2000년3월16일 제24984호 | 2000년3월2일 매매예약 | 권리자 지분 81.33분의 11.33 윤○○ 681204-******* 서울 강서구 화곡동○ ▓▓▓▓ 분할로 인하여 경기도 시흥시 신천동 ○○○○에서 전사 접수 2000년7월7일 제56881호 |
| 3-1 | 3번소유권가등기말소 | 2000년7월10일 제57607호 | 공유물분할 | 3번 등기는 2층 210호 전부에 관한 것임 |
| 4 | 공유자전원지분전부이전 | 2000년7월7일 제56803호 | 2000년6월25일 매매 | 소유자 우명산업주식회사 180111-0197962 부천시 수영구 중안동 145-3 부천빌딩 4층 |
| 5 | 압류 | 2000년8월11일 제65641호 | 2000년8월6일 압류(△△세121-15513) | 권리자 ○세부세 ▲세흥세 수원세무서 |
| 6 | 압류 | 2002년12월25일 제19481호 | 2002년12월21일 압류 | 권리자 시흥시 |
| 7 | 압류 | 2000년5월17일 제57422호 | 2000년4월21일 압류(세무1410-10712) | 권리자 시흥시 |
| 7-1 | 공매공고 | 2018년3월21일 제24613호 | 2018년3월21일 압류공고한국자산관리공사 2017-07910-0011 | |

（출처 : 대한민국 법원 사이트）

■ 배당요구 및 채권신고 현황

| 번호 | 권리관계 | 성명 | 압류/설정 (등기)일자 | 법정기일 (납부기한) | 설정금액(원) | 배분요구 채권액(원) | 배분요구일 |
|---|---|---|---|---|---|---|---|
| 1 | 임차인 | 임차인 | | | 0 | | 배분요구 없음 |
| 2 | 압류 | 시흥시청(교통정책과) | 2010-04-09 | | 0 | 0 | 배분요구 없음 |
| 3 | 압류 | 부천광역시 | 2012-05-14 | 2002-02-10 ~ 2002-02-10 | | 121,977,200 | 2018-02-01 |
| 4 | 압류 | 수영세무서 | 2000-08-11 | 2001-07-10 ~ 2009-09-19 | | 2,738,508,660 | 2018-02-02 |
| 5 | 압류 | 시흥시청 | 2002-02-25 | 2001-06-10 ~ 2016-09-10 | | 4,117,490 | 2018-02-02 |
| 6 | 가압류 | 우볌프라자개발단관 리사무소) | 2016-04-27 | | 1,808,917 | 1,584,782 | 2018-02-14 |
| 7 | 위임기관 | 시흥시청 | 2002-05-17 | 2001-06-10 ~ 2016-09-10 | 0 | 4,117,490 | 2017-06-22 |

* 채권신고 및 배분요구현황은 배분요구시를 기준으로 작성하였으며 신고된 채권액은 변동될 수 있습니다.
* 배분요구일자 미등록 전에 매매해서는 담당자를 통해 배분요구 여부를 반드시 확인하여 주시기 바랍니다.

■ 공매재산에 대하여 등기된 권리 또는 가처분으로서 매각으로 그 효력을 잃지 아니하는 것

　　순위번호 3번 가등기 2000년 3월 16일 ○○설정 권리자 윤▓

■ 매각에 따라 설정된 것으로 보게 되는 지상권의 개요

■ 기타 유의 사항

　203호의 일단의교회로 이용중이므로 사전 확인후 입찰바람

　　　　　　　　　　　　　　　　　　　　　　2018. 05. 11

　　　　　　　　　　　　　한국자산관리공사 경기지역본부

（출처 : 저자 제공）

## 1. 기초사실

가. 별지 목록 기재 부동산(이하 '이 사건 부동산'이라 한다)에 관하여 2000. 3. 13. C 주식회사(이하 'C'이라 한다) 명의의 소유권보존등기가 경료되었다.

나. 피고는 C 명의의 이 사건 부동산 중 11.33/81.3 지분에 관하여 2000. 3. 2. 매매예약을 원인으로 하여 주문 기재와 같은 지분이전청구권가등기(이하 '이 사건 가등기'라 한다)를 마쳤다.

다. 원고도 2019. 1. 24. 이 사건 부동산 전부에 관하여 2018. 12. 24. 공매를 원인으로 한 소유권이전등기를 경료하였다.

[인정근거] 다툼 없는 사실, 갑 제5호증의 기재, 변론 전체의 취지

## 2. 판 단

<u>매매예약완결권</u>은 일종의 형성권으로서 당사자 사이에 그 행사기간을 약정한 때에는 그 기간 내에, 그러한 약정이 없는 때에는 그 예약이 성립한 때로부터 10년 이내에 이를 행사하여야 하고, 그 기간을 지난 때에는 예약완결권은 제척기간의 경과로 인하여 소멸하고(대법원 2003. 1. 10. 선고 2000다26425 판결 참조), 이는 제척기간에 대한 담보의 목적으로 이루어진 매물변제예약완결권의 경우에도 마찬가지라 할 것이다(대법원

1997. 6. 27. 선고 97다12488 판결 참조). 제척기간은 권리자로 하여금 당해 권리를 신속하게 행사하도록 함으로써 법률관계를 조속히 확정 시키려는데 그 제도의 취지가 있는 것으로서, 소멸시효가 일정한 기간의 경과와 권리의 불행사라는 사정에 의하여 권리소멸의 효과를 가져오는 것임과는 달리 그 기간의 진행이 가산점으로 없는 한 원칙적으로 권리가 발생한 때에, 당사자 사이에 위와 같이 위 매매예약 완결권을 행사할

(출처 : 저자 제공)

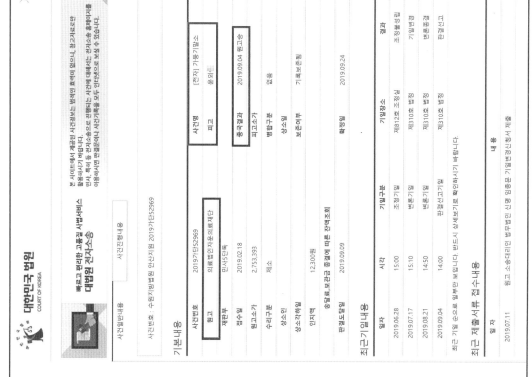

**대법원 전자소송**
빠르고 편리한 고품질 사법서비스

사건일반내용    사건진행내용

사건번호 : 수원지방법원 안산지원 2019가단52969

### 기본내용

| | | | |
|---|---|---|---|
| 사건번호 | 2019가단52969 | 사건명 | [전자] 가등기말소 |
| 원고 | 의료법인자운의료재단 | 피고 | 윤의*** |
| 재판부 | 민사5단독 | | |
| 접수일 | 2019.02.18 | 종국결과 | 2019.09.04 원고승 |
| 원고소가 | 2,753,393 | 피고소가 | |
| 수리구분 | 제소 | 병합구분 | 없음 |
| 상소인 | | 상소일 | |
| 상소각하일 | | 보존여부 | 기록보존됨 |
| 인지액 | 12,300원 | | |

송달료,보관금 종결에 따른 잔액조회

판결도달일   2019.09.09      확정일   2019.09.24

### 최근기일내용

| 일자 | 시각 | 기일구분 | 기일장소 | 결과 |
|---|---|---|---|---|
| 2019.06.28 | 15:00 | 조정기일 | 제812호 조정실 | 조정불성립 |
| 2019.07.17 | 15:10 | 변론기일 | 제310호 법정 | 기일변경 |
| 2019.08.21 | 14:50 | 변론기일 | 제310호 법정 | 변론종결 |
| 2019.09.04 | 14:00 | 판결선고기일 | 제310호 법정 | 판결선고 |

최근 기일 순으로 일부만 보입니다 반드시 상세보기로 확인하시기 바랍니다.

### 최근 제출서류 접수내용

| 일자 | 내 용 |
|---|---|
| 2019.07.11 | 원고 소송대리인 법무법인 신영 임종문 기일변경신청서 제출 |

최근 제출 순으로 일부만 보입니다 반드시 상세보기로 확인하시기 바랍니다.

(출처 : 대한민국 법원 사이트)

# CHAPTER 3. 권리분석

수 있는 시기를 특별히 약정한 경우에도 그 제척기간은 당초 권리가 발생일로부터 10년간의 기간의 경과되면 만료되는 것이고 그 기간을 넘어서 위 약정에 따라 권리를 행사할 수 있는 때로부터 10년이 되는 날까지로 연장된다고 볼 수 없다[대법원 1995. 11. 10. 선고 94다22682, 22699(반소) 판결].

이러한 법리를 토대로 앞서 인정한 사실에 의하면, 이 사건 부동산에 관한 매매예약 완결권은 매매예약일인 2000. 3. 2.로부터 10년의 제척기간의 경과로 인하여 피고들에게 소멸하였다고 봄이 타당하고, 따라서 이 사건 가등기는 원인무효이므로 피고들은 원고에게 이 사건 가등기의 말소등기절차를 이행할 의무가 있다.

이에 대하여 피고는 이 사건 가등기가 피고의 C에 대한 공사대금 채권을 담보하기 위한 담보가등기이므로 10년의 제척기간의 적용을 받지 않는다고 주장하면서, 원고의 청구에 응할 수 없다고 한다.

실피건대, 소유권이전청구권의 보전을 위한 가등기가 있다고 하여 반드시 소유권이전등기를 청구할 어떤 법률관계가 있었던 것이라 단정할 수 없고(대법원 1979. 5. 22. 선고 79다239 판결 참조), 그 가등기가 채권담보의 목적을 위한 것이라 하여 당연히 가등기담보권의 피담보채권을 성립시키는 법률행위가 되는 것은 아니다 가등기담보권의 피담보채권을 성립시키는 법률행위를 성립시키는 법 률행위가 있었는지 여부에 대한 입증책임은 그 존재를 주장하는 측에 있고, 가등기담 보권의 피담보채권이 존재하지 아니하거나 파담보채권을 성립시키기 위한 법률행위가 없는 경우, 그 가등기는 원인무효의 등기이므로, 가등기권리자는 이를 말소할 의무가 있다고 할 것인바, 이러한 법리에 따라 채권담보를 목적으로 이 사건 가등기가 마쳐졌 다고 주장하는 피고로서는 가등기담보권의 성립 당시 가등기담보권의 피담보채권이 존

---

제한되는지 여부 내지 소유권이전등기를 청구할 법률 관계가 있었는지 여부에 대한 입 증책임이 있지만, 그 주장을 인정할 만한 아무런 증거를 제출하지 못하고 있으므로 이 사건 가등기가 담보가등기라고 할 수 없고, 따라서 이와 다른 전제에 서 있는 피고의 주장은 더 살펴 볼요 없이 받아들이지 아니한다.

3. 결 론

그렇다면, 원고의 이 사건 청구는 이유 있으므로 이를 인용하기 하여 주문과 같이 판결한다.

판사

## 2. 선순위 보전가등기

### 4) 통정허위표시 무효

① 채권회피, 강제집행 면탈 등의 목적으로 소유자와 가등기 명의자의 통모에 의해 허위의 가등기 작출

⇒ 통정허위표시에 의한 원인무효의 가등기 ⇒ 가등기말소 청구

민법 제108조(통정한 허위의 의사표시)
① 상대방과 통정한 허위의 의사표시는 무효로 한다.
② 전항의 의사표시의 무효는 선의의 제삼자에게 대항하지 못한다.

② 통정허위표시의 정황과 조사

| 정황 | 조사 항목 |
|---|---|
| 소유자와 가등기명의인 사이의 친·인적 관계, 친분관계 | 현장 조사, 이해관계인의 탐문 |
| 소유자의 소유권이전등기와 가등기 사이의 시간적 근접성 | 등기부 분석 |
| 소유자의 상당한 채무 부담, 다수의 경매·소송·강제집행 이력 | 경매정보지, 등기부분석, 현장조사, 이해관계인의 탐문, 인적 네트워크 활용 |
| 가등기명의인을 상대로 한 채권자의 채권금지가처분 및 가등기말소소송 진행 | 가처분 채권자 접촉(사유와 본안소송 진행 상황 파악) |

③ 지분권자와 가등기권자가 서로 공모한 매매예약

이 경우 다른 공유지분권자는 공유물의 보존행위로써 공유지분권에 기한 방해배제를 이유로 가등기의 말소를 구할 수 있다.

낙찰 잔금납부 즉시 신청채권자가 배당금(지분에 해당하는 금액)을 찾아가지 못하도록 우선 배당금지급금지가처분을 한 뒤, 가등기말소청구소송과 형사상 고소(경매방해죄)를 동시에 진행한다.

## 2. 선순위 보전가등기

④ 통정허위표시의 소송상 입증

| 입증 방법 | 입증 취지 |
|---|---|
| 금융거래정보 제출 명령 신청 | 금융거래 내역의 문제점 확인 ⇒ 통모에 의한 자금회전 입증 |
| 과세정보 제출 명령 신청 | 사업자등록 및 소득활동 등 파악 ⇒ 자금거래의 허위성 입증 |
| 사실조회 신청 | 주민등록등본·가족관계증명서 등 확보 ⇒ 당사자의 관계 입증 |
| 문서송부촉탁 신청 | 판결문, 소송기록 등 열람·복사 ⇒ 관련 사건의 내역 확인 |
| 이해관계인의 진술 녹음 | 녹음파일 및 녹취록 제출 ⇒ 통모의 정황 입증 |

2021. 7. 16.

## 실사례 중앙 2001 타경 11780

### 사건내용

| 소 재 지 | 서울 중구 신당동 <재1호> | | | |
|---|---|---|---|---|
| 경매구분 | 강제경매 | 채 권 자 | 서OO | |
| 용 도 | 다세대 | 채무/소유자 | 유OO / | 매 각 기 일 | 01.12.18 (230,010,000원) |
| 감 정 가 | 232,433,630 | 청 구 액 | 102,435,504 | 종국결과 | 0.2.06.18 배당종결 |
| 최 저 가 | 185,946,900 (80%) | 토 지 면 적 | 165㎡ (49.9평) | 경매개시일 | 01.04.11 |
| 입찰보증금 | 응가의 10% | 건 물 면 적 | 433㎡ (131.1평) | 배당종기일 | |
| 주 의 사 항 | · 지분매각 범죄시선권 | | | |
| 조 회 수 | · 금회조회 1 (0) · 금회차공고후조회 32 (2) · 누적조회 5 (2) · 7일내 3일이상 열람자 0 · 14일내 6일이상 열람자 0 | | | 이는 5분이상 열람 (기준일 2001.12.18/전국연완인포 등) |

| 소재지/감정요약 | 물건번호/면적(㎡) | 감정가/최저가/과정 | 임차조사 | 등기권리 |
|---|---|---|---|---|
| 서울 중구 신당동 <재1호> | 물건번호: 단독물건 | 감정가 232,433,630 | 법원임대조사 | 근저당 신성생명 서울동남부 1994.03.21 156,000,000 |
| 감정평가서요약 | 대지 165.0 (49.9평) ₩185,946,900 [토지 1/2 유 경O 지분] | · 대지 141,075,000 (60.69%) | | |
| · 철근조콘크림조 · 1~3층 동숙음식점 과동숙동 연적 229.08 | | · 건물 73,977,630 (31.83%) | 라OO 전입 1999.09.06 (보) 25,000,000 월100만(1층) | |
| 과동숙동 실측면적 306.3㎡ (지물인인바 실측면적) | [토지 1/2 유 경O 지분] | · 제시 17,381,000 (7.48%) | 박OO 전입 1999.09.13 (1층) | 강 제 서OO 2001.04.17 *청구 액(102,435,500원) |
| · 철근조 3층건슬래트 · 청구조 3층 슬소 | | 최저가 185,946,900 (80%) | | |
| · 위스(정)94수여까지 · 도 3 분 3.5소 | · 1층식당 80.0 (24.21평) 분 지분 | 경매진행과정 | 섬OO 전입 2000.08.29 (보) 70,000,000 (3층) | 채권총액 156,000,000원 열람일자 : 2001.08.13 |
| · 세정향동지 · 북동측6m도로접합 | · 2층주택 80.0 분 지분 | ① 232,433,630 2001-11-13 유찰 | 김OO 전입 2000.11.06 (보) 60,000,000 (제시외들부44.1㎡) | |
| · 감정일자 2001.06.16 대 지141,075,000원 제 시17,381,000원 | · 3층주택 69.0 (20.87평) 분 지분 | ② 20% ↓ 185,946,900 2001-12-18 매각 | 지지옥션 전입세대조사 | |
| · 일반주거지역 | · 제시외 · 계단,연립및 · 화장실 7.0 · 주택 95.2 (28.78평) 보존 지분 | 232,433,630 유찰 | 라OO 95.09.06 박OO 99.09.06 김OO 99.09.13 섬OO 00.11.06 김OO 01.08.14 주민센터확인:2001.09.00 | |
| 태평양공정 | | 응찰수 1명 | 서OO (98.96%) | |
| 표준지가 1,600,000 감정지가 1,770,000 | | 낙찰 230,010,000 | | 종결 2002-06-18 |

(출처 : 지지옥션)

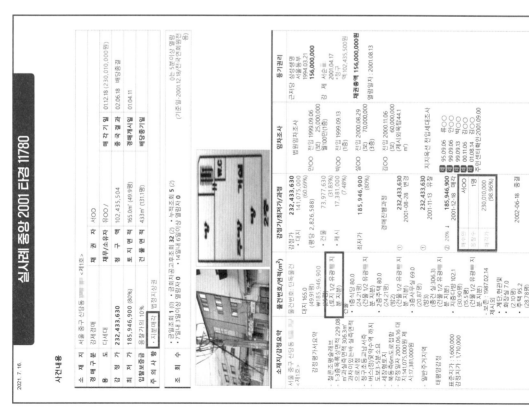

2001. 12. 18 중전경매(2001 타경 11780)에서 유광O 1/2 지분 서상O이 낙찰 이후 공유물분할청구소송 제기

2003. 11. 8 공유물분할소송 변론종결일

2003. 11. 28 판결선고 전 박정O 지분(1/2)에 김하O이 지분전부이전청구권가

### 등기 정료

### ※ 대법원 2021. 3. 11 선고 2020다253836

대금분할을 명한 공유물분할판결의 변론이 종결된 뒤(변론 없이 한 판결의 경우에는 판결을 선고한 뒤) 해당 공유자의 공유지분에 관하여 소유권이전청구권의 순위보전을 위한 가등기가 마쳐진 경우, 대금분할을 명한 공유물분할 확정판결의 효력은 인사소송법 제218조 제1항이 정한 변론종결 후의 승계인에 해당하는 가등기권자에게 미치므로, 특별한 사정이 없는 한 위 가등기상의 권리는 매수인이 매각대금을 완납함으로써 소멸한다.

2005. 5. 17 형식적 경매(공유물분할) 개시 결정

2006. 4. 21 서상O이 가등기권자를 상대로 가등기말소청구, 임차인을 상대로 보증반환채무부 존재확인 소송 제기 (중앙 2006 가단 162703)

### 1. 가등기말소에 대한 법원의 판단

- 박정O(D)와 가등기권자 김하O(피고B)가 서로 짜고 한 매매예약이므로 무효라고 할 수 있다(김하O은 박정O 법의 호위상 이혼한 남편이자 박정O에 의 사위이). 따라서 공유지분권자인 서상O은 공유물보존행위로써 공유지분권에 기한 방해배제를 이유로 가등기의 말소를 구할 수 있다.

- 가등기의 실제가 담보가등기다. 가등기권자 김하O은 7,500만 원의 채권을 담보하기 위해 가등기를 했다고 제보과정에서 주장, 그러나 진정한 채권채무관계의 입증이 없다.

### 2. 선순위임차인

임차인 전승O(피고C)은 박정O와 임대차계약 체결 임대차계약은 공유물의 관리행위에 해당하는 바 공유자인 서상O은 박정O에게 대리권한을 부여한 적이 없다. 이런 임대차계약은 공유물의 관리행위에 해당하며, 공유물관리행위는 공유지분의 과반수로 제결해야 하나 서상O의 동의 없이 이루어진 것이므로 서상O은 임차인 전승O에게 임대차보증금을 반환할 의무가 없다.

# CHAPTER 3. 권리분석

## 실사례 중앙 2005 타경 16011

**사건내용**

| 소 재 지 | 서울 중구 신당동 ㅇㅇㅇ 외 〈5주〉 | | |
|---|---|---|---|
| 권 자 | 박ㅇㅇ | | |

| 경매구분 | 임의경매 | 채 권 자 | 박ㅇㅇ | | |
|---|---|---|---|---|---|
| 용 도 | 근린주택 | 채무/소유자 | 시ㅇㅇ / 박ㅇㅇㅇㅇ | 매 각 기 일 | 07.10.23 (528,000,000원) |
| 감 정 가 | 626,948,800 (05.06.01) | 청 구 액 | 1 | 종 국 결 과 | 07.11.28 배당종결 |
| 최 저 가 | 320,998,000 (51%) | 토 지 면 적 | 165.0㎡ (49.9평) | 경매개시일 | 05.05.17 |
| 입찰보증금 | 32,099,800 (10%) | 건 물 면 적 | 445㎡ (134.6평) | 배당종기일 | |
| 주 의 사 항 | · 선순위가등기 | | | | |
| 조 회 수 | · 금일조회 1 (0) · 금회차공고후조회 661 (5) · 누적조회 2,471 (5) · 7일내 3일이상 열람자 0 · 14일내 6일이상 열람자 0 | | (기준일-2007.10.23/전국연회원전용) | 0는 5분이상 열람 (8) | |

**감정평가서요약**

**소재지/감정요약**
서울 중구 신당동 ㅇㅇㅇ

· 철근콘크리트슬라브
· 준공주택부근경매대상
· 철근콘크리트조주택4.200m
· 소규모점포및단독주택
· 현재 사동주택포함단독주택
· 버스정류장및지하철역가능
· 토지거래허가구역
· 3종일반주거지역

2005.06.01 감일수성점
표준지가 2,260,000
감정지가 2,400,000

**용건번호/최저가/과정**

감정가 **626,948,800**
· 대지 396,000,000 (63.16%)
(평당 7,934,282)
· 건물 196,108,800 (31.28%)
· 제시 34,840,000 (5.56%)

최저가 **320,998,000** (51%)

**경매진행과정**
① **626,948,800** 2005-12-09 유찰
② 20% ↓ **501,559,000** 2006-02-21 유찰
③ 20% ↓ **401,247,000** 2006-03-21 유찰
④ 20% ↓ **320,998,000** 2006-04-25 변경
**320,998,000** 2007-10-23 매각

| 매수인 | 최ㅇㅇ |
| 응찰수 | 5명 |
| 매각가 | |

**528,000,000** (84.22%)

**임차조사**

법원임차조사
천ㅇㅇ 전입 2004.06.30 (보) 70,000,000 방3
김ㅇㅇ 전입 2005.02.21 확정 2005.02.21 배당 2005.10.19 (보) 100,000,000 2층전부

**등기권리**
가등기 김학ㅇ 소유가등 2003.11.28
근저당 김ㅇ 2005.02.22 **100,000,000**
가 처 박정ㅇ 2005.05.21

채권총액 **100,000,000원**
열람일자 : 2005.11.24

---

## 서울중앙지방법원

**매각물건명세서**

| 사건 | 2005타경16011 공부물중심경매 | 매각물건번호 | 1 | 작성일자 | 2007.10.08 | 담임법관 | |

## 서울중앙지방법원

### 판 결

사 건    2006가단162703 사해행위취소등

원 고    A

피 고    1. B
         2. C

변론종결    2007. 5. 11.

판결선고    2007. 6. 15.

### 주 문

1. 피고 B은 원고에게 별지목록 기재 각 부동산에 관하여 서울중앙지방법원 중부등기소 2003. 11. 28. 접수 제 71088호로 마친 공유지분이전청구권가등기의 말소등기 절차를 이행하라.

2. 원고와 피고 C 사이에, 별지목록 기재 2항 부동산의 4층 약 30평 부분(증축된 부분 방 3개)에 관하여 D와 피고 C이 2004. 6. 14. 체결한 임대차계약과 관련하여 원고에게 임대차보증금반환채무가 존재하지 아니함을 확인한다.

3. 원고의 피고 B에 대한 나머지 청구를 기각한다.

4. 소송비용 중 원고와 피고 B 사이에 생긴 부분은 그 1/10은 원고가, 나머지를 피고 B이, 원고와 피고 C 사이에 생긴 부분은 피고 C이 각 부담한다.

(출처 : 저자 제공)

---

**대한민국 법원** COURT OF KOREA

빠르고 편리한 고품질 사법서비스
**대법원 전자소송**

본 사이트에서 제공된 사건정보는 법적인 효력이 없으니, 참고자료로만 활용하시기 바랍니다. 민사, 특허 등 전자소송으로 진행되는 사건에 대해서는 전자소송 홈페이지를 이용하시면 변론기일이나 사건기록을 모두 인터넷으로 보실 수 있습니다.

사건일반내용  사건진행내용

사건번호 : 서울중앙지방법원 2006가단162703

### 기본내용

| | | | |
|---|---|---|---|
| 사건번호 | 2006가단162703 | 사건명 | 사해행위취소등 |
| 원고 | 서〇〇 | 피고 | 김〇〇 외 1명 |
| 재판부 | 민사82단독 | | |
| 접수일 | 2006.04.21 | 종국결과 | 2007.06.15 원고일부승 |
| 원고소가 | 75,954,367 | 피고소가 | |
| 수리구분 | 제소 | 병합구분 | 없음 |
| 상소인 | 피고 | 상소일 | 2007.07.03 |
| 상소각하일 | | 폐기여부 | 기록폐기일 |
| 송달료,보관금 종결에 따른 잔액조회 | | 확정일 | 2008.04.05 |
| 판결도달일 | | | |

### 심급내용

| 법 원 | 사건번호 | 결 과 |
|---|---|---|
| 서울고등법원 | 2007나59747 | 2008.04.05 강제조정 |

### 최근기일내용

| 일자 | 시각 | 기일구분 | 기일장소 | 결과 |
|---|---|---|---|---|
| 2007.04.06 | 11:30 | 변론기일 | 민사법정 352호 | 속행 |
| 2007.04.27 | 10:30 | 변론기일 | 민사법정 352호 | 속행 |
| 2007.05.11 | 11:00 | 변론기일 | 민사법정 352호 | 변론종결 |
| 2007.06.15 | 10:00 | 판결선고기일 | 민사법정 352호 | 판결선고 |

최근 기일 순으로 일부만 보입니다. 반드시 상세보기로 확인하시기 바랍니다.

최근 제출서류 접수내용

(출처 : 대한민국 법원 사이트)

## 청 구 취 지

주위적 청구취지 : 주문 제1,2항 및 별지목록 기재 각 부동산(이하 '이 사건 각 부동산'
이라고 한다)에 관하여 D와 피고 B 사이의 2003. 11. 28.자 매매예약(이하 '이 사건 매
매예약'이라고 한다)을 취소한다.

예비적 청구취지 : 주문 제1항 기재 공유지분이전청구권가등기(이하 '이 사건 가등기
'라고 한다)는 무효임을 확인한다.

## 이 유

### 1. 기초사실

갑 제1호증의 1,2, 갑 제2호증, 갑 제3호증, 갑 제3호증의 1,2,3, 갑 제5호증, 갑 제10호증, 갑 제12
호증, 갑 제13호증, 을가 제2호증, 을다 제3호증의 각 기재와 감정인 E의 임료감정결과
에 의하면 다음의 사실을 인정할 수 있다.

가. 이 사건 각 부동산은 2002. 5. 16. 원고가 그 1/2지분을 낙찰받음으로써 그 전부
터 1/2지분을 가지고 있던 D와 원고의 공유가 되었다.

나. D는 원고가 공유자가 된 후에도 이 사건 각 부동산의 임대차에 따른 차임 등의
수익을 원고에게 분배하지 않고 독차지하였는데 원고가 공유지분을 취득할 무렵인
2002. 7.경부터 이 사건 매매예약일인 2003. 11. 28.까지 월 임료 합계 약 37,191,460
원(임료감정평가서 25 내지 27쪽 중 2002년도 총별 월임료와 전부와 2003년도 총별
월임료액 151/365에 해당하는 금액을 합한 것이다.

다. 원고는 여러 차례 D에게 이 사건 공유지분에 해당하는 임료를 부당이득으로서 반환
할 것을 요구하다가 D가 이에 불응하자 2003. 3. 8. 서울중앙지방법원 2003가단81162

호로 공유물분할청구 소송을 제기하였으며 그 결과 경매에 의한 분할판결을 받아 그
무렵 그 판결이 확정되었다.

라. 그런데 D의 사위였다가 2001. 4.경 호적상 이혼신고를 마친 피고 B이 이 공유물
분할 소송의 변론종결 후 판결 선고 전인 2003. 11. 28.에 이 사건 매매예약을 원인으
로 D의 1/2 지분에 관하여 같은 날 매매예약을 원인으로 이 사건 가등기를 마쳤다.

마. 한편 D는 공유물분할 판결이 확정되었음에도 피고 C와 2004. 6. 14. 이 사건 2
부동산의 4층 약 30평 부분(증축된 부분 방 3개)에 관하여 임대차보증금 7천만 원으로
하는 임대차계약(이하 '이 사건 임대차계약'이라고 한다)을 체결하였다.

바. 그 후 D는 2005. 5. 17. 이 공유물분할판결에 기하여 이 사건 각 부동산에 관한
강제경매신청을 하였는데 집행법원의 감정결과 이 사건 각 부동산의 최초감정가격은
626,948,800원이었으나 3차 매각기일까지 유찰되어 최저매각가격은 3억 2천여 만 원으
로 저감되어 있는 상태이다.

### 2. 피고 B의 본안전 항변 및 판단

피고 B은 원고가 이 사건 매매예약 취소청구권자로서 대하여 이 사건 부동산에 관한
해당한다고 하더라도 원고가 공유자로서 가등기 무렵 이를 알고 있었다고 할 것이
므로 그때부터 민법 제406조에서 정한 제소기간인 1년을 지나 제기된 이 사건 소는 부
적법하다고 주장하나 원고가 이 가등기 위 사건 매매예약 사실을 알고 있다고 볼
증거가 없으므로 위 본안전 항변은 이유 없다.

### 3. 본안에 대한 판단

가. 당사자들의 주장

(1) 피고 B에 대한 청구 부분

# CHAPTER 3. 권리분석

원고는 ① D에 대한 부당이득반환채권자로서 이 사건 매매예약이 사해행위에 해당한
다는 이유로 그 취소를 구하거나 ② 공유지분권자로서 이 사건 매매예약이 무효임을
주장하면서 공유물의 보존행위로 이 사건 가등기의 말소를 구함에 대하여 피고 B은 이
사건 매매예약이 D에 대하여 가지는 7,500만 원의 채권을 담보하기 위한 것이고 이를
원인으로 경료된 이 사건 가등기 역시 가등기담보법상의 가등기로서 적법하고 유효한
등기라고 주장한다.

(2) 피고 C에 대한 청구 부분

원고는 피고 C에 이 사건 임대차계약을 체결한 사실이 없으므로 피고 C에 대하여 임
대차보증금반환채무가 없다고 주장함에 대하여 피고 C은 ① 이 사건 임대차에 체결
은 공유물의 관리행위이므로 공유자들의 대표라고 주장하는 D와 이 사건 임대차계약을
체결하였고 ② 계약 체결 후 2년 여 기간 동안 원고가 이에 대하여 아무런 이의도 제
기하지 아니하여 이 사건 임대차계약을 묵시적으로 추인하였다고 보아야 하는바 이는
이 사건 임대차에 계약을 공유물의 처분행위로 보는 경우에도 동일하므로 원고도 D
와 함께 위 임대차보증금을 반환할 의무가 있다는 취지로 주장한다.

나. 판단

(1) 피고 B에 대한 청구 부분

(가) 이 사건 매매예약 취소 및 그에 기한 이 사건 가등기 말소 청구에 관하여 판하하여
위 인정사실에 의하면 이 사건 매매예약 당시 원고도 D에 대하여 위 1.나.항 기재 임
료 중 1/2에 해당하는 18,595,730원의 부당이득반환채권이 있는바 이 사건 매매예약이
사해행위에 해당하기 위해서는 사해성 즉, 이 사건 매매예약으로 인하여 채무자인 D의
재산이 감소되어 나머지 채권자들이 채권을 전부 만족시킬 수 없음이 인정되어야 한

다.

그런데 이 사건 매매예약 당시 D의 계산으로는 이 사건 각 부동산의 1/2 지분이 있는
바 위 1.바.항 기재 이 사건 각 부동산의 최초감정가격을 고려할 때 D의 지분은 최소
한 3억 원 정도로 평가할 수 있는 반면 이 사건 매매예약 당시 D의 채무는 원고의 D
에 대한 위 부당이득반환채권밖에 없어 피고 B이 주장하는 채권액 7,500만 원을 포함
한다고 하더라도 모든 채권을 만족시킬 수 있게 되므로 사해성을 인정할 수 없다. 그
렇다면 원고의 위 사해행위 취소 및 그에 기한 이 사건 가등기말소 청구는 이유 없
다.

(나) 이 사건 매매예약의 무효 및 그에 기한 이 사건 가등기 말소 청구에 관하여

1) 피고 B이 이 사건 가등기 말소 의무의 발생

갑 제8호증, 갑 제9호증의 1,2의 각 기재와 변론 전체의 취지에 의하면 이 사건 매매
예약은 D와 피고 B이 통정한 허위 의사표시에 기한 것임을 인정할 수 있는바 그렇다
면 이 사건 매매예약에 기초하여 피고 B은 이 사건 각 부동산의 1/2 공유
지분권자인 원고가 공유물의 보존행위로서 공유지분권에 기하여 방해배제를 구함에 따
라 원고에게 이 사건 가등기의 말소등기절차를 이행할 의무가 있다. 이 부분 원고의
청구는 이유 있다(원고는 D 공유지분에 관하여는 제3자의 지위에 있다고 볼 수도 있지
만 통정허위표시는 제3자도 무효임을 주장할 수 있다. 이러한 판단에는 다음 ①②항
과 같은 경향사실을 고려하였다.

① 갑 제9호증의 1,2의 각 기재에 의하면 D와 F가 2005. 1. 13. 이 사건 2 부동산의 2
층 전부에 관하여 임대차계약을 체결할 때 피고 B이 D에게 스스로 D의 사위인 사실과
이 사건 가등기는 D의 지시에 따라 마친 사실을 인정하고 있다 위 문서는 F가 D와

임대차계약을 체결함에 있어 이 사건 가등기로 인하여 임대차보증금을 반환받지 못할 것을 염려하여 계약체결을 주저하는 상황에서 D가 인체든지 이 사건 가등기를 말소할 수 있음을 보여주기 위하여 작성된 문서로 보이는바 그 문언과 같이 D의 자식도 마쳐 지고(피고 B의 표현이 미숙한 기재로 볼파하더라고 주장하나 받기 어렵다) D가 인체든지 말소할 수 있는 가등기라면 진정한 채권·채무관계에 터잡아 이 담보를 위하여 마쳐진 가등기로 볼 수 없다.

② 을가 제6조증의 기재에 의하면 D는 이 사건 매매예약을 체결한 경위에 관하여 피고 B의 장인·장모였던 G와 D가 운영하는 사업에 5천만 원을 투자하였다가 방향한 생활에 빠져 2001. 4.경 이전한 주 2년쯤 지나 이전에 투자한 돈과 미수금으로 7,500만 원을 청구하여 마쳐 필요도 없이 이를 인정하고 이를 변제하지 못하여 이 사건 가등기를 마친 것이라고 해명하고 있다. 그러나 앞서 본 바와 같이 피고 B은 혼자상 이혼에도 불구하고 D의 사위임을 자처하고 있어 위 해명과 모순된다. 또한 방향한 생활로 이혼까지 하여 좋은 감정으로 대할 수 없는 전 사위가 2년 만에 나타나 투자금 정산을 요구한다는 마땅에 구체적인 액수도 따져보지 아니한 채 요구한 채권액을 모두 인정하고 더 나아가 그 담보를 위한 가등기까지 마쳐주었을 것으로도 보이지 아니한다. 더구나 D의 위 해명은 갑 제12호증(불기소장)의 기재 내지는 수사기관에서의 법변내용과도 달리 진술성도 결여하고 있 에 이하여 인정되는 수사기관에서의 법변내용에서와 비추어도 믿기 어렵다.

박정자(D)의 허울한 진술자료, 진정한 채권채무관계 없다. 매매예약 아닌 있을 뿐

2) 피고 B의 주장

① 피고 B은 자신과 D가 이 사건 가등기의 설정을 의욕한 이상 사해행위는 몰라도 통 정허위표시가 성립될 수 없다고 주장하나, 그 주장과 같이 D와 피고 B의 의욕한 것은

(출처 : 저자 제공)

---

이 사건 가등기설정 행위일 뿐 그 원인이 된 이 사건 매매예약을 의욕한 것으로 볼 수 없다. 이 사건 매매예약은 피고 B의 주장에 의하더라도 담보가등기라는 것이므로 D와 피고 B 사이에 진정한 채권·채무 관계가 되어야 하는데 그러한 채권·채무관 계가 있었다고 볼 수 없기 때문이다.

② 피고 B은 다시, 위 공유지분권에 기한 소멸시효 변론종결 직전에 제기된 것으로서 신 의칙에 반한다고 주장하나 그러한 사정만으로 원고의 위 청구를 신의칙에 반한다고 볼 수 없다.

① 이 사건 임대차계약이 체결은 공유물의 처분행위에 해당하는바 이에 관하여 원고의 동의가 있다거나 D에게 원고를 대리할 권한이 수여되었음을 인정할 증거가 없다. 가사, 이 사건 임대차계약이 체결을 공유물의 관리행위로 보더라도 과반수 로 결정되었음을 인정할 증거도 없다.

② 원고가 2년 여 동안 이 사건 임대차계약에 대하여 이의를 제기하지 않은 것으로 는 독자적으로 이 사건 임대차계약을 추인하였다고 볼 수 없으며 원고의 묵시적 추인사실을 인정할 증거도 없다.

한편, 피고 C이 이 사건 2 부동산의 공유자 중 1인인 원고에게도 이 사건 임대차계약에 에 따른 임대차보증금 반환채무가 있다고 주장하는 이상 원고에게 그 채무의 부존재를 확인할 이익도 있으므로 원고의 피고 C에 대한 청구는 이유 있다.

그렇다면 원고의 피고 B에 대한 청구는 위 인정범위 내에서 이유 있어 이를 인용하고 나머지 청구는 이유 없으므로 이를 기각하며, 피고 C에 대한 청구는 이유 있으므로 이

(출처 : 저자 제공)

## 사례 군산 2018 타경 103950(통정허위표시)

| 관심물건 | [선순위가등기] 메모: 공유물분할 경정결정문 후 2018.09.18 이후 가등기 2019가단84476 가등기말소 | | | | |
|---|---|---|---|---|---|
| 소 재 지 | 전북 군산시 소룡동 ▦▦▦ 청성길5 | | | | |
| | (54012)전북 군산시 청성길5 | | | | |
| 경매구분 | 형식적경매(공유물분할) | 채 권 자 | 홍○○○○ | | |
| 용 도 | 주택 | 채무/소유자 | 홍○○○○ | 매 각 기 일 | 19.11.04 (152,777,000원) |
| 감 정 가 | 369,022,420 (18.12.05) | 청 구 액 | 0 | 종 국 결 과 | 19.12.26 배당종결 |
| 최 저 가 | 126,575,000 (34%) | 토 지 면 적 | 445.5㎡ (134.8평) | 경매개시일 | 18.10.24 |
| 입찰보증금 | 12,657,500 (10%) | 건 물 면 적 | 전체 250.4㎡ (75.7평) 제시외 11.1㎡(3.4평) | 배당종기일 | 19.02.19 |

주 의 사 항
- 재매각물건 · 선순위가등기
- 수원지방법원 권리 각 부분에 경료된 2018. 9. 27 접수 제35930호 각 가등기는 말소되지 않으므로 매수인이 인수함.
- 만약 가등기가 담보 가등기라면 배당에 참여하여 소멸되는 경우에는 매수인에게 해당 지분이 소유권을 상실하게 됨

| 조 회 수 | · 금일조회 1 (0) · 금차(최근공고후조회 41 (10) · 누적조회 240 (27)<br>· 7일내 3일이상 열람자 4 · 14일내 6일이상 열람자 2 | 0는 5분이상 열람<br>(기준일 : 2019.11.04/전국연회원전용) |
|---|---|---|

| 물건번호/면적(㎡) | 감정가/최저가/과정 | | |
|---|---|---|---|
| 물건1호[단독물건] | 감정가 | 369,022,420 | |
| 대지 445.5<br>(134.76평)<br>₩261,063,000 | · (대지) | 261,063,000<br>(70.74%) | |
| 건물<br>· 단독주택 123.3<br>(37.31평)<br>₩80,657,820<br>· 단독주택 36.0<br>(10.88평)<br>₩6,836,200 | | (평당 1,937,244) | |
| | · 건물 | 106,694,020<br>(28.91%) | |
| | | (평당 1,408,502) | |
| | · 제시 | 1,265,400<br>(0.34%) | |
| | 최저가 | 126,575,000<br>(34%) | |
| · 승인 2003.12.11<br>· 보존등 2003.12.16<br>· 보전등 2007.01.30<br>제시외<br>· 보일러실,창고 11.1<br>(3.36평)<br>₩1,265,400 | 경매진행과정 | | |
| | ① | 369,022,420<br>2019-05-13 유찰 | |
| | ② 30% ↓ | 258,316,000<br>2019-06-17 유찰 | |
| | ③ 30% ↓ | 180,821,000<br>2019-07-22 매각<br>매수인 최○○ | |

소재지/감정요약

(54012)
전북 군산시 소룡동
[청성길5]

감정평가액
토지 : 261,063,000
건물 : 87,494,020
건물 : 1,265,400
합계 : 349,822,420

감정평가서요약
· 철백별조숭라트지붕
· 경항천공군라트지붕
· 낼지봉(연콜리그라크스)
평)
· 위생및맞춤수설비등구
비
· 일괄입찰
· 소룡동성남남서측인근
위치
· 주위아파트,단독주택,군
· 인생활시설등혼재함현황
· 비단주택근거능
· 차량접근가능

임차조사

법원임차조사
*소유자점유

*지적옥선 전입세대조사2019.04.30
계 04.01.05 주○○
주민센터확인:2019.04.30

등기권리

소유권 홍○○○○
2003.12.16

건물

가등기 윤수
[건물]
주정기지분,이전
청구가등
2018.09.27

**근저당 수광**
[건물] 2018.10.15
**380,000,000**
(주정기지분)

임 의 추정가
[건물] 2018.10.29
*청구액0원

**재권총액 380,000,000원**
**\*潭공동담보**외

소유권 홍○○○○
2003.08.05
전소유자:수광

**재권총액 380,000,000원**

(출처 : 지지옥션)

---

2021. 7. 8.

| | | 1명 |
|---|---|---|
| 소유◈ | | 188,888,880 (51.19%) |
| 채권자 | | |
| | | 최가 2019-07-29<br>납기 2019-08-29 |
| | | **180,821,000**<br>2019-09-30 유찰 |
| ③ | | |
| ④ 30% ↓ | | **126,575,000**<br>2019-11-04 매각 |
| | | 김○○○외 2명 |
| | 매수인 | |
| | 응찰수 | 152,777,000 (41.40%) |
| | 매각가 | |
| | | 최가 2019-11-11<br>납기 2019-12-17<br>납부 2019-11-22 |
| | | 2019-12-26 종결 |

관심물건
- 인근시내버스(승)질성5
  길소재
- 제반교통상황보통
- 세로장방형평지
- 동측8m도로접함
- 소로2류(폭6-10m)점함

- 도시지역
- 2종일반주거지역
- 가족사육제한구역(모든축종사육제한)

2018.12.05 기온감정
표준지가 : 213,000
개별지가 : 213,000
감정지가 : 586,000

(54012)
전북 군산시 소룡동 1568-
11 제4,2호조
[철성5길15?]

감정평가액
건물 :19,200,000

경향철골구조샌드위치
판낼철거요함

건물
· 창고시설 80.0
(24.20평)
₩19,200,000
· 승인 : 2004.02.10

참고사항

· 관련사건-
  군산지원 2017가단55440
· 재매각임
· 1. 재매각임
· 2. 일괄매각, 제시외 건물포함
· 3. 목록2 중 단독주택 35.98㎡인 샌드위치판낼지붕이 현황은 돌리그러스지붕이라는 감정인의 조사 기재 있음

열람일자 : 2019.04.25

(출처 : 지지옥션)

군산2018타경103950   B(윤수◼), C(추광◼), D(추장◼), E(홍승◼), G(김성◼:추장◼생수대리점직원), H(전훈◼:추장◼의 처남), I(추장◼의 누나)

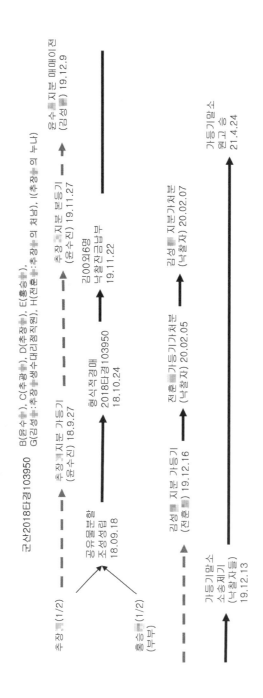

추장◼(1/2)

추장◼지분 가등기 (윤수진) 18.9.27

추장◼지분 본등기 (윤수진) 19.11.27

윤수◼지분 매매이전 (김성◼) 19.12.9

공유물분할 조성성립 18.09.18

형식적경매 2018타경103950 18.10.24

김00외6명 낙찰전금납부 19.11.22

홍승◼(1/2) (부부)

김성◼ 지분 가등기 (전훈◼) 19.12.16

전훈◼가등기가처분 (낙찰자) 20.02.05

김성◼ 지분가처분 (낙찰자) 20.02.07

가등기말소 소송제기 (낙찰자들) 19.12.13

가등기말소 원고승 21.4.24

윗교의 주장
1. 윤수◼의 가등기는 추장◼가 누나이자 윤수◼의 어머니로부터 돈을 빌리고 담보제공으로 가등기를 설정해준 것
2. 윤수◼의 가등기 및 본등기는 윤수◼과 추장◼가 서로 통모하여 실제 매매예약(계약)을 체결한 바 없음에도 허위로 하위로 가장한 원인무효

명의 담보가등기로 판단
1. 이혼중인 추장◼가 누나에게 대출받을 때 누나가 불안해하며 담보 설정 요구에 윤수◼ 명의로 가등기 설정을 추장◼기가 진술
2. 추장◼와 윤수◼ 또는 추장◼와 누나사이에서 재권담보목적 외에 지분매매예약 외이나 등기 찾을 수 없다.
3. 지분의 시세가 1억8,500만원인데 매매대금으로 6,000만원은 매매금◼으로 매매금◼으로 보기 어렵다.

설림 매매예약에 기한 가등기라고 하더라도 말소되어야 한다.
1. 3000만원: 누나 통장에서 윤수◼ 통장에서 다시 누나통장, 3000만원: 추장◼ 통장에서 윤수◼통장으로 다시 추장◼ 통장
즉 윤수◼이 매매대금부담한 사실이 없다.
2. 6,000만원이 입금되기 전의 윤수◼ 통장 잔고는 90원이었다.---매수할 여력이 없다.
3. 공유물분할조정성립 9월후인 18.9.27 윤수◼ 명의 가등기는 제3자의 매수를 방해할려는 개연성있는 점 등으로 윤수◼ 명의의 가등기및
본등기는 통정허위표시에 기한 원인무효로 각 원인무효로 각 말소되어야 한다.

## 대한민국 법원 COURT OF KOREA

빠르고 편리한 고품질 사법서비스
**대법원 전자소송**

본 사이트에서 제공한 사건정보는 법적인 효력이 없으니, 참고자료로만 활용하시기 바랍니다.
연서, 특히 각종 전자소송으로 진행되는 사건에 대해서는 전자소송 홈페이지를 이용하시면 판결문이나 사건기록을 모두 온라인으로 보실 수 있습니다.

사건일반내용 | 사건진행내용

사건번호: 전주지방법원 군산지원 2017가단55440

### 기본내용

| 사건번호 | 2017가단55440 | 사건명 | [전자] 공유물분할 |
|---|---|---|---|
| 원고 | 주장○ | 피고 | 홍승○ |
| 재판부 | 민사2단독 | | |
| 접수일 | 2017.10.08 | 종국결과 | 2018.09.18 조정성립 |

### 진행내용  전체 >

송달결과(2007.03.12.전에는 재판부에서 등록한 내용에 대해, 그 이후에는 우정사업본부로부터 전송받은 내용에 한함) 폼 조회하고자 할 경우에는 아래 확인란에 체크하시기 바랍니다.
☑ 확인
송달결과는 법적인 효력이 없는 참고사항에 불과하고, 주후 송달이 착오에 말미암은 것이거나 부적법한 경우에 변경될 수 있습니다.
송달결과가 '0시 도달'로 나타나는 경우에는 기간 계산 시 초일이 산입된다는 점에 유의하시기 바랍니다.

| 일자 | 내용 | 결과 | 공시문 |
|---|---|---|---|
| 2017.10.08 | 소장접수 | | |
| 2017.10.12 | 참여관송 보정명령(인지대·송달료) | | |
| 2017.10.12 | 원고 주장○에게 보정명령(인지대·송달료)등본 송달 | 2017.10.13 도달 | |
| 2017.10.17 | 원고 주장○ 소송 등 인지의 현금납부구서 제출 | | |
| 2017.10.17 | 피고 홍승○에게 소장부본송달/인부서요약표 송달 | 2017.10.20 도달 | |
| 2017.10.17 | 원고 주장○에게 과소납통지서 송달 | 2017.10.17 도달 | |
| 2018.02.28 | 원고 주장○에게 판결선고기일통지서(부변론) 송달 | 2018.02.28 도달 | |
| 2018.02.28 | 피고 홍승○에게 판결선고기일통지서(부변론) 송달 | 2018.03.07 폐결부재 | |
| 2018.03.09 | 피고 홍승○에게 판결선고기일통지서(부변론) 발송 | 2018.03.12 송달간주 | |

(출처 : 대한민국 법원 사이트)

## 대한민국 법원 COURT OF KOREA

빠르고 편리한 고품질 사법서비스
**대법원 전자소송**

본 사이트에서 제공한 사건정보는 법적인 효력이 없으니, 참고자료로만 활용하시기 바랍니다.
연서, 특히 각종 전자소송으로 진행되는 사건에 대해서는 전자소송 홈페이지를 이용하시면 판결문이나 사건기록을 모두 온라인으로 보실 수 있습니다.

사건일반내용 | 사건진행내용

사건번호: 광주지방법원 순천지원 2019가단8478

### 기본내용

| 사건번호 | 2019가단8478 | 사건명 | [전자] 건물인도소 |
|---|---|---|---|
| 원고 | 배성○ | 피고 | 윤유○ 외 2명 |
| 재판부 | 민사4단독 | | |
| 접수일 | 2019.12.13 | 종국결과 | 2021.04.08 원고승 |
| 원고소가 | 76,388,494 | 피고소가 | |
| 수리구분 | 제소 | 병합구분 | 없음 |
| 상소인 | | 상소일 | |
| 상소각하일 | | 보존여부 | 기록보존됨 |
| 인지액 | 348,700원 | | |
| 송달료,보관금 종결에 따른 잔액조회 | | | |
| 판결도달일 | 2021.04.09 | 확정일 | 2021.04.24 |

### 최근기일내용

| 일자 | 시각 | 기일구분 | 기일장소 | 결과 |
|---|---|---|---|---|
| 2020.12.10 | 11:10 | 변론기일 | 제206호 법정 | 속행 |
| 2021.01.28 | 14:30 | 변론기일 | 제206호 법정 | 속행 |
| 2021.03.04 | 11:30 | 변론기일 | 제206호 법정 | 변론종결 |
| 2021.04.08 | 14:00 | 판결선고기일 | 제206호 법정 | 판결선고 |

최근 기일 순으로 일부만 보입니다. 반드시 상세보기로 확인하시기 바랍니다.

### 최근 제출서류 접수내용

| 일자 | 내용 |
|---|---|
| 2021.04.06 | 원고 배성○ 참고서면 제출 |

(출처 : 대한민국 법원 사이트)

## 광주지방법원 순천지원

### 판 결

사          건   2019가단8478 가등기말소

원고(선정당사자)   A

피          고
  1. B
  2. C 추광█ (배당채권)
  3. D 추장█

피고들 소송대리인 변호사 · · · ·
피고들 소송복대리인 변호사 · · · ·

변론종결   2021. 3. 4.
판결선고   2021. 4. 8.

### 주 문

1. 피고 B은 원고(선정당사자) 및 선정자들에게 별지2 목록 기재 부동산 중 1/2 지분에 관하여 전주지방법원 군산지원 2018. 9. 27. 접수 제35930호로 마친 지분이전청구권 가등기 및 같은 지원 2019. 12. 3. 접수 제43499호로 마친 지분이전등기의 각 말소 등기절차를 이행하라.
2. 소송비용은 피고들이 부담한다.

### 청 구 취 지

- 1 -

(출처 : 저자 제공)

---

주위적 청구취지가 인용되었으므로 예비적 청구구는 별도로 판단하지 아니한다.

**주위적 청구취지** 주문과 같다(원고는 별지2 목록 기재 '이 사건 부동산'(이하 '이 사건 부동산'이라 한다)에 관한 주문 제1항 가기 가등기 및 본등기가 위 가등기에 기한 본등기의 각 말소를 구했으나, 위 가등기 및 본등기가 각 이 사건 부동산 중 피고 D의 1/2 지분(이하 '이 사건 지분'이라 한다)에 대하여 마쳐진 것이므로 '이 사건 부동산 중 1/2 지분'으로 각 권으로 정정하였다.)

**예비적 청구취지** 피고 D는 원고(선정당사자) 및 선정자들에게 각 10,912,642원 및 이에 대한 이 사건 소장 부본 송달 다음날부터 다 갚는 날까지 연 12%의 비율로 계산한 돈을 지급하라. 원고(선정당사자) 및 선정자들에게, 피고 C는 각 205,782원, 피고 D는 각 9,925,859원 및 각 이에 대한 이 사건 소장 부본 송달 다음날부터 다 갚는 날까지 연 12%의 비율로 계산한 돈을 지급하라.

$$10{,}912{,}642 * 7 = 76{,}388{,}494$$

### 이 유

1. 기초 사실

가. 피고 D와 그 아내 E은 이 사건 부동산 중 각 1/2 지분씩 소유하고 있었는데, 피고 D는 E을 상대로 전주지방법원 군산지원 2017가단55440호로 공유물분할의 소를 제기하여 2018. 9. 18. '이 사건 부동산을 경매에 부쳐 그 매각대금에서 경매비용을 공제한 나머지 금액을 각 1/2 비율에 따라 원고와 피고에게 각 배당한다.'는 내용으로 조정이 성립되었다.

나. 피고 B은 2018. 9. 27. 이 사건 지분에 관하여 같은 날 매매예약을 원인으로 한 지분이전청구권의 가등기(이하 '피고 B 명의의 가등기'라 한다)를 마쳤다.

다. 피고 D는 2018. 10. 24. 이 사건 부동산에 대하여 공유물분할을 위한 경매를 신

- 2 -

(출처 : 저자 제공)

청하여 2018. 10. 29. 임의경매개시결정(전주지방법원 군산지원 F)을 받았고, 원고(선정당사자) 및 선정자들(이하 '원고들'이라 한다)은 위 경매절차(이하 '이 사건 경매절차'라 한다)에서 이 사건 부동산의 각 1/7 지분씩을 매수하였고, 2019. 11. 22. 원고들 명의로 위 각 지분에 관한 이전등기를 마쳤다.

마. 피고 B은 2019. 12. 3. 이 사건 지분에 관하여 2019. 11. 27.자 매매를 원인으로 한 지분전부이전등기(이하 '피고 B 명의의 본등기'라 한다)를 마쳤으며, 이로 인하여 이 사건 부동산에 관한 원고들의 소유 지분은 E 소유의 1/2 지분 중 1/7인 각 1/14로 경정되었다.

바. 한편, 피고 D의 생수대리점 직원인 G은 2019. 12. 9. 피고 B 명의의 이 사건 부동산 중 1/2 지분에 관하여 같은 날 매매를 원인으로 한 지분전부이전등기를, 피고 D의 처남인 H는 2019. 12. 16. 위 지분에 관하여 같은 날 매매예약을 원인으로 한 지분이전청구권가등기를 마쳤다.

[인정 근거] 다툼 없는 사실, 갑 제1 내지 8 내지 17, 21 내지 23호증(가지번호 포함), 변론 전체의 취지

## 2. 원고의 주장 및 판단

가. 원고의 주장

1 피고 B 명의의 가등기는 피고 D가 그 누나이자 피고 B의 어머니인 I로부터 돈을 빌렸다가 담보 제공을 요구받고 피고 B 명의로 설정해준 것으로 담보가등기에 해당하므로 이 사건 경매절차에서 소멸하였고, 위 담보가등기에 기하여 마쳐진 피고 B 명의의 본등기 및 본등기는 무효로서 말소되어야 한다.

2 또한 피고 B 명의의 가등기 및 본등기는 피고 B과 피고 D가 서로 통모하여

실제 매매예약 및 매매계약을 체결한 바 없음에도 체결한 것처럼 허위로 가장하여 마쳐진 것이므로 원인무효로서 말소되어야 한다.

3 이 사건 경매절차에서 이 사건 지분을 매수한 원고들이 피고 B 명의의 가등기에 기한 본등기로 인하여 이 사건 지분에 관한 소유권을 상실하는 경우 1차적으로 매도인인 피고 D가, 2차적으로 배당채권자인 피고 D, C가 계약해제에 따른 매매대금 반환 또는 손해배상책임이 있다.

나. 판단

1) 관련 법리

가등기담보법 제15조는 담보가등기를 마친 부동산에 대하여 강제경매 등이 행하여진 경우에는 담보가등기는 그 부동산의 매각에 의하여 소멸한다고 규정하고 있으므로 매수인이 매각대금을 모두 지급함으로써 소유권을 취득하였다면 담보가등기권리는 소멸되었다고 보아야 하고(대법원 1994. 4. 12. 선고 93다52853 판결 참조), 이러한 경우 매수인은 담보가등기를 인정하여 그 등기 명의인을 상대로 말소등기절차에 이행청구의 소를 제기할 수 있다(대법원 1999. 9. 17. 선고 97다54024 판결 참조). 한편, 어떤 부동산에 관하여 채권 담보를 위한 가등기가 경료된 후에 매매예약에 의하여 그 소유권을 취득한 제3자가 채무원리금을 변제함으로써 피담보채무가 전부 소멸하였음에도 불구하고 등기부상 가등기가 그대로 남아있음을 이용하여 타인 명의로 가등기에 기한 소유권이전의 본등기를 경료하고 나아가 타인 명의의 등기가까지 경료하였다 하더라도 피담보채무의 소멸 후의 위 담보가등기도 원인무효이고, 위 가등기에 기하여 경료된 본등기 및 타인 명의의 가등기도 원인무효이다(대법원 1997. 10. 24. 선고 97다29097 판결 참조).

2) 앞서 든 증거들, 이 법원의 J은행, K은행에 대한 각 금융거래정보회신결과, 이 법원에 현저한 사실, 변론 전체의 취지를 종합하여 인정되는 ① 피고 D는 2020. 1. 7. 원고와 대화하면서 '누나 [도부터 7,000만 원을 빌렸는데, 이후 E과 A 사이에서 이혼소송이 진행되자 I가 불안해하며 담보를 설정해달라고 하기에 그 딸인 피고 B 명의로 가등기를 설정해주었다'는 취지로 진술한 점(갑 제8호증), ② 실제 I가 2015. 3. 26. 7,911,000원, 2015. 4. 8. 63,999,000원을 각 피고 D 명의의 K은행 계좌에 입금한 점이 있는데, 위 돈은 피고 D가 인접한 I로부터 빌린 차용금으로 보이고, 한편 피고 D와 피고 B 또는 I 사이에서 위와 같은 제3담보 목적 이외에 이 사건 지분에 관한 매매예약을 체결할 아무런 이유나 동기를 찾을 수 없는 점 ③ 이 사건 지분의 가치는 경매 당시 감정가로 약 1억 8,500만 원에 이르고 매매예약 및 매매계약으로 정했다는 6,000만 원은 위와 큰 차이가 있을 것으로 보이는데, 피고 B이 매매예약이나 매매계약에서 매매대금을 위와 같이 미치지 못하는 금액으로 피고 D, B 사이에 매매예약이나 매매계약을 보기는 어려운 점이 이 사건 경매절차에서 제1회 매각기일의 최저매각가가 3억 6,900여 만 원, 제2회 매각기일의 최저매각가가 1억 5,800여 만 원에 매각되었으나 매수인이 매수대금을 미납하였고, 이후 제3회 매각기일의 최저매각가가 1억 8,000여 만 원이었는데, 제3회 매각기일 최저매각가가 2억 5,800여 만 원에 매각되었으나 매수인이 매수대금을 또 다시 유찰된 후 제4회 매각기일의 최저매각가가 1억 2,600여 만 원이었는데, 원고들이 152,777,000원에 매수하였는데, 피고 B 명의의 가등기로 인한 수 회 유찰되었음을 감안하더라도 피고 D, B 사이의 6,000만 원 매매예약은 쉽게 납득하기 어렵다) 등에 비추어 보면, 피고 B 명의의 가등기는 소유권이전청구권을 보전하기 위한 순위보전의 가등기가 아니라 I가 피고 D에 대한 대여금채권을 담보하기 위한 담보가등기로 완단된다.

---

따라서 피고 B 명의 가등기는 이 사건 경매절차에서 이 사건 지분이 매각됨으로써 소멸하였고, 위 가등기에 기하여 마쳐진 피고 B 명의의 본등기 포함 원인무효로서 말소되어야 한다 실링 피고 B 명의 가등기에 기한 가등기를 마치기

① 피고 B 명의의 J은행계좌 거래내역에 의하면, 피고 B이 그 명의의 본등기를 마치기 2일 전인 2019. 12. 1. 피고 D에게 6,000만 원을 송금하기는 하였으나 그 직전인 2019. 11. 28. 현금 3,000만 원, 2019. 11. 29. 수표 3,000만 원이 B 명의의 위 계좌에 입금되는데, 위 현금 3,000만 원은 드으로 보이고, 위 수표는 2019. 11. 29. 피고 D 명의의 K은 행 계좌에서 출금된 것으로 보이며, 이후 피고 B이 위와 같이 받은 돈을 피고 D에 1에 게 다시 지급한 것으로 실제로 매매대금을 부담한 사실이 없는 것으로 보이는 점, ② 피고 B이 I, 피고 D로부터 6,000만 원을 지급받기 전 통장 잔고가 90원에 불과하여 이 사건 지분을 매수할 자력이 없었던 것으로 보이는 점 ③ 피고 D가 E을 상대로 한 전 주식방법원 군산지원 2017가단55440호로 공유물분할의 소 계속 중 2018. 9. 18. 이 사 건 부동산을 경매에 부쳐 그 매각대금에서 경매비용을 공제한 나머지 금액을 1/2씩 나누기로 임의조정이 성립된 지 9일 후인 2018. 9. 27. 피고 B 명의의 가등기가 마쳐졌는바, 이는 피고 D가 이 사건 부동산에 관한 경매절차에서 매각기일에서의 유찰을 통해 실제 감정평가액보다 낮은 가격으로 자신이 매수하거나 수 회 매각기일에 위해 피고 B 명의의 가등기를 마쳤을 개연성이 있는 점 등에 비추어 보면, 피고 B 명의의 가등기 및 본등기는 피고 D, B 사이의 통정허위표시에 기한 것으로써 원인무효로 각 말소되어야 한다).

3. 결론

## 실사례 통영 2018 타경 2747(사해행위로 인한 가등기말소)

### 사건내용

| 과거사건 | 통영2계 2014-699 | | | | |
|---|---|---|---|---|---|
| 소 재 지 | 경남 거제시 일운면 와현리 (앞일거제4) [와현2길7-1] | | | | |
| 경매구분 | 강제경매 | 채 무 자 | 임OO | 매 각 기 일 | 20.05.28 (117,100,000원) |
| 용 도 | 주택 | 채무/소유자 | 박OO | 종 국 결 과 | 20.08.19 배당종결 |
| 감 정 가 | 210,102,000 (18.05.01) | 청 구 액 | 400,000,000 | 경매개시일 | 18.03.20 |
| 최 저 가 | 107,573,000 (51%) | 토지면적 | 423.0㎡ (128.0평) | 배당종기일 | 18.07.03 |
| 입찰보증금 | 10,757,300 (10%) | 건물면적 | 전체 108.2㎡ (32.7평) 제시외 1.6㎡ (0.5평) | | |
| 주 의 사 항 | · 선순위가등기 | | | | |

조 회 수
· 금일조회 1 (0) · 금회차공고후조회 58 (6) · 누적조회 388 (65)
· 7일내 3일이상 열람자 5 · 14일내 6일이상 열람자 1
(기준일 2020.05.28/전국연회원전용)

이는 5분이상 열람
(기준일 2020.05.28/전국회원전용)

| 소재지/감정서요약 | 물건번호/면적(㎡) | 감정가/최저가/과정 | 임차조사 | 등기권리 |
|---|---|---|---|---|

(출처 : 지지옥션)

---

(출처 : 지지옥션)

1심 : 창원지법 2018가단105722 사해행위취소(가등기말소청구)

피고의 항소 : 창원지법 2018나62666 기각

원고 : 경매신청채권자이자 낙찰자(임재○)

피고 : 가등기권자(박동○의 아들 구석○)

### 피고의 주장

- 명의만 엄마로 돈은 실질적으로 피고가 부담하여 이전 경매에서 나 잘받았다.

- 이를 담보하기 위하여 가등기했다.

- 다른 사건(2017가단104647)에서 사해행위가 아니라는 주장이 받아들 여졌다.

### 법원의 판단

- 명의신탁약정이 아니고 박동○의 온전한 소유이면 사해행위가 인정 된다.

- 명의신탁약정이라 인정한다면 다른 일반채권자에 우선하여 피고의 채권에 우선변제하기 위한 가등기는 사해행위가 되고, 결론은 사행 행위로 가등기는 취소되어야 한다.

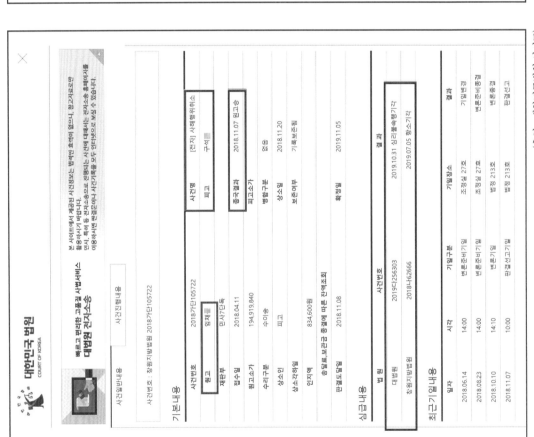

창 원 지 방 법 원

판 결

사 건    2018가단105722 사해행위취소

원 고    A
     소송대리인 법무법인
     담당변호사

피 고    B
     소송대리인 법무법인
     담당변호사

변론종결   2018. 10. 10.

판결선고   2018. 11. 7.

주   문

1. 별지 목록 기재 부동산에 관하여,

가. C와 피고 사이에 2014. 11. 24. 체결된 매매예약을 취소하고,

나. 피고는 원고에게 창원지방법원 거제등기소 2014. 12. 2. 접수 제70126호로 마친
소유권이전청구권가등기의 말소등기절차를 이행하라.

2. 소송비용은 피고가 부담한다.

청 구 취 지

- 1 -

(출처 : 저자 제공)

---

대한민국 법원
COURT OF KOREA
빠르고 편리한 고품질 사법서비스
대법원 전자소송

사건일반내용   사건진행내용

사건번호 : 창원지방법원 2018가단105722

기본내용

| 사건번호 | 2018가단105722 | 사건명 | [전자] 사해행위취소 |
|---|---|---|---|
| 원고 | 임재물 | 피고 | 구석 |
| 재판부 | 민사4단독 | | |
| 접수일 | 2018.04.11 | 종국결과 | 2018.11.07 원고승 |
| 원고소가 | 194,919,840 | 피고소가 | |
| 수리구분 | 수이송 | 병합구분 | 없음 |
| 상소인 | 피고 | 상소일 | 2018.11.20 |
| 상소각하일 | | 보존여부 | 기록보존됨 |
| 인지액 | 834,600원 | | |

송달료,보관금 종결에 따른 잔액조회

| 판결도달일 | 2018.11.08 | 확정일 | 2019.11.05 |
|---|---|---|---|

심급내용

| 법원 | 사건번호 | 결과 |
|---|---|---|
| 대법원 | 2019다256303 | 2019.10.31 심리불속행기각 |
| 창원지방법원 | 2018나62666 | 2019.07.05 항소기각 |

최근기일내용

| 일자 | 시각 | 기일구분 | 기일장소 | 결과 |
|---|---|---|---|---|
| 2018.06.14 | 14:00 | 변론준비기일 | 조정실 27호 | 기일변경 |
| 2018.08.23 | 14:00 | 변론준비기일 | 조정실 27호 | 변론준비종결 |
| 2018.10.10 | 14:10 | 변론기일 | 법정 213호 | 변론종결 |
| 2018.11.07 | 10:00 | 판결선고기일 | 법정 213호 | 판결선고 |

(출처 : 대한민국법원 사이트)

## [상단]

시 G 2층에 대한 임대차보증금 800만 원, C 명의로 된 '거제시 H건물 1동 블록구조 슬레이트지붕 단층단독주택 59.34㎡'을 보태더라도 소득계산C의 원고에 대한 위 가.

항의 판결금 채무1)이 적극재산을 현저하게 초과하는 상태였다.

[인정근거] 다툼 없는 사실, 갑 제6호증의 각 기재, 변론 전체의 취지

2. 주장 및 판단

가. 당사자의 주장

1) 원고는, 앞서 본 사실관계를 토대로 하여 이 사건 매매예약은 채무초과 상태에서 이루어진 사해행위에 해당하므로 취소되어야 한다고 주장한다.

2) 이에 대하여 피고는 아래와 같은 경위에 비추어 이 사건 매매예약은 사해행위에 해당하지 않거나 C 내지 피고에게 사해의사가 존재하지 않았다고 다툰다.

가) 이 사건 부동산에 관하여 위 같이 C 앞으로 소유권이전등기가 마쳐진 것은, 피고가 C의 명의를 빌린 것이었다. 즉, 피고는 C의 이름을 빌려 이 사건 부동산에 관한 임의경매절차에 참여하여 낙찰받은 것이고, 여기에 더금 역시 피고가 실질적으로 부담하여 납부한 것이었다.

나) 피고는 위 같이 C 이름으로 이 사건 부동산을 낙찰받은 것과 관련하여, C에 대해 갖는 배수자금 상당의 부당이득반환청구권(대법원 2006. 11. 9. 선고 2006다35117 판결 등 차지 참조)을 담보하기 위해 C과 사이에 이 사건 매매예약을 체결한 뒤 이 사건 가등기를 설정받았을 뿐이다.

다) 주식회사 J이 이 사건 매매예약에 관하여 피고를 상대로 별도로 사해행위취소소송을 제기한 바 있는데(창원지방법원 2014. 11. 24.까지 연 20%의 지연손해금 413,875,686원 = 356,958,000원 × (5 +

1) 판결원금 356,958,000원 및 2009. 2. 7.부터 2014. 11. 24.까지 연 20%의 지연손해금 413,875,686원 = 356,958,000원 × (5 + 2991/365)] 등 합계 770,833,686원

## [하단]

주문과 같다.

1. 기초사실

가. 원고는 C을 공동피고 중 1인으로 하여 소를 제기하였던 2009. 7. 23. 선고 2008가합1873 판결[위 판결은, 항소심인 부산고등법원 2018. 9. 13. 선고 원]2018나100 판결에서도 정당한 것으로 유지되고 상고제기 없이 확정되었다)에 기하여, C에 대해 아래와 같은 판결 채권을 갖고 있다[피고는 이 판결금 채권의 존재를 부인하나, 이는 앞서 본 확정판결의 취지에 반하는 것으로서 받아들일 수 없다).

> 주 문
>
> 1. 원고(채권자, 피고 [D], [E], [C] )은 연대하여 원고에게 356,958,000원, 피고 [F] 는 위 피고들과 연대하여 위 금원 중 314,790,000원 및 위 각 금원에 대하여 2009. 2. 7.부터 갚는 날까지 연 20%의 비율에 의한 돈을 지급하라.

나. 1) C은 별지 목록 기재 부동산(이하 '이 사건 부동산'이라 한다)에 관하여 2014. 11. 24. '임의경매로 인한 매각'을 원인으로 2014. 12. 1. 소유권이전등기를 마쳤다.

2) 그 후 C은 이 사건 부동산에 관하여 원고인 이들인 피고 F 앞으로 2014. 11. 24. 매매예약(이하 '이 사건 매매예약'이라 한다)을 원인으로 창원지방법원 거제등기소 2014. 12. 2. 접수 제70126호로 소유권이전청구권가등기(이하 '이 사건 가등기'라 한다)를 마쳐주었다.

다. 이 사건 매매예약 당시인 2014. 11. 24.을 기준으로 C의 주된 적극재산은, 이 사건 부동산이 거의 유일하였고, 나머지 C 명의의 적극재산(가령 피고가 주장하는 '마산

위 같이 피고의 주장이 받아들여진 바 있다(을 제6호증).

**2) 사해행위 여부 및 사해의사의 존부 판단**

설령 원고가 C 에게 양수금 채권을 가지고 있다고 가정하더라도, 이 사건 매매 예약이 사해행위에 해당한다거나 C 이나 피고에게 사해의사가 존재함을 인정할 아무런 증거가 존재하지 아니한다.

오히려, 을 제5호증의 1-11, 을 제8, 9호증의 각 기재, 이 법원의 장원자동차 물류센타에 대한 사실조회 결과와 변론 전체의 취지를 종합하면, 피고는 2012. 3. 5.부터 한국수자원공사에 근무하면서 자금을 모았고, 장원자동차물류센타 K 부동산의 일부를 피고의 자금으로 C 으로 매입한 사실, C 은 위 부동산의 경매 사건에서 위 각 부동산을 피고의 자금으로 2014. 10. 23. 보증금 910만 원, 같은 해 11. 24. 매각대금 1억 210만 원 등 합계 1억 1,120만 원을 납부하였는데, 위 각 금원은 모두 피고의 제예금에서 출금된 것이거나, 피고가 그 명의 L 으로부터 빌렸던 것을 C 의 계좌로 입금한 것으로 보이며, 피고가 그 C 으로부터 매일 각 부동산을 매수할 수 있었던 사실을 인정할 수 있다.

실질적인 자금출처 이들이 부담한 사실 인정

의 인정사실에 의하면, 별지 목록 기재 각 부동산은 실제로는 피고의 자금으로 매수하였으나 그 명의만 C 에게 신탁한 것으로서, 그 소유권은 매수인인 C 이 취득하는데(대법원 2005. 4. 29. 선고 2005다664 판결 등 참조), 피고와 C 사이에서는 명의신탁관계가 성립하고, 비록 부동산 실권리자명의의 등기에 관한 법률 제4조 제1항에 따라 명의신탁약정이 무효가 되어 피고가 C 에게 위 각 부동산 자체의 소유권이전등기를 청구할 수는 없지만, 그 매수대금 상당을 부당이득으로 반환청구할 수는 있다(대법원 2006. 11. 9. 선고 2006다35117 판결 등 참조). 따라서 별지 목록 기재 각 부동산의 매수대금인 1억 1,120만 원의 부당이득 반환청구권자이자 피고와 C 사이에서 사실상 위 각 부동산의 소유자로 인대되는 피고가 위 각 부동산의 소유자인 이에게 별지 목록 기재 C 이 부동산의 자금을 가지고 이 사건 부동산을 납부한 것은 명의신탁의 여러 유형들 가운데 이른바 '계약명의신탁'에 해당하기 된다. 부동산경매절 차에서 보전 또는 부당이득 반환청구권의 담보의 의사표 한 이 사건 매매예약으로 위

실질적인 소유자인 이들이 부당이득반환청구권을 담보를 위해 가등기설정한 것은 원고(여기서는 주식회사)와의 관계에서 사해행위 아니다.

(출처 : 저자 제공)

---

고에 대한 관계에서 사해행위라고 보기 어렵고, C 이나 피고에게 사해의사가 인정권 다고 볼 수도 없다.

따라서 이 사건 매매예약이 사해행위에 해당한다거나 C 이나 피고에게 사해의 사가 존재한다는 원고의 주장도 받아들일 수 없다.

**나. 판단**

1) 이 사건의 경우, 앞서 본 피고가 다투는 부분(사해행위)이의 해당 여부, 사해의사의 존재를 제외하고는 제한자취소권행사의 요건들을 모두 충족한 것으로 보인다(대물 변제권의 존재, 채무자의 무자력 등).

2) 그리고 이 사건 부동산에 관하여 C 앞으로 소유권이전등기가 마쳐졌다가, 피고 앞으로 이 사건 매매예약을 원인으로 이 사건 가등기가 마쳐진 것을 놓고는, 아래와 같이 두 가지 경우로 나누어 살펴볼 수 있을 것이다.

**가.** 첫째는 피고가 주장하는 바와 달리 C과 피고 사이에는 명의신탁 약정이 존재하지 않고, 이 사건 부동산이 온전히 C의 소유가 맞는 경우이다. 이 경우, C은 무자력 상태에서 피고와 사이에 이 사건 매매예약을 체결함으로써 일반채권자들의 공동담보가 되는 재산이 감소되는 결과를 초래하였으므로, 이 사건 매매예약은 사해행위로 봄이 타당하고 C의 사해의사도 추인되며, 피고의 악의도 그대로 추정된다.

**나.** ① 둘째는 피고가 주장하는 바대로 C과 피고 사이에 실제로 명의신탁약정이 존재한 경우이다. 이 경우, C이 피고의 자금을 가지고 이 사건 부동산을 납부한 것은 명의신탁의 여러 유형들 가운데 이른바 '계약명의신탁'에 해당하게 된다. 부동산경매절차에서 이 사건 부동산을 매수하려는 사람이 자신의 매수대금을 자신이 부담하면서 다른 사람의 명의

(출처 : 저자 제공)

명의신탁자: 아들(구석■)
명의수탁자: 모친(박달■)

로 매각하거나 경정을 받기로 다른 사람과 약정함에 따라 매각하거가가 이루어진 경우, 그 경매절차에서 매수인의 지위에 서게 되는 사람은 어디까지나 그 명의인이므로, 경매 목적 부동산의 소유권은 매수대금을 실질적으로 부담한 사람이 누구인가와 상관없이 그 명의인이 취득하고, 이 경우 매수대금을 부담한 사람과 이름과 경매 사이에는 명의신탁관계가 성립한다는 것이 대법원 판례이다(대법원 2008. 11. 27. 선고 2008다62687 판결 등 참조).

② 그런데, 명의신탁자와 명의수탁자가 이른바 계약을 맺고 명의수탁자가 당사자가 되어 명의신탁 약정이 있다는 사실을 알지 못하는 소유자와 부동산에 관한 매매계약을 체결한 후 그 매매계약에 따라 당해 부동산의 소유권이전등기를 명의수탁자 명의로 마친 경우에는, 명의신탁자와 명의수탁자 사이의 명의신탁 약정이 무효이도 불구하고 부동산 실권리자명의 등기에 관한 법률 제4조 제2항 단서에 의하여 그 명의수탁자는 당해 부동산의 완전한 소유권을 취득하게 되고, 다만 명의신탁자에 대하여 그로부터 제공받은 매수자금 상당의 부당이득반환의무를 부담하게 된다.

이와 같은 경우에 명의수탁자 취득한 부동산을 명의신탁자의 일반 채권자들의 공동담보에 제공되는 책임재산이 되고, 명의수탁자가 명의신탁자에 대한 관계에서 금전채권자 중 한 명에 지나지 않으므로, 명의수탁자의 채산이나 채무를 변제하기에 부족한 경우 명의수탁자가 위 부동산을 명의신탁자 또는 그가 지정하는 자에게 양도하는 행위는 특별한 사정이 없는 한 다른 채권자의 이익을 해하는 것으로서 다른 채권자들에 대한 사해행위가 된다(대법원 2008. 9. 25. 선고 2007다74874 판결 참조).

③ 그러므로 피고가 주장하는 바와 같이 C에게 이 사건 부동산을 명의신탁하였더라도

(출처 : 저자 제공)

도, 피고는 C에 대한 다른 일반채권자들에 우선하여 피고 자신의 피고 자신의 C에 대해 갖는 이 사건 부동산의 매수자금 상당의 부당이득반환청구권을 확보하고자, C와의 이 사건 매매예약에 터잡아 이 사건 가등기를 마쳤던 것이므로, 이 사건 매매예약은 C의 일반채권자 중 하나인 원고와의 관계에 있어서 여전히 사해행위에 해당한다고 보아야 한다. 여기에다가, 피고는 C의 아들로서 매우 가까운 인적 관계에 있을 뿐 아니라, C의 무자력 상태를 의히 잘 알고 있었을 것인 점(피고의 주장 자체로 피고는 어머니인 C의 명의를 빌렸다는 것인데, 이는 피고과 C의 상호 간에 자신의 자산보유현황에 관하여 밀접한 이사연락이 없으면 불가능할 것이다), 그렇기에 피고는 자신이 갖는 채권을 우선적으로 확보해 둘 목적으로 C이 이 사건 부동산을 낼받은 직후 이 사건 매매예약에 기하여 이 사건 가등기를 마친 것으로 보이는 점, 이는 곧 피고도 앞서 본 대법원 2007다74874 판결 취지에 따라 이 사건 부동산이 C의 소유로 되어, 이대로 둘 경우 C에 대한 일반채권자들이 강제집행 대상으로 삼을 수 있는 책임재산에 숙하게 되리라는 사정을 인식하였기 때문으로 추단되는 점 등을 보태어 보면, C과 피고 사이의 이 사건 매매예약은 사해행위에 해당함이 역시 두텁게 뒷받침된다고 보인다.

3) 따라서 이 사건 매매예약을 사해행위로서 취소되어야 하고, 이에 기하여 마쳐진 이 사건 가등기는 말소되어야 한다.

3. 결론

그렇다면, 원고의 이 사건 청구는 이유 있으므로 이를 인용하기로 하여, 주문과 같이 판결한다.

(출처 : 저자 제공)

## 2. 선순위 보전가등기

### 5) 가등기에 기한 소유권이전등기청구권의 소멸 시효 완성

① 가등기에 기한 소유권이전등기청구권의 시효이 완성으로 소멸된 경우 그 가등기 이후에 부동산을 취득한 제3자가 그 소유권에 기한 방해배제청구로서 그 가등기권자에 대하여 본등기청구권의 소멸시효를 주장하여 그 등기의 말소을 구할 수 있는지 여부(적극)(대법원 1991. 3. 12 선고 90다가27570 판결)

② 채무자가 채권자에게 담보가등기를 경료하고 부동산을 인도하여 준 다음 피담보채권에 대한 이자 또는 지연손해금의 지급에 갈음하여 채권자로 하여금 부동산을 사용수익할 수 있도록 한 경우, 피담보채권의 소멸시효가 중단되는지 여부(적극)

⇒ 담보가등기를 경료한 부동산을 인도받아 점유하더라도 담보가등기의 피담보채권의 소멸시효가 중단되는 것은 아니지만, 채무의 일부를 변제하는 경우에는 채무 전부에 관하여 시효중단의 효력이 발생하는 것이므로, 채무자가 채권자에게 담보가등기를 경료하고 부동산을 인도하여 준 다음 피담보채권에 대한 이자 또는 지연손해금의 지급에 갈음하여 채권자로 하여금 부동산을 사용수익할 수 있도록 한 경우라면, 채권자가 부동산을 사용수익하는 동안에는 채무자가 계속하여 이자 또는 지연손해금을 채권자에게 변제하고 있는 것으로 볼 수 있으므로 피담보채권의 소멸시효가 중단된다고 보아야 한다(대법원 2009. 11. 12 선고 2009다51028 판결).

⇒ 담보가등기는 예약완결권 및 피담보채권이라는 2가지 권리를 별조적으로 담보하는 성격으로 담보하는 것, 예약완결권이 제척기간의 도과로 소멸한 것을 이유로 (담보)가등기말소소송을 제기하는 경우라도 피담보채권이 시효로 소멸하였다는 주장·입증을 하여야 가등기를 말소할 수 있게 된다.

※ 담보가등기 피담보채권의 소멸시효 중단 여부

갑은 1987년 3월 27일 을로부터 2,000만 원을 차용하면서 담보목적으로 A토지에 대한 가등기를 설정하여 주었습니다. 갑이 변제기인 1987년 6월 30일이 지나도록 채무를 변제하지 못하자 을은 1988년 3월 1일 A토지를 인도받아 점유·사용하던 중 1997년 7월 25일 위 가등기에 기하여 본등기를 구하는 소송을 제기하였다.

## 2. 선순위 보전가등기

담보가등기에 기한 소유권이전등기청구권의 소멸시효가 완성되기 전에 그 대상 토지를 인도받아 점유함으로써 소유권이전등기청구권의 소멸시효가 중단된다 하더라도, 담보가등기를 경료한 토지를 인도받아 점유한 경우 담보가등기의 피담보채권의 소멸시효가 중단되는 것은 아니기 때문에 담보가등기의 피담보채권이 소멸한 이상 위 담보가등기는 말소되어야 할 운명이다(대법원 2007. 3. 15 선고 2006다12701 판결 참조).

본 사안의 경우 을의 갑에 대한 담보가등기의 피담보채권은 1997년 7월 25일에는 이미 시효완성된 채권으로, 을이 A토지를 점유하고 있었다 하더라도 위 담보가등기는 말소되어야 할 것이다. 따라서 을의 점유는 특별한 사정이 없는 한 기각될 것이다.

③ 담보가등기를 경료한 토지를 인도받아 점유하는 경우 담보가등기의 피담보채권의 소멸시효가 중단되는지 여부(소극) 및 담보가등기의 피담보채권이 시효로 소멸한 대상 토지의 소유권이전등기청구권의 소멸시효 중단 여부와 관계없이 담보가등기와 그에 기한 소유권이전등기가 말소되어야 하는지 여부(적극)

⇒ 담보가등기를 경료한 토지를 인도받아 점유한 경우 담보가등기의 피담보채권의 소멸시효가 중단되는 것은 아니고, 담보가등기에 기한 소유권이전등기청구권의 소멸시효가 완성되기 전에 그 대상 토지를 인도받아 점유함으로써 소유권이전등기청구권의 소멸시효가 중단된다 하더라도 위 담보가등기의 피담보채권이 시효로 소멸한 이상 위 담보가등기 및 그에 기한 소유권이전등기는 점유 여부에 관계없이 모두 말소되어야 할 운명일 것이다.

④ 채무자의 소멸시효 완성 주장이 신의성실 원칙에 반하여 허용되지 않는 경우

⇒ 채무자가 시효완성 전에 채권자의 권리행사나 시효중단을 불가능 또는 현저히 곤란하게 만든 하는 행동을 하였거나, 객관적으로 채권자가 권리를 행사할 수 없는 장애사유가 있었거나, 또는 일단 시효를 원용하지 아니할 것 같은 태도를 보여 권리자로 하여금 그와 같이 신뢰하게 하였거나, 채권자 보호의 필요성이 크고, 같은 조건의 다른 채권자가 채무의 변제를 수령하는 등의 사정이 있어 채무의 이행의 거절을 인정함이 현저히 부당하거나 불공평하게 되는 등의 특별한 사정이 있는 경우에는 채무자가 소멸시효의 완성을 주장하는 것이 신의성실의 원칙에 반하여 권리남용으로서 허용될 수 없다(대법원 2007. 3. 15 선고 2006다12701 판결).

# CHAPTER 3. 권리분석

## 2. 선순위 보전가등기

⑤ 부동산 매수인이 부동산을 인도받아 스스로 계속 점유하는 경우, 소유권이전등기청구권의 소멸시효 진행 여부(소극)

⇒ 시효제도는 일정 기간 계속된 사회질서를 유지하고 시간의 경과로 인해 곤란해지는 증거 보전으로부터의 구제를 꾀하며 자기 권리를 행사하지 않고 소위 권리 위에 잠자는 자는 법적 보호에서 이를 제외하기 위하여 구성된 제도라 할 것 인바, 부동산에 관하여 인도, 등기 등의 어느 한 쪽 만에 대하여서라도 권리를 행사하는 자는 전체적으로 보아 그 부동산에 관하여 권리 위에 잠자는 자라고 할 수 없다 할 것이므로, 매수인이 목적 부동산을 인도받아 계속 점유하는 경우에는 그 소유권이전등기청구권의 소멸시효가 진행되지 않는다.

부동산 매수인이 부동산을 인도받아 사용·수익하다가 제3자에게 그 부동산을 처분하고 점유를 승계하여 준 경우, 소유권이전등기청구권의 소멸시효 진행 여부(소극)

⇒ (다수의견) 부동산의 매수인이 그 부동산을 인도받은 이상 이를 사용·수익하다가 그 부동산에 대한 보다 적극적인 권리 행사의 일환으로 다른 사람에게 그 부동산을 처분하고 그 점유를 승계하여 준 경우에도 그 이전등기청구권의 행사 여부에 관하여 그가 그 부동산을 스스로 계속 사용·수익만 하고 있는 경우와 달리 특별히 다룰 바 없으므로 위 두 어느 경우에나 이전등기청구권의 소멸시효는 진행되지 않는다고 보아야 한다(대법원 1999. 3. 18 선고 98다32175 전원합의체 판결).

## 실사례 포항 2017 타경 6208

### 사건내용

| 과거사건 | 포항 2019-9918139 | | |
|---|---|---|---|
| 소 재 지 | 경북 포항시 북구 용흥동 626- (3775.2)경북 포항시 북구 양학천로 | | |
| 경매구분 | 강제경매 | 채 권 자 | 우○○ |
| 용 도 | 연립 | 채무/소유자 | 한○○ |
| 감 정 가 | 103,000,000 (19.02.25) | 청 구 액 | 7,950,330 |
| 최 저 가 | 35,329,000 (34%) | 토 지 면 적 | 78.1㎡ (23.6평) |
| 입찰보증금 | 3,532,900 (10%) | 건 물 면 적 | 101㎡ (30.5평) |

매 각 기 일 19.08.26 (56,789,000원)
종 국 결 과 19.10.31 배당종결
경매개시일 17.10.19
배당종기일 19.04.25

주 의 사 항 · 토지별도등기 · 선순위가등기
· 소멸되지 않는 권리 대구지방법원 포항지원 1980.01.21 접수 제3372호 소유권이전청구권가등기(대지권 권리로 적인

조 회 수 · 금일조회 1 (0) · 금회차공고후조회 62 (39) · 누적조회 232 (58)
· 7일내 3일이상 열람자 8 · 14일내 6일이상 열람자 6
(기준일·2019.08.26/전국연립(원)통)

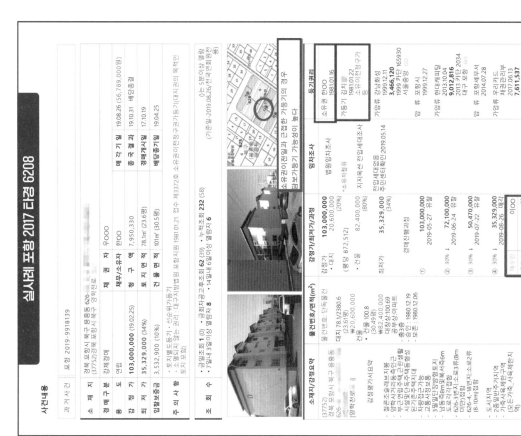

| 소재지/감정요약 | 물건번호/면적(㎡) | 감정가/최저가/과정 | | 임차조사 | 등기권리 |
|---|---|---|---|---|---|
| (3775.2)<br>경북 포항시 북구 용흥동<br>626-<br>[양학천로 ] | 물건번호: 단독물건<br><br>대지 78.1/2380.6<br>(23.6평)<br>₩20,600,000<br>건물<br>· 건물 100.8<br>(30.49평)<br>₩82,400,000<br>대장상100.69<br>· 공부상아파트<br>· 총3층<br>· 승인: 1980.12.19<br>· 보존: 1980.12.06 | 감정가 103,000,000<br>· 대지 20,600,000<br>(평당 872,512)<br>(20%)<br>· 건물 82,400,000<br>(80%)<br>최저가 35,329,000<br>(34%)<br><br>경매진행과정<br>① 103,000,000<br>2019.05.27 유찰<br>② 30% ↓ 72,100,000<br>2019.06.24 유찰<br>③ 30% ↓ 50,470,000<br>2019.07.22 유찰<br>④ 30% ↓ 35,329,000<br>2019.08.26 매각 | | 법원임차조사<br>· 수유자점유<br><br>지지옥션 전입세대조사<br>전입세대없음<br>주민센터확인:2019.05.14 | 소유권 한○○<br>1981.01.16<br>가등기 김○○<br>1981.01.22<br>소유이전청구가<br><br>가등기 강담화성<br>1999.12.11<br>3,466,120<br>1999 카단 165930<br>서울중앙 GG<br><br>임 류 포항시<br>1999.12.27<br><br>가등기 현대캐피탈<br>2013.10.04<br>9,012,816<br>2013 카단 2034<br>대구포항 GG<br><br>임 류 포항세무서<br>2014.07.28<br><br>가등기 우리카드<br>재권관리부<br>2017.06.13<br>7,611,537 |

감정평가서요약
- 철콘조슬래브지붕
- 양학사거리동측인근
- 부근연립주택근린생활및
- 시설단독주택등혼재함
- 위치주거지대
- 차량접근가능
- 교통사정보통
- 3필일단장방형토지
- 남동측8m복서측6m
- 도로각각접함
- 626-3번지: 소로2각8m
- 미만)접함
- 626-4,-18번지:소로2류
- (8-10m)접함

- 도시지역
- 2종일반주거지역
- 가축사육제한구역
- (모두가축 사육제한지역)

매수인 이○○
응찰수 8명

소유권이전일과 근접한 가등기의 경우
담보가등기 가능성이 높다

(출처 : 지지옥션)

---

2021. 7. 16.

2019.02.25 대립감정

| 매각가 | 56,789,000 (55.13%) |
|---|---|
| 2차 | 48,781,100 (47.36%) |

허가 2019-09-02
납기 2019-09-27
납부 2019-09-27

2019-10-31 종결

강 제 우리카드
채권관리부
2017.10.19
*청구액:7,950,330원

채권총액 20,090,473원

열람일자 : 2019.05.10

*토지별도등기있음
-결합받습니다.

(출처 : 지지옥션)

소멸시효 완성을 원인으로 가등기말소 - 말소촉탁 시 승소판결문을 제공할 가능성이 높다.

※ 가등기권자에게 송달 : 수취인불명 - 말소동의서 확보가 곤란하다.

8명이 입찰했다.

※ 명도 시 처음에는 가등기 이야기는 하지 말고, 이사비용으로 협상 하다가 채무자와 원만하게 진행될 시 가등기말소에 관해 탐문한다. 이 때 누취는 필수다.

[집합건물] 경상북도 포항시 북구 용흥동 626-

| 표시번호 | 대지권종류 | 대지권비율 | 등기원인 및 기타사항 |
|---|---|---|---|
| | | | 부동산등기법 제177조의 6 제1항의 규정에 의하여 1번 내지 2번 등기를 2000년 01월 05일 전산이기 |
| 3 | 2. 3. 소유권대지권 | 238060분의 7806 | 대지권 표시연월일(원시.오류해소) 2008년8월29일 |

**【 갑 구 】** （ 소유권에 관한 사항 ）

| 순위번호 | 등 기 목 적 | 접 수 | 등 기 원 인 | 권리자 및 기타사항 |
|---|---|---|---|---|
| 1 (전 2) | 소유권이전 | 1981년1월16일 제1768호 | 1981년1월16일 매매 | 소유자 한경 포항시 하양동 |
| 2 (전 3) | 소유권이전구권가 등기 | 1981년4월29일 제3732호 | 1981년4월29일 매매예약 | 권리자 권서 서울시 서대문구 충정동 |
| 3-1 (전-3-1) | | | | 국민번 등기는 전산이기 전환에 관한것임 1986년4월8일 부기 |
| 3 (전-9) | 가압류 | 1998년11월19일 제5093호 | 1998년11월18일 대구지방법원 포항지원의 가압류결정 | 청구금액 금5.269.587원 채권자 ㈜신한은행 대표이사 ㈜ 서울 중구 충무로 1가 175 (중동동지점) |
| 4 (전-10) | 가압류 | 1998년12월14일 제5083호 | 1998년12월14일 대구지방법원 포항지원의 가압류결정 | 청구금액 금3.595.732원 채권자 제일신용금고㈜ 서울 중구 저동 65 |
| 5 (전-13) | 가압류 | 1999년3월22일 제1974호 | 1999년3월22일 대구지방법원 포항지원의 가압류결정 | 청구금액 금2.427.842원 채권자 제일신용금고㈜ 서울 중구 충무로1가 175 |

---

[집합건물] 경상북도 포항시 북구 용흥동 626-

| 순위번호 | 등 기 목 적 | 접 수 | 등 기 원 인 | 권리자 및 기타사항 |
|---|---|---|---|---|
| 23 | 강제경매개시결정의 취소 | 2017년10월19일 제74192호 | 2017년10월19일 대구지방법원의 강제경매개시결정 취소(2017타경620) | 채권자 주식회사우리카드 서울특별시 중구 남대문로 90 (을지로2가) |
| 24 | 6번가압류등기말소 | 2017년10월30일 제77102호 | 2017년10월26일 해제 | |
| 25 | 소유권이전 | 2019년10월1일 제63311호 | 2019년9월27일 강제경매로 인한 매각 | 소유자 이인 630205-******* 경기도 수원시 팔달구 창인로5번길 |
| 26 | 9번가압류, 10번가압류, 19번가압류, 20번가압류, 22번가압류, 23번강제경매개시결정등기말소 | 2019년10월1일 제63311호 | 2019년9월27일 강제경매로 인한 매각 | |
| 27 | 2번가등기말소 | 2021년4월5일 제24673호 | 1991년1월2일 소멸시효완성 | |
| 28 | 소유권이전 | 2021년5월26일 제33365호 | 2021년4월20일 매매 | 소유자 최선 540205-******* 경상북도 포항시 북구 중흥로241번길 24 거래가액 금82,000,000원 |
| 28-1 | 28번등기명의인표시 변경 | 2021년6월10일 제44905호 | 2021년6월4일 주소변경 | 최선 의 주소 경상북도 포항시 북구 중흥로213번길 |

**【 을 구 】** （ 소유권 이외의 권리에 관한 사항 ）

| 순위번호 | 등 기 목 적 | 접 수 | 등 기 원 인 | 권리자 및 기타사항 |
|---|---|---|---|---|
| 1 | 근저당권설정 | 2021년6월10일 제44906호 | 2021년6월10일 설정계약 | 채권최고액 금36,000,000원 채무자 최선 경상북도 포항시 북구 중흥로213번길 |

## 실사례 중앙 2008 타경 22437(소멸시효중단, 원고의 패소)

### 사건내용

| 소 재 지 | 서울 강남구 입구정동 |
|---|---|
| 경매구분 | 강제경매 |
| 용 도 | 아파트 |
| 감 정 가 | 1,450,000,000 (08.08.13) |
| 최 저 가 | 243,270,000 (17%) |
| 입찰보증금 | 48,654,000 (20%) |

| 채 권 자 | 용OO |
|---|---|
| 채무소유자 | 김OO |
| 청 구 액 | 89,178,080 |
| 토 지 면 적 | 58.0㎡ (17.5평) |
| 건 물 면 적 | 85㎡ (25.7평) [32평형] |

| 매 각 기 일 | 14.04.22 (243,271,000원) |
|---|---|
| 종 국 결 과 | 14.06.17 배당종결 |
| 경매개시일 | 08.07.31 |
| 배당종기일 | 08.10.13 |

주의사항 · 재매각물건 · 유치권 · 선순위가등기

(출처 : 지지옥션)

(출처 : 지지옥션)

원고 : 전 남편의 채권자, 피고(이혼 중인 부인이자 가등기권자 박○○)

- 원고가 패소했다.

1996년 12월 20일 - 이혼 위자료
1996년 12월 24일 - 가등기

## 원고의 주장(제척기간의 도과)

매매예약 완결권은 일종의 형성권으로서 이미 제척기간인 경과되어 소멸했고 이를 보전하기 위한 가등기도 무효의 등기다.

### 법원의 판단

1997년 12월 21일이 경과됨으로써 별도의 매매예약 완결 의사표시 없어도 당연히 매매가 완결된 것으로 본다는 내용의 부동산 매매예약 계약서가 존재한다. 따라서 1997년 12월 22일에 이미 완결되었다.

## 원고의 주장(소멸시효 완성)

1997년 12월 22일 완결됨으로써 소유권이전등기청구권이 발생했고, 그때부터 10년이 경과된 것은 명백하므로 시효완성으로 소멸했다.

### 법원의 판단

피고가 가등기 경료 후부터 소유의 의사로 평온·공연하게 점유하고 있으므로 소유권이전등기청구권의 소멸시효가 진행하지 않는다.

### 추론

가등기권리자와 이하○○ 사전에 별도의 특약을 맺으면서 이하○○이 나 할받았다. 즉, 전세보증금(140,000,000원)과 낙찰금에 외에 추가로 받은 ○에게 별도의 현금을 지급했을 것이고, 낙찰금에은 경매신청권자의 무잉여 방지를 위한 최소한의 금액이다. 계속 가등기로 있는 이상 별도의 현금을 받은 박○○는 세금을 한 푼도 내지 않는다. 이하○○은 당장 매도 채권이 없다면 취득세를 절감하고, 이후 양도세도 절감한다.

[등기사항 : 서울특별시 강남구 언주거동                    고유번호 1140-1996-030299]

| 순위번호 | 등 기 목 적 | 접 수 | 등 기 원 인 | 권 리 자 및 기 타 사 항 |
|---|---|---|---|---|
| 2 (전 4) | 소유권이전등기 | 1996년12월24일 제32307호 | 1996년12월20일 매매예약 | 권리자 박○○ 450606-7***** 서울 서초구 잠원등 |
| 3-1 | 2번가등기가등기가처분처분 취소 | 1996년12월24일 제32001호 | | |
| 3 (전 5) | 가압류 | 1998년5월13일 제28152호 | 1998년5월11일 서울지방법원의 가압류 결정(98카단106650) | 청구금액 금22,028,185원 |
| 4 | 가압류 | 1999년12월13일 제65117호 | 1999년12월1일 서울지방법원의 가압류 결정(99카단432618) | 청구금액 금10,207,096원 |
| 5 | 압류 | 2006년6월2일 제43448호 | 2006년6월2일 압류 | 권리자 서울특별시강남구 |
| 6 | 가처분 | | | |
| 7 | 6번가처분등기말소 | 2002년6월19일 제79885호 | 2002년6월9일 해제 | |
| 8 | 가압류 | 2004년2월16일 제8323호 | 2004년2월16일 서울중앙지방법원의 가압류 결정(2004카단134199) | 청구금액 금70,000,000원 |
| 9 | 압류 | 2004년12월17일 제10032호 | 2004년12월12일 압류(세구1621-118) | 권리자 국민건강보험공단(강남지사) |
| 10 | 가압류 | 2007년1월12일 제6904호 | 2007년1월2일 서울중앙지방법원의 가압류 결정(2007카단187) | 청구금액 금139,155,000원 |
| 11 | 강제경매개시결정 | 2008년7월31일 제54384호 | 2008년7월31일 서울중앙지방법원의 강제경매개시결정(2008타경22437) | 채권자 유○○ 540025-1***** |
| 12 | 압류 | 2011년2월22일 제10273호 | 2011년2월22일 압류(징수1-661) | 권리자 국민건강보험공단 |
| 13 | 2번가등기가처분등기 | 2012년11월12일 제29382호 | 2012년11월8일 서울중앙지방법원의 소송제기(2012카단) | |
| 14 | 13번가처분등기말소 | 2011년10월10일 | 2011년10월10일 | |
| 15 | 2-1번가처분등기말소 | 2013년9월20일 제40002호 | 2013년9월4일 | |
| 16 | 압류 | 2013년2월25일 제44855호 | 2013년2월15일 압류(세4과-963) | 권리자 서울특별시강남구 |
| 17 | 압류 | 2013년7월10일 | 2013년7월10일 | 권리자 국민건강보험공단 |

(출처 : 대한민국 법원 사이트)

# CHAPTER 3. 권리분석

D 명의로 소유권보존등기가 경료되어있다가 1996. 12. 24. 피고 앞으로 같은 달 20. 매매예약을 원인으로 한 소유권이전청구권가등기(이하 '이 사건 가등기'라 한다)가 경료되었다.

나. 원고 B은 D을 상대로 서울남부지방법원에 소를 제기하여 2007. 5. 18. 'D은 원고 B에게 251,849,045원 및 이에 대한 2007. 4. 25.부터 다 갚는 날까지 연 20%의 비율로 계산한 돈을 지급하라는 내용의 판결을 받았다.

다. 원고 A은 D을 상대로 서울중앙지방법원 2006가단458855호 보증채무금청구의 소를 제기하여 2007. 5. 9. 'D은 원고 A에게 70,000,000원과 이에 대하여 2007. 3. 14.부터 다 갚는 날까지 연 20%의 비율로 계산한 돈을 지급하라는 내용의 판결을 선고받았다.

[인정근거] 다툼 없는 사실, 갑 1 내지 4호증의 각 기재, 변론 전체의 취지

## 2. 제척기간도과 주장에 대한 판단

### 가. 원고들의 주장

원고들은, 피고의 이 사건 부동산에 관한 매매예약의아의 완결권은 일종의 형성권으로서 이미 제척기간이 경과되어 소멸하였고, 따라서 이를 보전하기 위한 위 가등기는 무효의 등기라고 할 것인데 D의 채권자인 원고들은 D을 대위하여 피고에게 위 가등기의 말소등기절차의 이행을 구한다고 주장한다.

### 나. 판단

갑 2호증, 을 2호증의 각 기재에 의하면, 피고와 D은 1996. 12. 20. 이 사건 부동산에 관하여 매매대금을 6,000만 원으로 하고, 1997. 12. 21.이 경과하면 별도의 매매계약의 의사표시가 없더라도 당연히 매매가 완결된 것으로 본다는 내용의 부동산매매예약계약서를 작성한 사실을 인정할 수 있는바, 위 인정사실에 의하면 피고와 D 사이

의 이 사건 부동산에 관한 매매예약은 1997. 12. 22. 이미 완결되었다고 할 것이므로 이와 다른 전제에 선 원고들의 위 주장은 더 나아가 살펴볼 필요 없이 이유 없다.

## 3. 본등기청구권의 시효 소멸 주장에 대하여

### 가. 청구원인에 대한 판단

원고들은 이 사건 가등기에 기한 본등기청구권이 시효 완성으로 소멸하였다고 주장하면서, 앞에서 본 바와 같이 이 사건 부동산에 관한 매매예약은 1997. 12. 22. 완결됨으로써 소유권이전등기청구권이 발생하였다 할 것이고, 그때부터 이미 10년이 경과되었으므로 이 사건 부동산에 관한 소유권이전등기청구권은 시효 완성으로 소멸하였다 할 것이다. [원고의 주장]

### 나. 피고의 항변에 대한 판단

이에 대하여 피고는 이 사건 가등기 경료 후부터 소유의 의사로 평온공연하게 이 사건 부동산을 점유하고 있으므로 이 사건 부동산에 관한 소유권이전등기청구권의 소멸시효가 진행하지 않는다고 항변한다.

그러므로 보건대, 갑 6호증의 기재에 변론 전체의 취지를 종합하면 D은 1996. 12. 20.경 자신 소유인 이 사건 부동산을 처인 피고에게 이혼에 따른 위자료 및 재산분할 등의 명목으로 이전하기로 하면서 그 소유권이전등기청구권을 정료해 준 사실, 피고는 D으로부터 이 사건 부동산의 관하여 피고 앞으로 이 사건 가등기를 정료해 준 사실, 피고는 D으로부터 이 사건 부동산을 이전받기로 하면서 이를 인도받았거나 소유명의가 D으로 되어 있어서 D 이름으로 이 사건 부동산을 임대하고 임차인들을 통하여 이를 점유을 온 사실을 인정할 수 있는바, 위 인정사실에 의하면 피고가 이 사건 부동산을 계속 점유하여 온 이상, 이 사건 부동산에 관한 소유권이전등기청구권은 소멸시효가 진행되지 아니한다고 할

## 2. 선순위 보전가등기

### 6) 혼동(목적달성)으로 인한 가등기에 기한 소유권이전등기청구권의 소멸

① 가등기가 불법 말소된 이후에 그 가등기된 목적물에 관하여 위 가등기권자 앞으로 소유권이전등기가 경료된 경우에 있어 위 가등기에 기한 본등기를 소구할 이익이 있는지 여부

⇒ 가등기에 기하여 본등기가 된 때에는 본등기의 순위가 가등기한 때로 소급함으로써 가등기후 본등기전에 이루어진 중간처분이 본등기보다 후순위로 되어 실효되는 것이므로 가등기권자가 가등기된 목적물에 관하여 소유권이전등기를 받고 있다 하더라도 가등기후 그 소유권이전등기전에 중간처분이 있는 경우에는 가등기권자는 그 순위보전을 위하여 가등기에 기한 **본등기청구를 할 이익이 있다**(대법원 1988. 9. 27 선고 87다카1637 판결).

② 가등기권자가 본등기절차에 의하지 아니하고 가등기설정자로부터 별도의 소유권이전등기를 경료받은 경우, 가등기의무자에 대하여 그 가등기에 기한 본등기절차의 이행을 구할 수 있는지 여부

⇒ 채권은 채권과 채무가 동일한 주체에 귀속한 때에 한하여 혼동으로 소멸하는 것이 원칙이고, 어느 특정의 물건에 관한 채권을 가지는 자가 그 물건의 소유자가 되었다는 사정만으로는 채권과 채무가 동일한 주체에 귀속에 해당한다고 할 수 없어 그 물건에 관한 채권의 혼동으로 소멸하는 것은 아닌 바, 토지를 을에게 명의신탁하고 장차의 소유권이전의 청구권의 보전을 위하여 자신의 명의로 가등기를 경료한 갑이, 을에 대하여 가지는 가등기에 기한 본등기청구권은 채권으로서, 갑이 을을 상속하거나 을의 가등기에 기한 본등기 절차의 이행의 의무를 인수하지 아니하는 이상, 갑이 가등기에 기한 본등기 절차에 의하지 아니하고 을로부터 별도의 소유권이전등기를 경료받았다고 하여 혼동의 법리에 의하여 갑의 가등기에 기한 본등기청구권이 소멸하는 것은 아니다.

⇒ 한편 그와 같이 가등기권자가 별도의 소유권이전등기를 경료받았다 하더라도, 가등기 경료 이후에 가등기된 목적물에 관하여 제3자 앞으로 처분제한의 등기가 되어 있거나 중간처분의 등기가 되어 있지 않고 가등기와 소유권이전등기의 등기 원인도 실질상 동일하다면, 가등기의 원인이 된 가등기의무자의 소유권이전등기의무는 그 내용에 일부 완료되었다 할 것이어서 가등기에 의하여 보전될 소유권이전등기청구권은 소멸되었다고 보아야 하므로, 가등기권자는 가등기의무자에 대하여 더 이상 그 가등기에 기한 본등기절차의 이행을 구할 수 없는 것이다

(대법원 1988. 9. 27 선고 87다카1637 판결, 2003. 6. 13 선고 2002다68683 판결 등 참조).

### ※ 목적달성 가등기 말소 방법

- 가등기권자 말소동의서 확보       - 소명자료로 가등기말소등기 촉탁신청       - 가등기말소청구소송

# 가등기말소청구 확정 판결에 의한 말소 등기

[건물] 부산광역시 금정구 청룡동 650-■■

고유번호 1847-1996-132233

| 표시번호 | 접 수 | 소재지번 및 건물번호 | 건 물 내 역 | 등기원인 및 기타사항 |
|---|---|---|---|---|
| | | | 3층 49.2㎡ | |

[ 갑 구 ] ( 소유권에 관한 사항 )

| 순위번호 | 등 기 목 적 | 접 수 | 등 기 원 인 | 권 리 자 및 기 타 사 항 |
|---|---|---|---|---|
| 1 (전 4) | 소유권이전 | 1976년12월31일 제76337호 | 1976년12월23일 매매 | 소유자 배○○ 부산시 동래구 청전동 650-■■ |
| 2 (전 5) | 가등기 | 1977년7월13일 제48751호 | 1977년7월11일 매매예약에 인한소유권이전청구권보 전 | 권리자 김○○ 부산시 동래구 부곡동 |
| 3 (전 6) | 소유권이전 | 1977년10월12일 제776X3호 | 1977년10월10일 매매 | 공유자 지분 2분의 1 김○○ 부산시 동래구 부곡동 지분 2분의 1 김○○ 부산시 동래구 부곡동 |
| 4 (전 7) | 소유권이전 | 1978년4월12일 제58X20호 | 1978년4월9일 매매 | 소유자 이○○ 부산 강서구 대저이동 ■■■ |
| 5 (전 9) | 소유권이전 | 1999년3월6일 제82X0호 | 1999년2월28일 임의경매 | 소유자 허○○ 630024-1******* 양산시 동면 사송리 |

열람일시 : 2014년01월17일 13시19분04초

2/6

(출처 : 대한민국 법원 사이트)

---

# 실사례 부산 2013 타경 17345

사건내용

| 소 재 지 | 부산 금정구 청룡동 650-■■ (46301)부산 금정구 식물원로17번길 ■■ | | | |
|---|---|---|---|---|
| 용 도 | 주택 | 채 권 자 | 동○○○○○ | |
| 경매구분 | 임의경매 | 채무/소유자 | 강○○ | 매각기일 14.02.06 (268,888,000원) |
| 감 정 가 | 361,916,790 (13.06.14) | 청 구 액 | 137,615,186 | 종국결과 14.04.17 배당종결 |
| 최 저 가 | 231,626,000 (64%) | 토지면적 | 200.0m² (60.5평) | 경매개시일 13.06.12 |
| 입찰보증금 | 23,162,600 (10%) | 건물면적 | 전체 219.7㎡ (66.5평) 제시외 6.52㎡ (2.0평) | 배당종기일 13.08.22 |

주의사항 · 소멸되지 않는 권리 : 1977.7.13. 접수 제48751호 가등기

조 회 수 · 금정조사 1 (0) · 금화자공고후조회 217 (13) · 누적조회 550 (111)
· 7일내 3일이상 열람자 10 · 14일내 6일이상 열람자 2

(기준일 : 2014.02.06/전국연합회원 전용)

0는 5분이면 열람함

| 소재지/감정요약 | 물건번호/면적(m²) | 감정가/최저가/과정 | 임차조사 | 등기권리 |
|---|---|---|---|---|
| (46301) 부산 금정구 청룡동 650 [식물원로17번길■■] | 물건번호: 단독물건 대지 200.0 (60.50평) ₩236,000,000 | 감정가 361,916,790 · 대지 236,000,000 (65.21%) · 건물 125,329,790 (34.63%) | 법원임차조사 은○○ 전입 2011.04.13 확정 2011.04.13 배당 2013.08.01 (보) 10,000,000 (월) 200,000 주거/2층일부(201 호) 2011.4.11~ | 소유권 강○○ 2012.03.16 전소유자:김동호의 근저당 동래농협(새) 2012.03.16 144,000,000 근저당 동래농협(새) 2012.08.03 40,000,000 |
| 감정평가서요약 | 건물 · 1층일용 82.0 (24.81평) ₩46,063,890 4개소 · 2층일용 82.0 (24.81평) ₩44,055,900 범1.32.3 4개소 | (평당 3,900,826) · 제시 587,000 (0.16%) 최저가 231,626,000 (64%) | 장○○ 전입 2011.04.19 확정 2013.06.25 배당 2013.06.25 (보) 50,000,000 주거/3층전부 점유기간 | 근저당 박신 2012.12.13 임 류 부산시금정구 (동래) 2013.02.28 근저당 이해(주) 2013.06.12 45,000,000 |
| · 철콘벽돌스라브즙 가지붕3층주택 · 금정초등학교남동측 380m지근거리 · 주변단독주택,공동주택,학교, 근린생활시설등형성된주거 | · 3층주택 49.2 (14.88평) ₩35,210,010 보존: 1976.11.20 제시외 · 1층사워실및창고 52 (1.58평) ₩52,020 | 경매진행과정 ① 361,916,790 2013-11-21 유찰 | 2011.415~ 1차-4000만/10만 2 차-5000만 손○○ 전입 2011.08.02 | 임 류 부산시금정구 2013.08.23 청구액:137,615,186원 채권총액 229,000,000원 |
| 및교통사정무난 · 인근간선도로변버스(정)및 도시철도1호선만남역소재 지하철18m내외도로접함 | · 3층보일러실및창고 13 (0.39평) ₩65,000 소나무등과나무포함 | ② 20% ↓ 289,533,000 2013-12-26 유찰 | 주거/105호 2012.02.01 조○○ 정○○ 전입 2012.02.01 주거 | 열람일자 : 2012.08.09 주거/103호 |
| · 사다리형토지 · 북서측3m내외도로,북 동측18m내외도로접함 | 소나무과나무나무포함 주무화과나무포함 | ③ 20% ↓ 231,626,000 2014-02-06 매각 | | 소유권 강○○ 2012.03.16 전소유자:김동호의 |
| · 일반상업지역 · 가로구역별최고높이 제한지역 · 가로구역별최고높이지정 구역 · 방화지구 | | 이○○외 5명 매각 268,888,000 (74.30%) 254,000,000 | | |

2013.06.14 국제감정
표준지가: 880,000

| 구분 | | |
|---|---|---|
| 매수인 | 이○○외 | |
| 응찰수 | 5명 | |
| 매각가 | 268,888,000 (74.30%) | |

(출처 : 지지옥션)

[토지] 부산광역시 금정구 장전동 650-■■

| 순위번호 | 등 기 목 적 | 접 수 | 등 기 원 인 | 권리자 및 기타사항 |
|---|---|---|---|---|
| | | | 인한 매각 | 이상 680417-*******<br>부산광역시 해운대구 반여로<br>지분 2분의 1<br>이명 400901-*******<br>부산광역시 금정구 금정로20번길 ■ |
| 26 | 22번압류,<br>23번임의경매개시결<br>정, 24번압류<br>등기말소 | 2014년4월28일<br>제12432호 | 2014년2월24일<br>임의경매로<br>인한 매각 | |
| 27 | 8번가등기말소 | 2018년2월20일<br>제4084호 | 2018년2월9일<br>부산지방법원의<br>확정판결 | |
| 28 | 공유자전원지분전부<br>이전 | 2020년11월18일<br>제32457호 | 2020년10월15일<br>매매 | 소유자 주식회사■■■■■■ ■■■■■<br>부산광역시 해운대구 제송1로<br>매매목록 제2020-1942호 |
| 29 | 가압류 | 2021년7월5일<br>제8737호 | 2021년7월5일<br>울산지방법원의<br>가압류결정(2021카단1<br>24) | 청구금액 금29,600,000 원<br>채권자 주식회사 ■■■■■■ (신가동) |

[ 을 구 ] ( 소유권 이외의 권리에 관한 사항 )

| 순위번호 | 등 기 목 적 | 접 수 | 등 기 원 인 | 권리자 및 기타사항 |
|---|---|---|---|---|
| 1<br>(전 ■) | 근저당권설정 | 2000년3월24일<br>제7500호 | 2000년3월24일<br>설정계약 | 채권최고액 금140,000,000원<br>채무자 최○○<br>근저당권자 주식회사한국주택은행<br>114-0111-1460469<br>서울 영등포구 여의도동 36-6<br>(부산진구 부전2동지점센터→<br>공동담보 장전동 650-10토지와 상<br>건물 |

(출처 : 대한민국 법원 사이트)

(출처 : 대한민국 법원 사이트)

## 가등기에 기한 본등기 완료

가등기말소 방법 - 소유권이전등기 촉탁 시 가등기의 목적달성을 이
유로 말소촉탁 신청

[토지] 충청남도 보령시 오천면 소성리 ■■■                              고유번호 1645-1999-60860

| 순위번호 | 등 기 목 적 | 접 수 | 등 기 원 인 | 권 리 자 및 기 타 사 항 |
|---|---|---|---|---|
| (전 3) | | 제74호(또) | 협의분할에<br>의 인한 재산상속 | 우승필 550121-1******<br>서울특별시 용산구 ■■동3■번■ |
| 2-1 | 2번등기명의인표시변경 | | 2005년3월8일<br>전거 | 우승필의 주소  경기 가평군 설악면 신천리 ■■<br>2007년3월7일 부 |
| 3<br>(전 4) | 유소ㅇ지분 중등기소이이전청구권<br>가등기 | 1988년8월12일<br>제14452호 | 1988년8월8일<br>매매예약 | 권대식  지분  480516-2******<br>서울시■구■구청동4■79-■ |
| | 2번 지분전부이전 | | | 공유자  지분 6분의 1<br>생ㅇㅇ  480516-2******<br>경ㅇ■ㅇ구ㅇ배산동 1■<br>매매목록 제2007-190호 |
| 3-1 | 3번소유권경정 | 2007년3월14일<br>제6728호 | 2007년3월8일<br>경요변경 | 목적  2번우승필지분6분의3 중 일부(12분의1)이전<br>공유자  지분 12분의 1<br>생ㅇㅇ  480516-2******<br>경ㅇ■ㅇ구ㅇ배산동 1■ |
| 3-2 | 3번등기명의인표시변경 | 2010년6월8일<br>설계자변경설 | | 생ㅇㅇ의 주소  경기도 경주시 배천동 ■■■■ 부기<br>2011년6월2일 부기 |
| 4<br>(전 4) | 근저당권ㅇ전ㅇ전부 | 1988년4월1일ㅇ<br>제6628호 | 1988년4월8일ㅇ<br>매매예약 | 권대자  지분  515만원 1******<br>경ㅇ 충ㅇ구ㅇ 동ㅇ ■호 1■ |
| 4<br>(전 5) | 근저당권ㅇ전ㅇ전부 | 2002년6월9일ㅇ<br>제13950호 | 2002년6월8일ㅇ<br>매매예약 | 권대자  지분  515만원 1******<br>경ㅇ 충ㅇ구ㅇ 동ㅇ ■호 1■ |

열람일시 : 2013년02월22일 10시02분13초

2/9

(출처 : 대한민국 법원 사이트)

### 실사례 홍성 2013 타경 488[1]

사건내용

| 과거 사 진 | 홍성1계 2005-1905   홍성3계 2009-11412 | | | |
|---|---|---|---|---|
| 소 재 지 | 충남 보령시 오천면 소성리 ■ | | | |
| 경매구분 | 임의경매 | 채 권 자 | 보OOOO | |
| 용 도 | 전 | 채무소유자 | 이OO | 매 각 기 일  13.08.06 (20,210,000원) |
| 감 정 가 | 20,167,000 (13.02.28) | 청 구 액  150,000,000 | 종국결과  14.06.11 배당종결 |
| 최 저 가 | 20,167,000 (100%) | 토지면적  469.0㎡ (141.9평) | 경매개시일  13.01.15 |
| 입찰보증금 | 2,016,700 (10%) | 건 물 면 적  0㎡ (0.0평) | 배당종기일  13.04.01 |
| 주의사항 | · 선순위가등기 · 농지취득자격증명 | | | |
| 조 회 수 | · 금일조회 1 · 금회차공고후조회 40 (1) · 누적조회 47 (3)<br>· 7일내 3일이상 열람자 0 · 14일내 6일이상 열람자 0 | | | |

(기준일-2013.08.06/전국연회원전용)

· 7일 5분이상 열람
(기준일-2013.08.06/전국연회원전용)

| 소재지/감정요약 | 물건번호/면적(㎡) | 감정가/최저가/과정 | 임차조사 | 등기권리 |
|---|---|---|---|---|
| 충남 보령시 오천면 소성<br>리 ■ | 물건번호: 1번<br>(총물건수 2건) | 감정가  20,167,000<br>(100%) | 법원임차조사 | 등기권리 |
| | | · 토지  20,167,000<br>(평당 142,151) | · 면지에 점유자 및 관계없음<br>만나지 못하여 점유관계개발<br>확인할수 없음 | 가등기 청구<br>1988.08.12<br>소유이전청구권 |
| 감정평가서요약 | 전 469.0<br>(141.87평)<br>₩20,167,000<br>농취증필요 | 최저가  20,167,000<br>(100%) | | 근저당 보령시신림조합<br>2011.08.26<br>195,000,000 |
| - 신흥마을동측인근<br>- 주변농경지및임야등이농가주<br>- 주택등농경성임도주변<br>- 동측외아산신지대<br>- 본건외인근자성용물임가 | | 경매진행과정<br>① 20,167,000<br>2013-08-06 매각 | | 지산근 보령시신림조합<br>2011.08.26<br>30일 |
| - 인근버스(정)소재<br>- 제반교통사정보통<br>- 부정형성경사지<br>- 북측소로8m내외도로접 | | 최○○  20,167,000<br>1명<br>매수인  20,210,000<br>매수가  (100.21%) | | 근저당 강성<br>2012.02.10<br>150,000,000 |
| - 보전관리지역<br>- 가축사육제한구역<br>(일부제한200m이하지)<br>역제한동종) | | 허가 2013-08-13<br>납기 2013-09-24<br>납부 | | 임 의 보령시신림조합<br>2013.01.15<br>* 청구액:150,000,000원<br>채권총액 345,000,000원 |
| 2013.02.28 에이원감정 | | 2014-06-11 종결 | | 열람일자 : 2013.02.22 |
| 표준지가 : 10,500<br>개별지가 : 11,500<br>감정지가 : 43,000 | | | | |

특수권리분석

(출처 : 지지옥션)

## 2. 선순위 보전가등기

③ 가등기에 기한 본등기금지가처분이 부동산등기법 제2조의 소정의 등기할 사항인지 여부(소극)

⇒ 소유권이전의 청구권을 보존하기 위한 가등기는 등기법 제3조에 의하여 등기사항임이 명백하고 따라서 그 가등기상의 권리 자체의 처분을 금지하는 가처분은 위 제2조에서 말하는 처분의 제한에 해당됨이 분명하니 이것이 등기사항이라고 함에는 의심할 여지가 없다.

⇒ 가등기에 터잡아 본등기를 하는 것은 그 가등기에 기하여 순위보전된권리의 취득(권리의 증대 내지 부가)이지 가등기상의 권리 자체의 처분(권리의 감소 내지 소멸)이라고는 볼 수 없으므로 가등기에 기한 본등기를 금지하는 취지의 가처분은 부동산등기법 제2조에 규정된 등기할 사항이 아니어서 허용되지 아니한다 따라서 가등기에 기한 본등기절차의 이행을 금지한다고 하여도 그 피보전권리의 보전에 장애가 되지 아니할 뿐 아니라, 가등기권자(양수인) 명의로 본등기(또는 별도의 소유권이전등기)가 경료되더라도 가등기에 기한 본등기절차의 이행을 금지한다고 볼 수 없음은 물론, 오히려 가처분은 전체 내지 목적이라고 볼 수 있는 만큼, 전득자를 가처분권자로 하는 가처분등기는 가등기 이후 경료된 양수인 명의로의 소유권이전등기와의 관계에 있어 이해관계 있는 제3자의 처분제한의 등기에는 해당하지 않는다고 보아야 할 것이다(대법원 1992. 9. 25 선고 92다21258 판결, 대법원 2007. 2. 22 선고 2004다59546 판결).

⇒ 가등기에 터잡아 본등기를 하는 것은 그 가등기에 기하여 순위보전된권리의 취득(권리의 증대 내지 부가)이지 가등기상의 권리 자체의 처분(권리의 감소 내지 소멸)이라고는 볼 수 없으므로 가등기에 기한 본등기를 금지하는 취지의 가처분은 부동산등기법 제2조에 규정된 등기할 사항이 아니어서 허용되지 아니한다 따라서 가등기에 양도인으로부터 양수인을 가쳐 전득자에게 전전양도된 경우에 전득자가 양수인에 대한 소유권이전등기청구권에 대하여 받은 처분금지가처분결정은 가등기에 기한 본등기절차의 이행을 금지한다고 볼 수 없음 뿐 아니라, 가등기권자(양수인) 명의로 본등기(또는 별도의 소유권이전등기)가 경료되더라도 그 피보전권리의 보전에 장애가 되지 아니할 뿐 아니라, 오히려 가처분은 전체 내지 목적이라고 볼 수 있는 만큼, 전득자를 가처분권자로 하는 위와 같은 가처분등기는 가등기 이후 경료된 양수인 명의의 소유권이전등기와의 관계에 있어 이해관계 있는 제3자의 처분제한의 등기에는 해당하지 않는다고 보아야 할 것이다(대법원 1992. 9. 25 선고 92다21258 판결, 대법원 1992. 9. 25 선고 92다21258 판결).

④ 본등기 금지가처분권자가 가처분결정의 기입등기로써 부동산의 적법한 전득자에게 대항할 수 있는지 여부(소극)

⇒ 그러한 본등기금지가처분이 잘못으로 기입등기되었다 하더라도 그 기재사항은 아무런 효력을 발생할 수 없으므로, 가처분권자는 이러한 무효한 가처분결정의 기입등기로써 부동산의 적법한 전득자에게 대항할 수 없다(대법원 1992. 9. 25 선고 92다21258 판결).

# CHAPTER 3. 권리분석

## 2. 선순위 보전가등기

### 7) 명의신탁에 의한 가등기

① 부동산 실권리자명의 등기에 관한 법률 시행 이후 부동산을 매수하면서 매수대금의 실질적 부담자와 명의인 간에 명의신탁관계가 성립한 경우, 그들 사이에 매수대금의 실질적 부담자의 요구에 따라 부동산의 소유 명의를 이전하기로 하는 약정의 효력(무효)

⇒ '부동산 실권리자명의 등기에 관한 법률(이하 '부동산실명법')' 시행 이후 부동산을 매수하면서 매수대금의 실질적 부담자와 명의인 간에 명의신탁관계가 성립한 경우, 그들 사이에 매수대금의 실질적 부담자의 요구에 따라 부동산의 소유 명의를 이전하기로 하는 등의 약정을 하였다고 하더라도, 이는 부동산실명법에 의하여 무효인 명의신탁약정을 전제로 명의신탁 부동산 자체 또는 처분대금의 반환을 구하는 범주에 속하는 것이어서 역시 무효라고 보아야 한다.

② 무효인 명의신탁약정을 전제로 하여 이에 기한 명의신탁자의 명의수탁자에 대한 소유권이전등기청구권을 확보하기 위하여 명의신탁 부동산에 명의신탁자 명의로 가등기를 마치고 향후 명의신탁자가 요구하는 경우 본등기를 마쳐 주기로 한 약정 및 위 약정에 의하여 이루어진 가등기의 효력(무효)

⇒ 명의신탁약정과는 별개의 적법한 원인에 기한 명의신탁자의 명의수탁자에 대한 소유권이전등기청구권을 보전하기 위하여 제3자 명의로 마친 가등기의 효력(유효)

명의신탁약정과는 별개의 적법한 원인에 기한 명의신탁자의 명의수탁자에 대한 소유권이전등기청구권을 보전하기 위하여 제3자 명의로 마친 가등기의 효력(유효)

⇒ 나아가 명의신탁자와 명의수탁자가 위와 같이 무효인 명의신탁약정을 함과 아울러 그 약정을 전제로 하여 이에 기한 명의신탁자의 명의수탁자에 대한 소유권이전등기청구권을 확보하기 위하여 명의신탁 부동산에 명의신탁자 명의의 가등기를 마치고 향후 명의신탁자가 요구하는 경우 본등기를 마쳐 주기로 약정하였더라도, 이러한 약정 또한 부동산실명법에 의하여 무효인 명의신탁약정을 전제로 한 것이어서 무효이고, 위 약정에 의하여 마쳐진 가등기는 원인무효다.

③ 명의신탁약정과는 별개의 적법한 원인에 기한 명의신탁자의 명의수탁자에 대한 소유권이전등기청구권을 보전하기 위하여 제3자 명의로 마친 가등기의 효력(유효)

⇒ 명의신탁자가 명의신탁약정과는 별개의 적법한 원인에 기하여 명의수탁자에 대하여 소유권이전등기청구권을 가지게 되었다 하더라도, 이를 보전하기 위하여 자신의 명의가 아닌 제3자 명의의 명의신탁자와 제3자 사이의 명의신탁약정에 기하여 마쳐진 것으로서 약정이 무효로 말미암아 효력이 없다.

## 3. 선순위 담보가등기

원칙 : 말소

예외 : 인수되는 3가지 경우

1) 경매개시 전 청산 절차 완료한 물품 ⇒ 보전가등기로 취급

가등기를 담보가등기로 신고한 자가 경매개시결정기입등기 전에 청산 절차를 완료한 경우라도 소멸하지 않고 가등기에 따른 본등기를 하게되면 낙찰자는 소유권을 상실한다. 이 경우 가등기권자는 배당요구를 하지 않는다.

가담법 제14조에 의하면, 담보가등기를 마친 부동산에 대하여 강제경매 등이 개시 결정이 있는 경우에 그 경매의 신청이 청산금을 지급하기 전에 행하여진 경우(청산금이 없는 경우에는 청산기간이 지나기 전)에는 담보가등기권리자는 그 가등기에 따른 본등기를 청구할 수 없다고 구정하고 있다.

2) (가등기목적물가액-선순위채권액) ≤ 피담보채권의 원금과 이자 ⇒ 가담법 적용(x) ⇒ 보전가등기로 취급

매매예약 당사의 채권에 부동산시세보다 높다면 굳이 재무자를 보호할 필요가 없기 때문에 가담법이 적용되지 않는다 따라서 그 설정이 담보가등기라 하여도 당해 경매절차에서 배당요구를 할 수 없고 나아가 가등기가 낙찰로 소멸되지도 않는다(극히 예외).

결국 가등기권자가 채권계산서를 제출한 경우라도 주순위권리자들이 가담법 적용대상이 아님을 지적하며 배당이의를 제기하면 담보가등기권자는 한푼도 배당받지 못하고 결국 낙찰자는 가등기권자의 피담보채권액을 전혀 인수하는 여이없는 상황이 발생한다.

3) 담보목적가등기 ⇒ 경매 신청(x), 배당(x) ⇒ 가담법 적용(x) ⇒ 보전가등기로 취급

가등기의 주된 목적이 매매대금채권의 확보에 있고 대여금채권의 확보는 부수적인 목적인 경우 가담법이 적용되지 않는다. 즉 가등기담보법은 차용물의 반환에 관하여 다른 재산권을 이전할 것을 예약한 경우에 적용되므로 매매대금채권을 담보하기 위해 가등기를 한 경우에는 적용되지 않는다.

## 4. 종합적인 판단

1) 매매계약에 기한 가등기는 이미 계약이 체결된 상태라는 점에서 그 후 매매계약이 해제되었는지 아니면 장기간에 걸쳐 권리행사를 하지 못해 이전등기청구권이 10년 시효로 소멸해버렸는지와 같은 측면에서 가등기말소가 검토되어진다.

매매계약을 원인으로 한 가등기 말소가 쟁점이 된 사례에서는 매매계약 완결권의 행사가 일정한 제척기간 내에 이루어졌는지에 따라 가등기말소를 좌우하는 쟁점이 되는 경우가 대부분이고, 매매예약 완결권의 제척기간 도과 전에 행사되어 매매계약이 성립됨으로 인해 가등기에 기한 본등기청구권이 10년의 시효로 소멸하는지 여부까지 쟁점이 된 경우도 아주 드물게 존재한다.

2) 매매계약에 기한 가등기는 매매예약의 단계에서는 완전한 계약이 성립되지는 않았기 때문에 예약 이후에 매매예약 완결권이 제척기간 내에 제대로 행사되었는지를 먼저 살피는 것이 순서이고, 만약 적법한 완결권 행사로 인해 제약으로서 성립되었다면 그다음에서야 위에서 본 계약의 해제 여부, 소멸 시효기간 도과 여부가 검토될 수 있다.

3) 결국, 여러 가지 가능성을 고려해 가등기의 실체에 대해 면밀한 조사와 분석이 필요할 수 있다. 물론, 경매실무 경험으로 볼 때 오랜 기간이 경과된 가등기의 경우에는 시효나 제척기간이 아니더라도 이미 권리관계가 정리된 경우가 적지 않다는 점, 유효한 가등기권자라면 향후 분쟁을 예방하는 차원에서라도 자신의 권리관계를 경매법원에 밝히는 것이 일반적인 심리라고 본다면, 별원으로부터 가등기에 관한 석명요구를 받고도 (경매 이해관계인과 모종의 통모 때문에) 가등기권자가 아무런 답변을 하지 않고 있다면, 가등기가 이미 소멸한 것이 아닌지 강하게 의심해볼 수 있다는 점 등도 판단에 참고할 수 있을 것이다. 하지만, 오래된 가등기라고 하더라도 무작정 소멸되었다고 단정할 것이 아니라, 제척기간이 도과하지 않았거나 소멸시효가 중단되는 등의 예외적인 사유가 있을 수 있다는 점에서 면밀한 조사가 필요함을 유념할 수 있다.

CHAPTER

**4**

가등기의 해법

## 1. 개관

가등기의 목적이 된 부동산의 매수인이 그 뒤 가등기에 기한 본등기가 경료됨으로써 소유권을 상실하게 된 경우 담보책임에 관해 준용되는 법조항(민법 제576조).

⇒ 가등기의 목적이 된 부동산을 매수한 사람이 그 뒤 가등기에 기한 본등기가 경료됨으로써 그 부동산의 소유권을 상실하게 된 때는 매매의 목적 부동산에 설정된 저당권 또는 전세권의 행사로 인하여 매수인이 취득한 소유권을 상실한 경우와 유사하므로, 이와 같은 경우 민법 제576조의 규정이 준용된다고 보아 담보책임을 진다고 보는 것이 상당하고 민법 제570조에 의한 담보책임을 진다고 할 수 없다(대법원 1992. 10. 27 선고 92다21784 판결).

※ 경매와 담보 책임 관련 규정

**민법 제576조(저당권, 전세권의 행사와 매도인의 담보책임)** ① 매매의 목적이 된 부동산에 설정된 저당권 또는 전세권의 행사로 인하여 매수인이 그 소유권을 취득할 수 없거나 취득한 소유권을 잃은 때에는 매수인은 계약을 해제할 수 있다.

② 전항의 경우에 매수인의 출재로 그 소유권을 보존한 때에는 매도인에 대하여 그 상환을 청구할 수 있다.

③ 전2항의 경우에 매수인이 손해를 받은 때에는 그 배상을 청구할 수 있다.

## 1. 개관

※ 경매와 담보 책임 관련 규정

**민법 제578조(경매와 매도인의 담보책임)** ① 경매의 경우에는 경락인은 전8조의 규정에 의하여 채무자에게 계약의 해제 또는 대금감액의 청구를 할 수 있다.

② 전항의 경우에 채무자가 자력이 없는 때에는 경락인은 대금의 배당을 받은 채권자에 대하여 그 대금전부나 일부의 반환을 청구할 수 있다.

③ 전2항의 경우에 채무자가 물건 또는 권리의 흠결을 알고 고지하지 아니하거나 채권자가 이를 알고 경매를 청구한 때에는 경락인은 그 흠결을 안 채무자나 채권자에 대하여 대하여 손해배상을 청구할 수 있다.

**낙찰 후 가등기말소소송에서 패소한다더라도** 일단, 이행불능을 이유로 매매계약을 해제하고 채무자를 상대로 매각대금의 반환을 청구할 수 있으며, 채무자에게 반환받기 어려우면 낙찰대금을 받아간 채권자 상대로 민법 제578조, 제576조에 따라 채무자나 채권자를 상대로 대금의 반환을 청구할 수 있다(법리상으로 부당이득 반환청구도 허용되지 않음을 주의할 필요가 있다. 이때 배당받은 채권자가 개인보다는 금융권인 경우 개인에 비해 돌려받기 쉽다. 이 경우에는 선순위가등기가 있더라도 좀 더 과감하게 접근할 수 있을 것이다.

## 2. 배당기일 전

### 1) 가등기 상태일 경우

낙찰 후 잔금을 납부한 후 선순위 가등기말소 소송을 진행하고 소송이 진행 중임을 입증할 수 있는 '소제기증명원' 등의 서류를 첨부해 해당 경매에 배당받을 선순위 가등기말소소송의 판결 이후로 늦춰달라고 한다. 그러면 정상적으로 말소할 경우 계획대로 되고 패소하면 배당금을 낙찰자에게 되돌려주면 된다.

① 본소송 - 주위적(1차적)으로 가등기권자를 상대로 가등기말소청구의 소제기
   예비적(2차적)으로 배당받을 채권자를 상대로 하자담보책임에 따른 대금반환청구의 소 제기

② 보전처분신청 - 주위적 청구인 가등기말소청구권을 피보전권리로 하는 가등기상의 권리처분금지가처분 신청
   예비적 청구인 배당금지급청구권을 피보전권리로 한 배당금지급청구권에 대한 가압류신청

### 2) 본등기가 실행된 경우

**매매계약 해제 및 매각대금 반환청구 신청**

⇒ 소유권에 관한 가등기의 목적이 된 부동산을 낙찰받아 낙찰대금까지 납부하여 소유권을 취득한 낙찰인이 그 뒤 가등기에 기한 본등기가 경료됨으로써 일단 취득한 소유권을 상실하게 된 때에는 매각으로 인하여 소유권의 이전이 불가능하였던 것이 아니므로, 민사소송법 제613조에 따라 집행법원으로부터 그 경매절차의 취소결정의 취소결정을 받아 납부한 낙찰대금을 반환받을 수는 없다고 할 것이나, 이는 매매의 목적 부동산에 설정된 저당권 또는 전세권의 행사로 인하여 매수인이 취득한 소유권을 상실한 경우와 유사하므로, 민법 제578조, 제576조를 유추적용하여 담보책임을 추급할 수 있다고 할 것인 바, 이러한 담보책임은 낙찰인이 경매절차 밖에서 별소에 의하여 채무자 또는 채권자를 상대로 추급하는 것이 원칙이라고 할 것이나, 아직 배당이 실시되기 전이라면, 이러한 때에도 낙찰인으로 하여금 배당이 실시되는 것을 기다렸다가 경매절차 밖에서 별소에 의하여 담보책임을 추급하게 하는 것은 가혹하게 되는 경우가 있으므로, 이 경우 낙찰인은 민사소송법 제613조를 유추적용하여 집행법원에 대하여 경매에 의한 매매계약을 해제하고 납부한 낙찰대금의 반환을 청구하는 방법으로 담보책임을 추급할 수 있다(대법원 1997. 11. 11 자 96그64 결정).

## 실제 사례 2015 타경 13312

### 사건내용

| 소 재 지 | 충남 당진시 원당동 | | |
|---|---|---|---|
| 경매구분 | 강제경매 | 채 권 자 | 사〇〇 |
| 용 도 | 전 | 채무/소유자 | 이〇〇 / 이〇〇〇〇 |
| 감 정 가 | 35,351,550 (15.12.15) | 매 각 기 일 | 18.02.27 (7,789,000원) |
| 최 저 가 | 5,942,000 (17%) | 종 국 결 과 | 18.05.09 배당종결 |
| 입찰보증금 | 594,200 (10%) | 경매개시일 | 15.12.04 |
| 청구금액 | 594,200 | 토지면적 | 전체 1269 ㎡ 중<br>지분 1813 ㎡ (54.8평) | 건물면적 | 0㎡ (0.0평) | 배당종기일 | 16.02.26 |
| 주 의 사 항 | · 지분매각 · 법정지상권 · 선순위등기 · 입찰외 · 농지취득자격증명<br>· 소멸되지 않는 권리 : 갑구 3번 2011.9.21 접수 제39055호 지분전부이전청구권가등기는 말소되지 않고 매수인에 인수<br>됨 | | |
| 조 회 수 | · 금일조회 1 (0) · 금회차공고후조회 39 (12) · 누적조회 409 (45)<br>· 7일내 3일이상 열람자 3 · 14일내 6일이상 열람자 0<br>(기준일 : 2018.02.27/전국연회원전용) | | |

| 소재지/감정요약 | 물건번호/면적(㎡) | 감정가/최저가/과정 | 임차조사 | 등기권리 |
|---|---|---|---|---|
| 충남 당진시 원당동 | 물건종호 단독물건 | 감정가 35,351,550 | | 소유권 이〇〇〇 |
| 감정평가서요약 | 전 181 3/1269<br>(54.84평)<br>₩35,351,550 | · 토지 35,351,550<br>(100%) | | 2009.08.28<br>전소유자이〇〇 |
| · 당진버스(터)통운증근<br>근 주위 | (평당 644,631) | | | 가등기 김〇〇 |
| · 차량진입등원활 및<br>차량출입등원활 | 현목전일부도로<br>(토지 1/7 이재은 지) | 최저가 5,942,000<br>(17%) | | 2011.09.21<br>소유이전청구권 |
| · 인근버스(정)소재<br>차량보통 | · 전체 1269㎡ (384평)<br>· 지분 181.29㎡ (55평) | | | 등 |
| · 남동하향부정형완경사<br>지 | 입찰외제시외 | 경매진행과정 | | 가압류 서민<br>2013.02.04 |
| · 3m도로가접건물과<br>남측여건물리도지 | 창고 49.5<br>(14.97평) | ① 35,351,550 유찰<br>2017.05-08 | | 400,000,000<br>2013 카단 985 서 |
| · 계획관리지역<br>· 가축사육제한구역 | 창고 49.5<br>₩7,425,000 | ② 30% ↓ 24,746,000 유찰<br>2017-06-20 | | 울동부 〇〇 |
| (일부제한지역) | (14.97평)<br>· 창고 18.0<br>₩5,445,000 | ③ 30% ↓ 17,322,000 유찰<br>2017-08-01 | | 강 제 서민<br>2015.12.04<br>*청구액229,640,831 |
| 2015.12.15 삼일감정 | (5.45평)<br>₩720,000 | ④ 30% ↓ 12,125,000 유찰<br>2017-09-19 | | 임 류 당진세무서<br>2017.04.26 |
| 표준지가 : 154,000<br>감정지가 : 195,000 | 315,316지상<br>법정지상권성립(남일지상<br>농취증필요(남동진증<br>사실조회불성립예의하면<br>임차북구명할가능성성 | ⑤ 30% ↓ 8,488,000 매각<br>2017-11-14 사〇〇<br>1명<br>8,920,000<br>(25.23%) | | 채권총액 400,000,000원<br>열람일자 : 2017.10.27 |
| | | 매수인<br>응찰수<br>매각가 | | |

(출처 : 지지옥션)

---

2018. 4. 4 낙찰자(지씨 등 3명)※ 잔금납부

2018. 4. 10 소유권이전등기

2018. 5. 8 낙찰자의 배당기일연기 신청

2018. 5. 15 가등기권자의 본등기

2018. 5. 15 가등기에기한 본등기로 인하여 낙찰자의 소유권이전
등기말소

이후 '매매계약해제 및 대금반환신청'으로 대금 회수

※ 잔금납부 후 ~ 배당기일 전

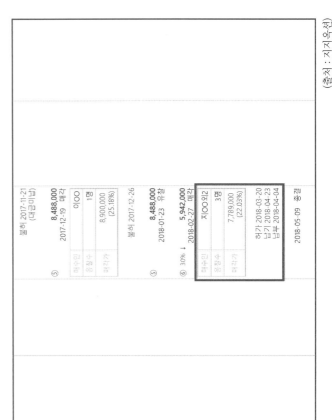

| | | | 불허 2017-11-21<br>(대금미납) | |
|---|---|---|---|---|
| ⑤ | | | 8,488,000<br>2017-12-19 매각 | |
| | 매수인<br>응찰수<br>매각가 | | 0/〇〇<br>1명<br>8,900,000<br>(25.18%) | |
| | | | 불허 2017-12-26 | |
| ⑤ | | | 8,488,000<br>2018-01-23 유찰 | |
| ⑥ 30% ↓ | | | 5,942,000<br>2018-02-27 매각 | |
| | 매수인<br>응찰수<br>매각가 | | 지〇〇외2<br>3명<br>7,789,000<br>(22.03%) | |
| | | | 여기 2018-03-20<br>납기 2018-04-23<br>납부 2018-04-04 | |
| | | | 2018-05-09 종결 | |

(출처 : 지지옥션)

## 문건처리내역

| 접수일 | 접수내역 | 결과 |
|---|---|---|
| 2015.12.04 | 채권자 서OO 보정서 제출 | |
| 2015.12.08 | 등기소 등OOOO 등기필증 제출 | |
| 2015.12.21 | 교부권자 국OOOOOO OOOO 교부청구서 제출 | |
| 2015.12.21 | 채권자 서OO 보정서 제출 | |
| 2015.12.21 | 기타 이OO 감정평가서 제출 | |
| 2015.12.22 | 감정인 삼OOOOOO 감정평가서 제출 | |
| 2015.12.22 | 기타 외OOOO 사실조회회신 제출 | |
| 2015.12.24 | 공유자 이OO 주소보정서 제출 | |
| 2015.12.28 | 집행관 광O 현황조사서보고서 제출 | |
| 2015.12.31 | 채권자 서OO 보정서 제출 | |
| 2016.02.17 | 채권자 당OO 미채교부청구서 제출 | |
| 2016.04.18 | 기타 법OOOO 송달보고서 제출 | |
| 2016.04.26 | 채권자 서OO 보정서 제출 | |
| 2016.06.09 | 공유자 이OO 주소/송달장소 변경신고서 제출 | |
| 2016.06.13 | 채권자 서OO 보정기간연장신청서 제출 | |
| 2016.06.13 | 채권자 서OO 사실조회촉탁신청서 제출 | |
| 2016.06.15 | 채권자 서OO 공시송달신청서 제출 | |
| 2017.03.31 | 기타 당OO 사실조회회신 제출 | |
| 2017.11.30 | 기타 당OOOO 사실조회회신 제출 | |
| 2018.01.15 | 공유자 이OO 주소보정서 제출 | |
| 2018.03.02 | 최고가매수신고인 매O(허가기일연기신청서 제출 | |
| 2018.03.05 | 최고가매수신고인 열람및복사신청 제출 | |
| 2018.03.13 | 교부권자 국OOOOOOOOO 교부청구서 제출 | |
| 2018.03.13 | 최고가매수신고인 농지취득자격증명 제출 | |
| 2018.03.13 | 최고가매수신고인 농지취득자격증명 제출 | |
| 2018.04.06 | 최고가매수신고인 부동산소유권이전등기촉탁신청서 제출 | |
| 2018.04.12 | 교부권자 국OOOOOOOOO 교부청구서 제출 | |
| 2018.04.27 | 등기소 당OOOO 등기필증 제출 | |
| 2018.05.08 | 최고가매수인 배당기일연기신청 제출 | |
| 2018.05.18 | 최고가매수신고인 대표증권 제출 | |
| 2018.05.29 | 채권자 서OO 자금위탁증구서 제출 | |
| 2018.05.30 | 등기소 당OOOO 등기소통지서(말힘시 원인등 316) 제출 | |

## 송달내역

| 송달일 | 송달내역 | 송달결과 |
|---|---|---|
| 2015.11.30 | 채권자 서OO 보정명령등본 발송 | 2015.12.02 도달 |
| 2015.12.08 | 채무자겸소유자 이OO 개시결정정본 발송 | 2015.12.11 도달 |
| 2015.12.08 | 채권자 서OO 개시결정정본 발송 | 2015.12.14 도달 |
| 2015.12.09 | 공유자 이OO 통지서 발송 | 2015.12.10 송달간주 |
| 2015.12.09 | 공유자 이OO 통지서 발송 | 2015.12.10 송달간주 |
| 2015.12.09 | 공유자 이OO 통지서 발송 | 2015.12.10 송달간주 |

https://www.ggi.co.kr/hkyungmsae/mulgun_detail_fileview.asp?docode=A13F4930423E303F423D03E3E423F3E3F3E3C6&popchk=mungun&sele... 1/4

## 3. 배당기일 후

1) 가등기 상태일 경우

① 본소송 - 주위적(1차적)으로 가등기권자를 상대로 가등기말소청구의 소제기

  - 예비적(2차적)으로 배당받은 채권자를 상대로 하자담보책임에 따른 대금반환청구의 소제기

② 보전처분 신청- 주위적 청구인 가등기말소청구권을 피보전권리로 하는 가등기상의 권리처분금지가처분 신청

2) 본등기가 실행된 경우

## 매매계약 해제 및 매각대금 반환청구의 소제기

⇒ 매수인은 경매절차 밖에서 별도의 소송으로 민법 제578조1항에 따라 채무자(대개의 경우 무자력인 경우가 많다) 또는 채권자를 상대로 대금의 반환을 청구할 수 있다. 이때는 가능한 한 배당을 받은 채권자를 금융기관과 같이 향후 담보책임을 부담하기에 충분한 자력이 있는 공신력 있는 기관일 경우 임점을 고려할 필요가 있다. 그래야 여차하면 납부한 매각대금을 소송을 통해 돌려받을 수 있다. 만일 배당받은 채권자가 개인이거나 경제력이 취약한 법인일 경우 소송을 통해 매각대금을 돌려받기가 어렵거나 불가능할 수도 있다.

CHAPTER

# 5

## 적용사례

# CHAPTER 5. 적용사례

## 실사례 의정부 2017 타경 11806

### 사건내용

| 소 재 지 | 경기 연천군 청산면 백의리 (1102)경기 연천군 청산면 백의로13번길 | | | |
|---|---|---|---|---|
| 용도구분 | 주택 | 채권소유자 | 임OO | |
| 경매구분 | 강제경매 | 채무소유자 | 홍OO | |
| 감 정 가 | 68,916,100 | 청 구 액 | 57,000,000 | 매 각 기 일 19.06.11(53,000,000원) |
| 최 저 가 | 48,241,000 (70%) | 토지면적 | 270.1m²(81.7평) | 종국결과 19.07.16 배당종결 |
| 입찰보증금 | 4,824,100 (10%) | 건물면적 | 129.7m²(39.2평) 제시외 74.4m²(22.5평) | 경매개시일 17.05.22 배당종기일 17.08.03 |

주의사항 · 선순위가등기
· 소멸되지 않는 권리 : 2004년 11월 16일 제2046호 소유권(전청구권)가등기는 말소되지 않고 매수인에게 인수되는 권리
조 회 수 · 금일조회 1 (0) · 금회차공고후조회 34 (12) · 누적조회 302 (36)
· 7일내 3일이상 열람자 1 · 14일내 6일이상 열람자 0

(기준일 2019.06.11/전국연인원수)

| 소재지/감정요약 | 물건번호/면적(m²) | 감정가/최저가/과정 | 임차조사 | 등기권리 |
|---|---|---|---|---|

이 부분 이상 열람
(기준일 2019.06.11/전국연인원수)

(출처 : 지지옥션)

## 가등기권자의 해지동의서 협조로 가등기말소

가등기가 있음에도 매매로 소유권이전을 했다.
이는 선순위 가등기의 말소 가능성을 예상할 수 있다.

경기도 연천군 청산면
백의로13번길

| **[ 갑     구 ]     ( 소유권에 관한 사항 )** | | | | |
|---|---|---|---|---|
| 순위번호 | 등 기 목 적 | 접       수 | 등 기 원 인 | 권리자 및 기타사항 |
| 1 (전 10) | 소유권이전 | 1999년8월13일 제9661호 | 1999년7월29일 매매 | 소유자 560812-******* 수원시 팔달구 인계동 |
| 1-1 | 1번등기명의인표시 변경 | 2004년11월16일 제20459호 | 2003년10월16일 전거 | 부동산등기법 제177조의 6 제1항의 규정에 의하여 주소 수원시 팔달구 인계동 |
| 2 | 소유권이전청구권가 등기 | 2004년11월16일 제20466호 | 2004년11월16일 매매예약 | 가등기권자 890408-******* 경기도 수원시 팔달구 우만동 |
| 4 | 소유권이전 | 2007년6월11일 제10172호 | 2007년6월7일 매매 | 소유자 930625-******* 연천군 청산면 백의리 거래가액 금5,000,000원 |
| 4-1 | 4번등기명의인표시 변경 | 2016년1월25일 제932호 | 2015년3월16일 전거 | 주가 연천군 청산면 청산년 백의로 |
| 5 | 3번압류유등기소 | 2014년4월17일 제4940호 | 2008년10월17일 체납 | |
| 6 | 압류 | 2015년9월18일 제8893호 | 2015년9월18일 압류 | 권리자 연천세무서 |
| 7 | 강제경매개시결정 | 2017년5월22일 제6522호 | 2017년5월22일 강제경매개시 결정 | 채권자 490419-******* 동두천시 천보산로 |
| 8 | 소유권이전 | 2019년6월6일 제1065호 | 2019년6월11일 강제경매로 인한 매각 | 소유자 490419-******* 경기도 동두천시 천보산로 |
| 9 | 6번압류, 7번강제경매개시결정 등등기말소 | 2019년8월16일 제10654호 | 2019년7월16일 강제경매로 인한 매각 | |
| 10 | 2번가등기말소 | 2020년4월29일 제6657호 | 2020년4월29일 매각 | 공유자 임OO |
| 11 | 소유권이전 | 2020년10월6일 제14754호 | 2020년10월6일 매매 | 공유자 사내 2분의 1 |

(출처 : 대한민국 법원 사이트)

## 사건내용

### 실사례 전주 2017 타경 4459

| 소 재 지 | 전북 임실군 임실읍 이도리 (55926)전북 임실군 임실읍 봉황로 |
|---|---|

| 경매구분 | 강제경매 | 채 권 자 | 이OO |
|---|---|---|---|
| 용 도 | 근린시설 | 채무/소유자 | 진OOOO |
| 감 정 가 | 132,466,600 (17.05.04) | 청 구 액 | 22,006,164 |
| 최 저 가 | 45,436,000 (34%) | 토지면적 | 전체 309 m² 중 지분 154.5 m² (46.7평) |
| 입찰보증금 | 4,543,600 (10%) | 건물면적 | 전체 54215 m² 중 지분 2716 m² (82.2평) |

| 주의사항 | · 지분매각 · 소멸되지 않는 권리: 목록1, 1구3번 전부이전청구권가등기(2015.4.7등기)는 말소되지 않고 매수인에 인수됨. 만약 가등기된 매매예약이 완결되는 경우에는 매수인의 소유권을 상실하게 됨. |
|---|---|

| 조 회 수 | · 금일조회 1 (0) · 금회차공고후조회 28 (8) · 누적조회 259 (3) 0 이는 5분이상 열람 · 7일내 3일이상 열람자 2 · 14일내 6일이상 열람자 0 (기준일 2018.06.18/전국연회원전용) |
|---|---|

| 소재지/감정요약 | 물건번호/면적(m²) | 감정가/최저가/과정 | 임차조사 | 등기권리 |
|---|---|---|---|---|
| (55926) 전북 임실군 임실읍 이도 리 696-3 [봉황로] 감정평가액 건물: 49,091,100 | 물건1번호 단독물건 건물 · 1층빌라 99.9199.7 (30.20평) W44,133,700 현임료음식점 지상 (건물 1/2 진옥OO 지분) | 감정가 132,466,600 · 대지 83,275,500 (평당 1,781,675) · 건물 49,091,100 (평당 597,433) · 제시 100,000 (0.08%) | 법원임차조사 통OO 사업 2009.02.10 (보) 4,000,000 (월) 300,000 점포/1층빼동남측 점유기간 2003- | 가등기 진태O (권)동 2015.04.07 진옥정지분이전 청구가등 강 제 이OO 2017.04.17 *청구액:22,006,164원 |
| | | 최저가 45,436,000 (34%) | | 滯이 2011.01.05 (보) 3,000,000 (월) 150,000 점포/1층동남서측 점유기간 2010.12- *滯當金 등제외일 |
| 감정평가서요약 · 철콘조슬래브지붕 · 철근콘크리트벽돌위지붕 · 벽돌벽슬래브지붕 · 위생및급배수설비구비 · 철골조세멘기와지붕 · 도로변상가주택등혼재 · 지정점근린가능 · 제반교통상황보통 · 부정형등고평탄지 · 서측10m등봉황로접함 · 도시지역 · 일반상업지역 | 2층빌라 72.8/145.5 (22.01평) (건물 1/2 진옥OO 지분) | 경매진행과정 ① 132,466,600 2018-02-26 유찰 | (OOOO)사업 2016.03.07 (보) 500,000 (월) 100,000 점포/2층 점유기간 2016.3.5-2018.3.4 | 가압류 이O앙 2014.04.28 3,000,000 2014 카단 16 임실 문화OO (전주영업지) GO |
| | · 전체 199.7m² (60평) · 지분 99.85m² (30평) | ② 30% 92,727,000 2018-04-02 유찰 | | 채권총액 3,000,000원 |
| | · 전체 145.5m² (44평) · 지분 72.75m² (22평) | ③ 30% 64,909,000 2018-05-14 유찰 | 시OO 사업 2016.03.29 (보) 350,000 배당 2017.06.19 (월) 5,000,000 점포/1층뼈동북측 | 열람일자 : 2018.02.09 |
| | 2층바닥 271/54.2 (8.20평) 지상 (건물 1/2 진옥OO 지분) | ④ 30% 45,436,000 2018-06-18 매각 | | |
| | · 전체 54.2m²(16평) | | | |

(출처 : 지지옥션)

---

2018. 6. 18 낙찰

2018. 7. 6 가등기에 기한 본등기(진태O)

2018. 7. 11 경매기각

2018. 8. 8 입찰보증금 반환 신청

※ 경매신청 채권자만 손해를 볼 것인가?

2015. 4. 7 가등기(소송을 예감하고 미리 가등기 추정)

2015. 6. 24 근저당해지도 말소

2015. 11. 9 이원지(경매신청 채권자) 대여금청구소송 제기

※ 경매신청 채권자는 진옥O과 진태주를 상대로 사해행위로 인한 본등기말소청구소송을 제기해야 함 – 사해행위취소요건 [피보전채권의 존재, 사해행위, 사해의사, 수익자, 전득자]

2021. 7. 16.

| (55926) 전북 임실군 임실읍 이도 리 696-3 감정평가액 토지 : 83,275,500 건물 : 100,000 합계 83,375,500 | 표준지 : 370,000 개별지 : 358,900 경매지가 : 539,000 | | |
|---|---|---|---|
| - 상대보호구역 - 문화재보존영향검토대상 - 성구역 2017.05.04 전입감정 | · 지분 27.1m² (8평) 3층사무실 (21.42평) W4,957,400 지상 (건물 1/2 진옥OO 지분) | (주)엠제이 배수인 2명 채무자 취가 2018.06.25 매각자 51,599,999 (38.95%) 낙가 2018-07-31 | 점유기간 2016.3.31- 현행조사서점유-201 6.4- |
| | · 전체 141.64m² (43평) · 지분 70.82m² (21평) | | 점유기간 정포/2층 점유기간 2017.11-2017.12.31 |
| | 총3층 · 승인 : 1963.07.01 · 보존 : 1993.07.09 · 증축 : 2012.12.28 | 후O 2018-07-11 기각 | 법원임차조사 |
| | 대지 154.5/309 (46.74평) W83,275,500 (토지 1/2 진옥OO 지분) 채권금액 (보 0.33평) W100,000 | | |

(출처 : 지지옥션)

## 대한민국 법원 COURT OF KOREA

빠르고 편리한 고품질 사법서비스
**대법원 전자소송**

본 사이트에서 제공된 사건정보는 법령에 별도의 효력이 없으나, 참고자료로만
활용하시기 바랍니다.
판시, 특히 등 전자소송으로 진행되는 사건에 대해서는 전자소송 홈페이지를
이용하시면 법원에서 사건기록을 모두 인터넷으로 보실 수 있습니다.

사건일반내용  |  사건진행내용

**사건일반내용**

사건번호 : 서울중앙지방법원 2015가단186763

### 기본내용

| 사건번호 | 2015가단186763 | 사건명 | 대여금 |
| 원고 | 이○○ | 피고 | 전○○ |
| 재판부 | 민사83단독 | | |
| 접수일 | 2015.11.09 | 종국결과 | 2016.04.20 원고승 |

### 진행내용

송달결과(2007.03.12.전에는 재판부에서 등록한 내용)는 우정사업본부로부터 전송받은 내용에 한함) 를 조회하고자 할 경우에는 아래 '확인' 항목을 체크하시기 바랍니다.
☐ 확인

송달결과는 법적인 효력이 없는 참고사항에 불과하고, 추후 송달이 착오에 알려졌던 것이거나 부적법한 경우 변경될 수 있습니다.
(송달결과는 '0시' 도달일로 나타나는 경우에는 기간 계산 시 초일이 산입된다는 점에 유의하시기 바랍니다.)

| 일자 | 내용 | 결과 | 공시문 |
|---|---|---|---|
| 2015.11.09 | 소장접수 | | |
| 2015.11.12 | 보정권고 | | |
| 2015.11.12 | 원고 이○○에게 보정권고 송달 | 2015.11.17 도달 | |
| 2015.11.25 | 원고 이○○ 청구취지 및 청구원인변경신청서 제출 | | |
| 2015.12.07 | 피고 전○○에게 소장부본/청구취지및청구원인변경신청서(15.11.25. 청구취지및청구원인변경신청서)/소송안내서/보정명령 송달 | 2015.12.11 수취인불명 | |
| 2016.01.05 | 참여관용 주소보정명령/보정서 | | |
| 2016.01.05 | 원고 이○○에게 주소보정명령등본 송달 | 2016.01.08 도달 | |
| 2016.01.12 | 원고 이○○ 주소보정서 제출 | | |

https://safind.scourt.go.kr/sf/cm/PrintPreview.jsp?themer=scourt

1/2

---

[전유] 전라북도 임실군 임실읍 이도리

고유번호 2114-1996-0○○○○

| 표시번호 | 접 수 | 소재지번 및 건물번호 | 건 물 내 역 | 등기원인 및 기타사항 |
|---|---|---|---|---|

[ 갑     구 ]   ( 소유권에 관한 사항 )

| 순위번호 | 등 기 목 적 | 접 수 | 등 기 원 인 | 권 리 자 및 기 타 사 항 |
|---|---|---|---|---|
| 1 (전 1) | 소유권보존 | 1995년4월9일 제1560호 | | 소유자 전○○ 230656-*******<br>전라북도 임실군 임실읍 이도리 |
| 2 | 소유권이전 | 2012년12월28일 제15714호 | 2012년11월27일 협의분할에 의한 상속 | 공유자<br>지분 2분의 1<br>경기도 광주시 남종면 산수로<br>지분 2분의 1<br>전라북도 임실군 임실읍 이도리 |
| 3 | 2번전○○지분전부이전청구권가등기 | 2015년4월9일 제5513호 | 2015년3월27일 매매예약 | 가등기권자 지분 2분의 1<br>전○○ 551107-*******<br>서울특별시 구로구 시흥대로 |
| 4 | 2번전○○지분강제경매개시결정 | 2017년4월17일 제9320호 | 2017년4월17일 전주지방법원의 강제경매개시결정(2017타경4459) | 채권자 이○○ 511220-*******<br>서울특별시 강남구 사츠로33길 |

[ 을     구 ]   ( 소유권 이외의 권리에 관한 사항 )

| 순위번호 | 등 기 목 적 | 접 수 | 등 기 원 인 | 권 리 자 및 기 타 사 항 |
|---|---|---|---|---|
| 1 | 근저당권설정 | 2013년6월24일 제4984호 | 2013년6월23일 설정계약 | 채권최고액 금50,000,000원정<br>채무자 전○○<br>전라북도 임실군 임실읍 이도리<br>근저당권자 ○○○○ 5나나나나-*******<br>전라북도 전주시 완산구 |
| 2 | 1번근저당권설정등기말소 | 2013년6월24일 제4984호 | 2013년6월23일 해지 | |

— 이 하 여 백 —

[건물] 전대써도 읍밀군 읍밀읍 이도리

| 표시번호 | 접 수 | 소재지번 및 건물번호 | 건 물 내 역 | 등기원인 및 기타사항 |
|---|---|---|---|---|
| | | | | 및 진상호의 사망으로 협의분할에 의한 상속등기를 위하여 |

【 갑　　구 】　　（ 소유권에 관한 사항 ）

| 순위번호 | 등 기 목 적 | 접 수 | 등 기 원 인 | 권리자 및 기타사항 |
|---|---|---|---|---|
| 1 (전 1) | 소유권보존 | 1993년7월9일 제35205호 | | 소유자 진상호 230605-******* 입실군 읍실을 이도리 부동산등기법 제177조의 6 제1항의 규정에 의하여 2002년 04월 04일 전산이기 |
| 2 | 소유권이전 | 2012년12월28일 제15714호 | 2012년11월27일 협의분할에 의한 상속 | 공유자 지분 2분의 1 전송 498831-******* 전송 2분의 1 경기도 용수시 남동면 산수로 지분 2분의 1 신나네도 600103-******* 신나네도 읍실군 입실읍 이도리 |
| 3 | 2번진숙숙지분전부 이전청구권가등기 | 2015년4월22일 제2513호 | 2015년3월22일 매매예약 | 가등기권자 지분 2분의 1 전배 551107-******* 시울특별시 구로구 시헤안로 등기 |
| 4 | 2번진숙숙지분전부 이전 | 2018년7월9일 제5494호 | 2018년7월9일 매매 | 공유자 지분 2분의 1 전배 551107-******* 시울특별시 구로구 시헤안로 매매목록 제2018-339호 |
| 5 | 4번강제경메개시결 정등기말소 | 2018년4월17일 제5600호 | 2018년4월17일 강제경매취소결 정(주주지방법원경 주지원강제경매신 청445호) | 배권자 어원 511220-******* 시울특별시 강나구 구파구 자무광영 |
| | | 3번가등기에기한본등기로 인하여 2018년7월9일 등기 | | |

【 을　　구 】　　（ 소유권 이외의 권리에 관한 사항 ）

| 순위번호 | 등 기 목 적 | 접 수 | 등 기 원 인 | 권리자 및 기타사항 |
|---|---|---|---|---|
| 1 | 1번근저당권설정등기말소 | 2015년6월24일 제4084호 | 2015년6월23일 해지 | 배권최고액 금75,000,000원 배무자 진상호 입실군 입실읍 이도리 근저당권자 주나시수수새무 근수수신용협동조합 |
| 2 | | | | |

(출처 : 대한민국 법원 사이트)

---

2021. 7. 16.

지자옥선:대한민국 법원경매 NO 1

| 날짜 | 내용 |
|---|---|
| 2017.10.25 | 채무자겸소유자1 진OO 개시결정정본 발송<br>등 2017.10.27 기타송달불 |
| 2017.11.07 | 채권자 이OO 주소보정명령등본 발송 2017.11.13 폐문부재 |
| 2017.11.16 | 채권자1 이OO 주소보정명령등본 발송 2017.11.20 도달 |
| 2017.11.23 | 채무자겸소유자1 진OO 개시결정정본 발송 2017.12.08 도달 |
| 2017.12.15 | 가등기권자1 진OO 보정명령등본 발송 2017.12.21 이사불명 |
| 2017.12.28 | 가등기권자1 진OO 보정명령등본 발송 2017.12.28 송달간주 |
| 2018.01.17 | 채무자겸소유자1 진OO 개시결정정본 발송 2018.02.01 도달 |
| 2018.02.07 | 임차인 성OO 매각및 매각결정기일통지서 발송 2018.02.07 송달간주 |
| 2018.02.07 | 임차인 홍OO 매각및 매각결정기일통지서 발송 2018.02.07 송달간주 |
| 2018.02.07 | 임차인 신OO 매각및 매각결정기일통지서 발송 2018.02.07 송달간주 |
| 2018.02.07 | 채권자 이OO 매각및 매각결정기일통지서 발송 2018.02.07 송달간주 |
| 2018.02.07 | 임차인 주OOO OO 매각및 매각결정기일통지서 발송 2018.02.07 송달간주 |
| 2018.02.07 | 채무자겸소유자 진OO 매각및 매각결정기일통지서 발송 2018.02.08 도달 |
| 2018.02.07 | 임차인 (주) OOOO 매각및 매각결정기일통지서 발송 2018.02.07 송달간주 |
| 2018.02.07 | 공유자 진OO 매각및 매각결정기일통지서 발송 2018.02.07 송달간주 |
| 2018.06.20 | 가등기권자 진OO 매각및 매각결정기일통지서 발송 2018.06.25 도달 |
| 2018.07.03 | 채권자 이OO 주납통지서 발송 2018.07.05 도달 |
| 2018.07.11 | 최고가매수인 대금지급기한통지서(문건) 발송 |
| 2018.07.11 | 채권자 이OO 기각결정정본 발송 2018.07.17 도달 |
| 2018.07.11 | 채무자겸소유자 진OO 기각결정정본 발송 2018.07.12 도달 |
| 2018.07.11 | 최고가매수인 기각결정정본 발송 2018.07.16 도달 |
| 2018.07.11 | 가등기권자 진OO 기각결정정본 발송 2018.07.16 이사불명 |
| 2018.07.11 | 공유자 진OO 기각결정정본 발송 2018.07.17 폐문부재 |
| 2018.07.11 | 채무류권자 이OO 기각결정정본 발송 2018.07.17 수취인불명 |
| 2018.07.11 | 최고가매수신고인 엄OOOO OOOO 기각결정정본 발송 2018.07.16 도달 |
| 2018.07.11 | 임차인 성OO 기각결정정본 발송 2018.07.13 도달 |
| 2018.07.11 | 임차인 홍OO 기각결정정본 발송 2018.07.13 도달 |
| 2018.07.11 | 임차인 주OOO OO 기각결정정본 발송 2018.07.13 이사불명 |
| 2018.07.17 | 임차인 (주) OOOO 기각결정정본 발송 2018.07.17 이사불명 |
| 2018.07.17 | 임차인 (주) OOOO 기각결정정본 발송 2018.07.17 송달간주 |
| 2018.07.17 | 임차인 주OOO OO 기각결정정본 발송 2018.07.20 송달간주 |
| 2018.07.19 | 공유자 진OO 기각결정정본 발송 2018.07.20 송달간주 |
| 2018.07.19 | 가입류권자 이OO 기각결정정본 발송 2018.07.20 송달간주 |
| 2018.07.19 | 가등기권자 진OO 기각결정정본 발송 2018.07.20 송달간주 |

2021-07-16 오후 4:28:05 현재
인쇄　　　닫기

(출처 : 지자옥선)

2021. 7. 16.
(전부적힘)
- 상태보호구역
(덕성초등학교 - 청주고
육시원청평생교육체육
과1299-3044)

2019.04.11 기람감정

| | 허가 2019-08-21 낙기 2019-09-30 | |
|---|---|---|
| ② | 2019-10-24 유찰 | 78,400,000 |
| ③ 20% ↓ | 2019-11-28 매각 | 62,720,000 |
| | 매수인 | 진○○ |
| | 매수인 | 2명 |
| | | 71,210,000 (72.66%) |
| | 매각가 | 2차 65,715,000 (67.06%) |
| | 자음낙인 | 섬광산업개발주식 회사 65,715,000 |

허가 2019-12-05
납기 2020-01-15
납부 2019-12-24

2020-01-22 종결

*청구액:13,859,746원
채권총액 8,184,493원
열람일자 : 2019.04.02

2009. 5. 4 배영○○이 경매로 소유권이전
2009. 5. 4 배은○○이 소유권이전청구권가등기 경료

낙찰자는 잔금납부 전 채무자와 이사비 협상 등으로 가등기권자의 해
제증서의 협조도 병행 - 잔소유자의 경매잔금납부 후 소유권이전촉탁
등기와 동시에 가등기 - 담보가등기 가능성 높음

---

# CHAPTER 5. 적용사례

## 실사례 청주 2019 타경 51839

### 사건내용

| 과거사건 | 청주4계 2008-21306 |
|---|---|

| 소 재 지 | 충북 청주시 청원구 율량동 (28339)충북 청주시 청원구 사동로 |
|---|---|

| 경매구분 | 강제경매 | 채 권 자 | 대○○○○○○ |
|---|---|---|---|
| 용 도 | 아파트 | 채무/소유자 | 배○○ |
| 감 정 가 | 98,000,000 (19.04.11) | 청 구 액 | 13,859,746 |
| 최 저 가 | 62,720,000 (64%) | 토 지 면 적 | 21.1㎡ (6.4평) |
| 입찰보증금 | 6,272,000 (10%) | 건 물 면 적 | 45㎡ (13.7평) [19명형] |

| | 매 각 기 일 | 19.11.28 (71,210,000원) |
|---|---|---|
| | 종 국 결 과 | 20.01.22 배당종결 |
| | 경매개시일 | 19.03.27 |
| | 배당종기일 | 19.06.27 |

주 의 사 항 · 재매각물건 · 선순위가등기
· 소멸되지 않는 권리:갑구 18번 소유권이전청구권가등기(2009.5.4)등기는 말소되지 않고 매수인에 인수됨. 만약 가
등기된 매매예약이 완결되는 경우에는 매수인이 소유권을 상실하게 됨

(기준일-2019.11.28/전국연합원자료)

| 조 회 수 | · 금일조회 1 (0) · 금주차건조회 37 (19) · 누적조회 212 (38) · 7일내 3일이상 열람자 6 · 14일내 6일이상 열람자 2 | 0는 5분이상 열람 (지난 2주간 조회통계) |
|---|---|---|

| 관리비체납 | · 200,000원 19년8월분까지 미납액포. 전기/수도포함 440세대 (2019.10 현재) · 관리사무소 043-211-9198 |
|---|---|

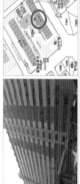

(기준일-2019.11.28/전국연합원자료 등)

| 소재지/감정요약 | 물건번호/면적(m²) | 감정가/최저가/과정 | 임차조사 | 등기권리 |
|---|---|---|---|---|
| (28339) 충북 청주시 청원구 율량 동 [사동로] | 물건번호 단독물건 | 감정가 98,000,000 | 법원임차조사 | 소유권 배○○ |
| | 대지 21.1/876 (6.39평) ₩19,600,000 | · 대지 19,600,000 (20%) (평당 3,067,293) | · 소유자점유 | 2009.05.04 전소유자: 이쌀용 |
| [감정평가서요약] | | · 건물 78,400,000 (80%) | 지지옥션 전임세대조사 | 가등기 배은圖 2009.05.04 소유이전청구권 등 |
| · 덕성초등교육복지속외 | · 건물 45.3 (13.70평) ₩78,400,000 1명,1 | 최저가 62,720,000 (64%) | 배○○ 09.06.05 주민센터확인:2019.06.27 | |
| · 두근이아파트단지,근린시 | | 경매진행과정 | | 가압류 와이케이대부 2014.12.02 |
| · 철근콘크리 | · 전용 45.28m² (14.8평) · 공용 18.27m² (6평) | ① 98,000,000 2019-07-11 유찰 | | 8,184,493 2014 카단 56760 서울중앙 ○○ |
| · 차량접근가능 | | ② 78,400,000 2019-08-14 매각 | | 임 류 국민건강보험공 단 청주동부 2011.05.24 |
| · 버스(정)인근 | 총13층 | | | |
| · 재반교통사정보통 | 승인 :1997.01.21 | | | 임 류 국민건강보험공 단 청주서부 2016.03.03 |
| · 2층높이20m,남동측15m | 보존 :1997.02.19 | | | |
| · 내하도로접함 | | ② 20% ↓ | 78,400,000 | 강 제 대한체관리대 부 2019.03.27 |
| · 소로2류(8-10m)접함 | | 매수인 | 이○○ | |
| · 중로2류(15-20m)접함 | | 응찰수 | 1명 | |
| | | 매각가 | 79,099,000 (80.71%) | |
| · 도시지역 | | | | |
| · 2종일반주거지역 | | | | |
| · 기속사육제한구역 | | | | |

# CHAPTER 5. 적용사례

## [구등기부]

| 순위번호 | 등기목적 | 접 수 | 등기원인 | 권리자 및 기타사항 |
|---|---|---|---|---|
| 12 | 소유권이전 | 제23014호 | 매매 2008년5월22일 | 충청북도 청주시 흥덕구 가경동 ▓▓▓ 거래가액 금51,500,000원 |
| 13 | 소유권이전 | 2008년5월13일 제25737호 | 2008년5월13일 매매 | 소유자 이밸 710630-******* 충청북도 청주시 상당구 율량동 ▓▓ 거래가액 금54,000,000원 |
| 14 | 가압류 | 2008년5월28일 제110929호 | 2008년10월24일 매매 | 청구금액 금5,561,159 원 채권자 주식회사 ▓▓▓▓▓ 청주지방법원 상당등기소 |
| 14 | 13번가압류등기말소 | 2008년10월28일 제110929호 | 2008년10월24일 매매 | |
| 15 | 임의경매개시결정 | 2008년10월30일 제130443호 | 2008년10월30일 청주지방법원의 임의경매개시결정 | 채권자 주식회사 ▓▓▓▓▓ 청주시 흥덕구 ▓▓▓185-2 |
| 16 | 소유권이전 | 2009년5월4일 제500086호 | 2009년5월4일 임의경매로 인한 매각 | 소유자 배밸 630913-******* 충청남도 천안시 동남구 동산리 |
| 18 | 소유권이전청구권 가등기 | 2009년5월4일 제500087호 | 2009년4월30일 매매예약 | 가등기권자 배밸 590628-******* 충청북도 청주시 내덕동 ▓▓▓▓ |
| 19 | 압류 | 2011년5월24일 제729337호 | 2011년5월24일 압류(국세징수부-3233) | 권리자 국민건강보험공단 111471-0008863 서울특별시 마포구 독막로 24(염리동 168-9) (청주동부지사) |
| 20 | 가압류 | 2014년12월2일 제161843호 | 2014년12월2일 서울중앙지방법원의 가압류결정(201 4카단56760) | 청구금액 금8,184,493 원 채권자 테해란오드5급 7, 4층(역삼동 110111-4428581 서울 강남구 테해란로5급 7, 4층(역삼동 페이지비담) 법무과 |
| 21 | 압류 | 2016년3월3일 제23264호 | 2016년3월3일 압류(보험급여 부-933) | 권리자 국민건강보험공단 111471-0008863 서울특별시 마포구 독막로 311 (염리동) (청주서부지사) |
| 22 | 강제경매개시결정 | 2019년3월27일 제35884호 | 2019년3월27일 청주지방법원의 강제경매개시결정(2019타경518 39) | 채권자 주식회사 대응제관리대부 110111-6461547 서울 마포구 마포대로 144. 902호 (공덕동. 대응빌딩) |

[ ( 소유권 이외의 권리에 관한 사항 ) ]

| 순위번호 | 등기목적 | 접 수 | 등기원인 | 권리자 및 기타사항 |
|---|---|---|---|---|
| (전1) | 근저당권설정 | 1997년8월18일 제6996호 | 1997년8월18일 추가설정계약 | 채권최고액 금6,760,400,000원 채무자 ▓▓▓ 청주시 상당구 내덕동▓▓ |

## [신등기부]

[집합건물] 충청북도 청주시 청원구 율량동 ▓▓▓▓▓▓

| 순위번호 | 등기목적 | 접 수 | 등기원인 | 권리자 및 기타사항 |
|---|---|---|---|---|
| 18 | 소유권이전청구권가 등기 | 2009년5월4일 제500087호 | 2009년4월30일 매매예약 | 가등기권자 배밸 590628-******* 충청북도 청주시 상당구 내덕동 ▓▓▓ |
| 19 | 압류 | 2011년5월24일 제729337호 | 2011년5월24일 압류 | 권리자 국민건강보험공단 111471-0008863 서울특별시 마포구 독막로 24(염리동 168-9) (청주동부지사) |
| 20 | 가압류 | 2014년5월28일 제293094호 | 2014년5월28일 압류 | 청구금액 금5,561,159원 채권자 주식회사 ▓▓▓ 청주지방법원 상당등기소 |
| 21 | 압류 | 2016년3월3일 제23264호 | 2016년3월3일 압류 | 권리자 국민건강보험공단 111471-0008863 서울특별시 마포구 독막로 311 (염리동) (청주서부지사) |
| 22 | 강제경매개시결정 | 2019년3월27일 제35884호 | 2019년3월27일 강제경매개시결정 | 채권자 주식회사 대응제관리대부 110111-6461547 서울 마포구 마포대로 144. 902호 (공덕동) |
| 23 | 18번가등기말소 | 2019년12월20일 제138574호 | 2019년12월20일 해제 | |
| 24 | 소유권이전 | 2019년12월27일 제141424호 | 2019년12월24일 강제경매로 인한 매각 | 소유자 진종 781216-******* 강원도 동해시 천곡로 |
| 25 | 19번압류, 20번가압류, 21번압류, 22번강제경매개시결 정등기말소 | 2019년12월27일 제141424호 | 2019년12월24일 강제경매로 인한 매각 | |
| 26 | 소유권이전 | 2020년7월10일 제92527호 | 2020년6월15일 매매 | 소유자 박수밸 730428-******* 충청북도 청주시 청원구 사뭉도52번길 ▓ 거래가액 금80,000,000원 |

열람일시 : 2021년07월16일 15시35분11초          8/11

# CHAPTER 5. 적용사례

## 실사례 군산시 2017 타경 4148(2)

### 사건내용

| 구분 | 내용 |
|---|---|
| 법원/종류 | 2016-10228(중복: 전북상호저축은행) |
| 소 재 지 | 전북 군산시 대야면 보덕리 |
| 경 매 구 분 | 강제경매 |
| 용 도 | 임야 |
| 감 정 가 | 26,943,430 (16.11.21) |
| 최 저 가 | 4,528,000 (17%) |
| 입찰보증금 | 452,800 (10%) |

채 권 자 : 전○○○○○
채무소유자 : 장○○
청 구 액 : 109,797,280
토지면적 : 전체 5353 ㎡ 중
지분 1784.3 ㎡ (539.8평)
건물면적 : 0㎡ (0.0평)

| 매 각 기 일 | 18.06.18 (6,002,000 원) |
|---|---|
| 종 국 결 과 | 19.05.02 배당종결 |
| 경매개시일 | 17.05.17 |
| 배당종기일 | 17.08.21 |

주 의 사 항 · 재매각물건 · 지분매각 · 선순위가등기 · 맹지 · 묘지기지권 · 입찰외
· 소멸되지 않는 권리 : 갑구 3번 서진석 공유자 지분 전부이전청구권가등기(1999. 02. 01. 접수 제4571호)

조 회 수 · 급회조회 1 (0) · 급회차공고후조회 17 (4) · 누적조회 145 (7)
· 7일내 3일이상 열람자 2 · 14일내 6일이상 열람자 1

이는 5분이상 열람
(기준일 2018.06.18/전국연회원전용)

### 소재지/감정요약

전북 군산시 대야면 보덕리
리○○○번지

**감정평가서요약**
- '안정제·서축인근위치
- 주위임야·농경지·농가주택등소재
- 인근까지차량접근가능
- 인근노선버스(정)소재,
  소통소래
- 제반교통사정보통
- 맹지소재
- 보전관리지역
- 자연녹지지역
- 준보전산지

2016.11.21 심정감정
- 표준지가: 7,500
- 감정지가: 15,100

### 물건번호/면적(㎡)

물건번호: 단일물건
(총물건수 3건)

임야 1784.3/5353
(539.76평)
₩26,943,430
최저가₩4,528,430
(17%)
[토지 1/3 서진석 지
분]
· 전체 5353㎡ (1,619평)
· 지분 1784.3333㎡
(540평)

임야외일공자사이성물
묘기소재
분묘2기전성림어지물
분명

### 감정가/최저가/과정

| 구분 | 금액 |
|---|---|
| 감정가 | 26,943,430 |
| · 토지 | 26,943,430 (100%) |
| | (평당 49,917) |
| 최저가 | 4,528,000 (17%) |

경매진행과정
① 26,943,430
   2017-10-16 유찰
② 30% ↓ 18,860,000
   2017-11-20 유찰
③ 30% ↓ 13,202,000
   2017-12-18 매각

| 매○○ | |
|---|---|
| 매수인 | 용○○ |
| 응찰수 | 1명 |
| 매각가 | 14,300,000 (53.07%) |

허가 2017-12-22
납기 2008-01-19
(대금미납)

### 임차조사

법원임차조사
· 점유관계 미상임

### 등기권리

가등기 이전
1999.02.01
서진석지분이전
청구가등

가압류 전북상호저축은
행
2009.06.29
250,000,000
2009 가단 279
주 군산 (서진석지
분), KG

강 제 전북상호저축은
행
*청 구 액: 109,797,280

**채권총액 250,000,000원**
열람일자 : 2017.09.27

(출처 : 지지옥션)

---

30% ↓ ⑤ 6,469,000
2018-05-14 유찰

30% ↓ ⑥ 4,528,000
2018-06-18 매각

장○○
매수인
매각가 6,002,000
(22.28%)
물건번호2-2 종응응찰 4명

허가 2018-06-25
납기 2018-07-31
납부 2018-07-26

(출처 : 지지옥션)

서남○ 1/3, 서진○ 1/3, 조환○ 1/3

1998. 12. 2 서진○ 지분 가등기

2007. 1. 5 서남○ 지분 공매진행 후 장익○ 낙찰

2009. 6. 29 서진○ 지분 가압류

2016. 6. 8 공유물분할판결(가액배상)으로 장익○ 전체 소유권 확보

2017. 5. 17 장익○ 1/3지분(서진석의 가등기 본압류로 이행) 강제경매개시

2019. 6. 18 장익○이 공유자우선매수 낙찰

※ 장익○이 채무자(서진○)의 양수인 겸 별도의 지분권자로 공유자우선매수

※ 장익○이 가등기권자를 상대로 가등기말소청구소송 제기(2019가단4569)
매매예약 완결권의 소멸(2008. 12. 1.)로 원인무효의 등기이므로 말소(공
시송달에 의한 판결)

### 기본내용

| 사건번호 | 2019가단4569 |
|---|---|
| 원고 | 장익율 |
| 피고 | 이연율 |
| 종국결과 | 인사1단독 |
| 접수일 | 2019.08.19 |
| 원고소가 | 3,974,602 |
| 수리구분 | 제소 |

사건번호 : 전주지방법원 군산지원 2019가단4569

| | | |
|---|---|---|
| 사건명 | | [전자] 가등기말소 |
| 피고 | | 이연율 |
| 종국결과 | | 2020.01.16 원고승 |
| 피고소가 | | |
| 별명구분 | | 없음 |

(출처 : 지지옥션)

[구등기부]

등기사항전부증명서(말소사항 포함) - 토지

고유번호 2111-2016-004624

[토지] 전라북도 군산시 대야면 보덕리

**【 표　제　부 】** （ 토지의 표시 ）

| 표시번호 | 접　수 | 소　재　지　번 | 지　목 | 면　적 | 등기원인 및 기타사항 |
|---|---|---|---|---|---|
| 1 | 2016년7월8일 | 전라북도 군산시 대야면 보덕리 | 임야 | 5053㎡ | 분할로 인하여 전라북도 군산시 대야면 보덕리 에서 이기 |

**【 갑　구 】** （ 소유권에 관한 사항 ）

| 순위번호 | 등　기　목　적 | 접　수 | 등　기　원　인 | 권리자 및 기타사항 |
|---|---|---|---|---|
| 1 (전 1) | 소유권이전 | 1977년4월26일 제5408호 | 1977년4월2일 매매 | 소유자 지분 3분의 1 ... ... ... ... ... ... ... ... ... ... ... ... ... ... ... ... ... |
| 2 (전 2) | 지상권설정 전부이전 | 1985년12월2일 제3851호 | 1985년11월29일 매매 | 소유자 지분 3분의 1 조환 490330-******* 서울시 강남구 반포동 |
| 3 (전 6) | 1번사건전유지 지분 전부인 전부이전권이득기 | 1998년12월2일 제4571호 | 1998년12월2일 매매예약 | 권리자 지분 3분의 1 이민 540518-******* |

일탈일시 : 2017년09월27일 09시56분39초

1/4

（출처 : 대한민국 법원 사이트）

---

[토지] 전라북도 군산시 대야면 보덕리

고유번호 2111-2016-004624

| 순위번호 | 등　기　목　적 | 접　수 | 등　기　원　인 | 권리자 및 기타사항 |
|---|---|---|---|---|
| 4 (전 23) | 1번사건지권 전부이전 | 2007년12월12일 제7112호 | 2007년11월5일 매매 | 군산시 대양동 |
| 5 (전 25) | 1번사건지권지분 | 2009년6월29일 제2247호 | 2009년6월29일 전주지방법원 군산지원 가압류 결정(2009카단279) | 청구금액 금250,000,000원 채권자 주식회사 우수로프토은행 211111-0000274 전라북도 군산시 문화동 나오동 124-5 |
| 6 (전 28) | 3번사건권지분말소 | 2009년11월19일 제6565호 | 2009년11월4일 | 군산시 |
| 7 (전 28) | 3번사건지권지분말소 | 2009년11월19일 제6565호 | 2009년11월4일 | 군산시 대양동 |
| 8 | 1번사건지권 전부, 2번 주권지권지분 전부이전 | 2016년7월8일 제31194호 | 2016년6월8일 주식양도 (전주지방법원 군산지원 2015카단 5885) | 소유자 지분 3분의 1 ... 전라북도 부양시 운북읍 산신곡 |
| 9 | 7번설정등기말소 | 2016년8월22일 제37737호 | 2016년8월22일 해제 | |
| 10 | 6번주권등기말소 | 2016년8월26일 제38593호 | 2016년8월26일 인수해제 | |
| 11 | 8번사건지권지분말소 | 2016년11월8일 제49호 | 2009년11월8일 | 대양동 |
| 12 | 8번 생성 지분3분 외2분 일의1/3권한매예상계 약(5분기 압류위 관리수의 이행) | 2017년5월8일 제16572호 | 2017년5월17일 군산지방법원 군산지원 경매개시결정(2017 다1314148) | 과산공사 수식회사 ... 수원시 중구 ... 순영영 ... 114671-0021454 수원시 중구 정계수 300다25) |
| 13 | 11번강제배사견등기수의 취소 | 2017년5월23일 제17012호 | 2017년5월22일 취하 | 대양동 |

**【 을　구 】** （ 소유권 이외의 권리에 관한 사항 ）

기록사항 없음

— 이　하　여　백 —

（출처 : 대한민국 법원 사이트）

## 등기사항전부증명서(말소사항 포함)
### - 토지 -

고유번호 2111-2016-004624

[토지] 전라북도 군산시 대야면 보덕리

**【 표 제 부 】** ( 토지의 표시 )

| 표시번호 | 접 수 | 소 재 지 번 | 지 목 | 면 적 | 등기원인 및 기타사항 |
|---|---|---|---|---|---|
| 1 | 2016년7월5일 | 전라북도 군산시 대야면 보덕리 | 임야 | 5353㎡ | 분할로 인하여 전라북도 군산시 대야면 보덕리 산207-1에서 이기 |

**【 갑 구 】** ( 소유권에 관한 사항 )

| 순위번호 | 등 기 목 적 | 접 수 | 등 기 원 인 | 권리자 및 기타사항 |
|---|---|---|---|---|
| 1 (전 1) | 소유권이전 | 1977년4월26일 제5409호 | 1977년4월24일 매매 | 공유자 지분 3분의 1 ○○○ 군산시 금광동 지분 3분의 1 ○○○ 군산시 나운동 지분 3분의 1 ○○○ 군산시 영동 |
| 2 (전 2) | 지분전부 전부이전 | 1985년12월2일 제38511호 | 1985년11월29일 매매 | 공유자 지분 3분의 1 조○ 490330-******* 서울시 강남구 반포동 |
| 3 (전 6) | 1번○○○ 공유자 지분 전부이전 및 ○공유자등지 | 1999년12월2일 제46571호 | 1999년11월29일 매매○○ | 근○녀 지분 3분의 1 ○○○ 39041 8-******* 군산시 ○○동 |
| 4 (전 23) | 1번○○○지분전부 이전 | 2007년2월12일 제7112호 | 2007년1월5일 증여 | 공유자 지분 3분의 1 ○○○ 390418-******* 남원시 운봉읍 산덕리 |
| 5 | 1번○○○지분가압 | 2009년6월29일 | | 청구금액 금250,000,000원 |

열람일시 : 2021년09월01일 17시21분51초     1/3

---

[토지] 전라북도 군산시 대야면 보덕리

| 순위번호 | 등 기 목 적 | 접 수 | 등 기 원 인 | 권리자 및 기타사항 |
|---|---|---|---|---|
| 5 (전25) | ∥ | 제2644호 | | 채권자 주식회사 ○○은행 ○○○○ 군산지점 전라북도 군산시 나운동 |
| 6 (전 26) | 4번○○○지분전부이 | 2010년10월10일 제66466호 | 2010년10월9일 ○○계약 | 권리자 군산시 |
| 7 (전27) | 4번○○○지분전부이전 | 2013년1월4일 제388호 | 2013년1월4일 신탁재산 귀속-4호 | 권리자 주식회사 군산시 |
| 8 | 1번○지분 전부, 2번조○지분전부 이전 | 2016년7월7일 제31194호 | 2016년6월8일 주식회사 ○○ (전주지방법원 군산지원 2015가단 5885 | 공유자 지분 3분의 2 경○ 390418-******* 전라북도 남원시 운봉읍 산덕리 |
| 9 | 7번○유등기말소 | 2016년8월22일 제37737호 | 2016년8월22일 해제 | |
| 10 | 6번○부등기말소 | 2016년8월26일 제38593호 | 2016년8월26일 ○부해제 | 채권자 군산시 |
| 11 | 8번○○○지분3분의 ○중○유자 지분이전 예고등기에서 각말소 | 2016년11월9일 제46749호 | 2016년11월9일 ○○○지원 확정 ○○제이6161 예고등기 말소 | 채권자구 주식회사 ○○○자 식유자유 산○○회사 114671-0031454 서울특별시 ○구 강세포로 36○○동 예주부부유자 36이다가 |
| 12 | 8번○○○지분3분의 ○중○유자 지분이전 예고등기에서 각말소 | 2017년6월19일 제46572호 | 2017년5월19일 전주지방법원 군산지원 ○○해제 | 채권자 주식회사 ○○○자 식유자유 산○○회사 114671-0031454 서울특별시 ○○구 강세포로 36 |
| 13 | 11번강제○○개시결 정등기말소 | 2017년5월23일 제17012호 | 2017년5월22일 취하 | |
| 14 | 5번○가○부, 12번강제○매개시결 정등기말소 | 2018년7월31일 제29068호 | 2018년7월26일 강제○매 인 ○매가 | (매수인 8번공유자 경○ ) |
| 15 | 3번권리이전 | 2021년2월19일 제5582호 | 2020년11월16일 확정판결 (전주지방법원 군산지원 2019가단4569) | |
| 16 | 소유권이전 | 2021년2월19일 제5583호 | 2021년2월8일 증여 | 소유자 경○ 811205-******* 전라북도 남원시 여수읍 |

김점○의 전체 중 1/3만 가등기, 나머지 2/3는 경매 진행
확인하는 방법 : 매각물건명세서 확인

2021. 7. 16.

| 사건 | 2018타경12140 부동산임의경매 | | 매각물건번호 | 1 | 담임법관(사법보좌관) | |
|---|---|---|---|---|---|---|
| 작성일자 | 2019.07.18 | | 최선순위 설정일자 | 2017. 1. 11. 근저당권 | | |
| 부동산 및 감정평가액 최저매각가격의 표시 | 부동산표시목록 참조 | | 배당요구종기 | 2019.01.30 | | |

부동산의 점유자와 점유의 권원, 점유할 수 있는 기간, 차임 또는 보증금에 관한 관계인의 진술 및 임차인이 있는 경우 배당요구 여부와 그 일자, 전입신고일자 또는 사업자등록신청일자와 확정일자의 유무와 그 일자

| 점유자의 성명 | 점유부분 | 정보출처 구분 | 점유의 권원 | 임대차 기간 (점유기간) | 보증금 | 차임 | 전입신고일자 사업자등록신청일자 | 확정일자 | 배당요구 여부 (배당요구 일자) |
|---|---|---|---|---|---|---|---|---|---|
| | | | | | | | 조사된 임차내역 없음 | | |

< 비고 >

※ 최선순위 설정일자보다 대항요건을 먼저 갖춘 주택·상가건물 임차인의 임차보증금은 매수인에게 인수되는 경우가 발생할 수 있고, 대항력과 우선변제권이 있는 주택·상가건물 임차인이 배당요구를 하였으나 보증금 전액에 관하여 배당을 받지 아니한 경우에는 배당받지 못한 잔액이 매수인에게 인수되게 됨을 주의하시기 바랍니다.

※ 등기된 부동산에 관한 권리 또는 가처분으로 매각으로 그 효력이 소멸되지 아니하는 것

매입사항 없음

※ 매각에 따라 설정된 것으로 보는 지상권의 개요

해당사항 없음

※ 비고란

※ 주 : 1. 경매, 매각물건번호에서 제외되는 미등기건물 등이 있을 경우에는 그 취지를 명확히 기재한다.
2. 최선순위 설정보다 먼저 설정된 가등기담보권, 가압류 또는 소멸되는 전세권이 있는 경우에는 그 담보가등기, 가압류 또는 전세권 등기일자, 가압류가 되어 있는 경우 그 취지 및 번호를 기재한다.
※ 본 물건은 2019-11-07 06:07 기준으로 임찰자 반드시 확인후 임찰하시기 바랍니다.

(출처 : 스피드옥션)

---

### 실제 통영 2018 타경 12140

사건내용

| 소 재 지 | 경남 통영시 사량면 읍덕리 | | | | |
|---|---|---|---|---|---|
| 경매구분 | 임의경매 | | 채 권 자 | 정○○ | |
| 용 도 | 임야 | 채무소유자 | 김○○/ 김○○ | | |
| 감 정 가 | 30,776,010 (18.12.06) | 청 구 액 | 10,000,000 | 매각기일 | 19.11.14 (20,240,000원) |
| 최 저 가 | 19,697,000 (64%) | 토지면적 | 전체 15388 m² 중 지분 10258.7 m² (3103.2평) | 종국결과 | 20.01.22 배당종결 |
| 입찰보증금 | 1,969,700 (10%) | 건물면적 | 0m² (0.0평) | 경매개시일 | 18.11.19 |
| 주의사항 | · 지분매각 · 선순위가등기 | | | 배당종기일 | 19.01.30 |
| 조 회 수 | · 금일조회 1 (0) · 금회차공고후조회 20 (2) · 누적조회 205 (32) · 7일내 3일이상 열람자 1 · 14일내 6일이상 열람자 0 | | | | 이는 5분이상 열람 (기준일-2019.11.14/전국연회원전용) |

소재지/감정요약

경남 통영시 사량면 읍덕 리

감정평가서요약

· 읍포마을남서측인근
· 부근순수어업지역
· 차량접근용이
· 정기선(카페리호)운행
· 제반교통사정보통
· 부정형북서하향경사지
· 북측왕복차선도로접함
· 소로2한(8-10m)접함

· 농림지역
· 임야(임야지)
· 토지채취제한지역

2018.12.06 우리감정

표준지가 : 420
개별지가 : 443
감정지가 : 3,000

물건번호/면적(m²)

물건번호: 단독물건

임야 10,258.7/15388
(3,103.25평)

[토지] 2/3 김점순 지
분

· 전체 15388m² (4,655
평)
· 지분 10258.67m²
(3103.2평)

· 자연생이독특포함

감정가/최저가/과정

감정가 **30,776,010**
· 토지 30,776,010
(100%)

(평당 9,917)

최저가 **19,697,000**
(64%)

경매진행과정

① 30,776,010
유찰 2019-09-05

② 20% ↓ 24,621,000
유찰 2019-10-10

③ 20% ↓ **19,697,000**
매각 2019-11-14

| 매수인 | 최○○ |
|---|---|
| 응찰수 | 2명 |
| 매각가 | 20,240,000 (65.77%) |
| 2차 | 20,100,000 (65.31%) |

임차조사

등기권리

소유권 김○○
2005.02.17
전소유자:강○○

가등기 이연○외
2008.04.29
소유이전청구가
등

근저당 정청용
2017.01.11
19,500,000

임 의 정청용
2018.11.20
*청구액:10,000,000원

채권총액 19,500,000원

열람일자 : 2019.08.21

허가 2019-11-21
납기 2020-01-02
납부 2019-12-20

2020-01-22 종결

(출처 : 지지옥션)

[토지] 경상남도 통영시 사량면 읍덕리

| 순위번호 | 등 기 목 적 | 접 수 | 등 기 원 인 | 권리자 및 기타사항 |
|---|---|---|---|---|
| 6 | 5번가등기말소 | | 2008년4월28일 해제 | 경상남도 사량시 동부동 ▓▓ |
| 7 | 소유권일부이전청구권가등기 | 2008년4월29일 제13053호 | 2008년4월28일 매매예약 | 가등기권리자 지분 6분의 1 이▓ 640420-******* 경상남도 사량시 대방동 지분 6분의 1 이▓ 611205-******* 경상남도 사량시 동부동 |
| 8 | 소유권일부이전청구권가등기말소 | 2008년5월9일 제15045호 | 2008년5월9일 매매예약 | 가등기권리자 지분 8분의 1 원▓ 570810-******* 경상남도 사량시 동부동 |
| 9 | 8번가등기말소 | 2017년1월11일 제766호 | 2017년1월10일 해제 | |
| 10 | 소유권일부(3분의1) 임의경매개시결정 | 2018년1월20일 제24216호 | 2018년1월10일 창원지방법원 통영지원의 임의경매개시결정(2018타경121 40) | 채권자 정▓▓ 551110-******* 경상남도 진주시 금곡면 읍어산로 |

【 을    구 】    ( 소유권 이외의 권리에 관한 사항 )

| 순위번호 | 등 기 목 적 | 접 수 | 등 기 원 인 | 권리자 및 기타사항 |
|---|---|---|---|---|
| 1 | 근저당권설정 | 1999년5월8일 제465호 | 1999년5월8일 설정계약 | 채권최고액 금160,000,000원 채무자 최▓▓ 경상남도 사량시 동부동 근저당권자 ▓▓▓▓▓▓ |
| 1-1 | 1번근저당권이전 | 2008년4월27일 제350호 | | 근저당권자 ▓▓▓▓ |
| 2 | 1번근저당권설정등기말소 | 2001년8월9일 제16821호 | 2001년7월27일 해제 | |
| 3 | 1번근저당권설정등기말소 | 2003년2월4일 제2136호 | 2003년2월3일 해제 | |
| 4 | 소유권일부(3분의1) 근저당권설정 | 2017년1월11일 제767호 | 2017년1월10일 설정계약 | 채권최고액 금19,500,000원 채무자 정▓▓ 경상남도 사량시 삼천포대교로 근저당권자 정▓▓ 551110-******* 경상남도 진주시 금곡면 읍어산로 |

(출처 : 대한민국 법원 사이트)

---

## 등기사항전부증명서(말소사항 포함)
### - 토지 -

고유번호 1912-1996-223824

[토지] 경상남도 통영시 사량면 읍덕리

【 표 제 부 】    ( 토지의 표시 )

| 표시번호 | 접 수 | 소 재 지 번 | 지 목 | 면 적 | 등기원인 및 기타사항 |
|---|---|---|---|---|---|
| 1 (전 1) | 2001년2월27일 | 경상남도 통영시 사량면 읍덕리 | 임야 | 15388㎡ | 부동산등기법 제177조의 6 제1항의 규정에 의하여 2001년 04월 23일 전산이기 |

【 갑    구 】    ( 소유권에 관한 사항 )

| 순위번호 | 등 기 목 적 | 접 수 | 등 기 원 인 | 권리자 및 기타사항 |
|---|---|---|---|---|
| 1 (전 2) | 소유권이전 | 1998년12월22일 제2792호 | 1996년9월7일 협의분할에 의한 상속 | 소유자 강▓ 440208-******* 통영시 사량면 읍덕리 |
| 2 (전 3) | 가압류 | 2000년4월18일 제670호 | 2000년4월18일 수원지방법원의 가압류결정(2000카단) | 청구금액 금160,000,000원 채권자 ▓▓보증보험주식회사 서울 중로구 인사동 136-74 부동산등기법 제177조의 6 제1항 내지 2번 등기를 2001년 04월 23일 전산이기 |
| 3 | 2번가압류등기말소 | 2001년8월9일 제16819호 | 2001년7월27일 일부해제 | |
| 4 | 소유권이전 | 2005년2월17일 제3433호 | 2005년2월17일 매매 | 소유자 김▓ 550301-******* 전주시 신안동 |
| 5 | 소유권일부이전청구권가등기 | 2007년4월18일 제4101호 | 2007년4월18일 매매예약 | 가등기권리자 서▓ 지분 3분의 2 유▓▓ 570810-******* |

(출처 : 대한민국 법원 사이트)

유치권자(김영○, 김성○)의 경매신청 후 유치권자 김영○가 낙찰 잔금 납부(2019. 5. 27)

피고는 채무자 권순○의 누나이자 가등기권자인 권재○

통정허위표시 - 이전에 다른 호주의 가등기말소판결문(2011가단44888) 제출

※ 유치권에 의한 형식적 경매

- 매각물건명세서에서 부동산상의 부담을 인수, 소멸 여부 필히 확인
- 유치권은 인수 아니고 배당받고 소멸(대법원 2011. 8. 18 선고 2011다35593 판결)

(출처 : 지지옥션)

---

## CHAPTER 5. 적용사례

### 실사례 동부 2018 타경 1173(통정허위표시)

#### 사건내용

| 과거사건 | 동부1계 2006-2982 , 동부6계 2013-10011 |
|---|---|
| 관련물건 | [선순위가등기] 매각 서울동부197가단17886 |

**소 재 지** 서울 광진구 자양동 41-■■
(05080) 서울 광진구 동일로○○길

| 경매구분 | 형식적경매(유치권) | 채 권 자 | 김○○○ | | |
|---|---|---|---|---|---|
| 용 도 | 연립 | 채무/소유자 | (○○○○ | 매각기일 | 19.04.08 (218,550,000원) |
| 감 정 가 | 207,000,000 (18.03.23) | 청 구 액 | 250,000,000 | 종국결과 | 19.07.17 배당종결 |
| 최 저 가 | 207,000,000 (100%) | 토지면적 | 27.4㎡ (8.3평) | 경매개시일 | 18.02.28 |
| 입찰보증금 | 20,700,000 (10%) | 건물면적 | 46㎡ (14.0평) | 배당종기일 | 18.08.27 |

**주 의 사 항** · 선순위가등기
· 소멸되지 않는 권리 : 갑구3번 소유이전청구권 가등기(2007.9.28.)는 말소대지 않고 매수인에 인수됨 만약 가등기 되매매에약이었을 경우에는 소유권을 상실하게 됨(다만, 이건 가등기와 관련된 것으로 보이는 서울동부지방법원 2011가단44888 확정판결 참조바람)

**조 회 수** · 금일조회 1 (0) · 금회차공고후조회 93 (2) · 누적조회 287 (29)
· 7일내 3일이상 열람자 6 · 14일내 6일이상 열람자 1

(기준일-2019.04.08 / 전국연립주택)

| 소재지/감정요약 | 물건번호/면적(㎡) | 감정가/최저가/과정 | 임차조사 | 등기권리 |
|---|---|---|---|---|
| (05080)<br>서울 광진구 자양동 41-■■<br>[동일로○○길]<br><br>감정평가서요약<br>- 철콘조철근콘크리트<br>- 도시가스개별난방<br>- 인근노선버스(정)소재<br>- 인근도로따라각종점포및<br>- 동일로및동일로3길연접<br>- 동일대남측가각지대출<br>- 차량접근가능<br>- 버스(정)인근소재<br>- 인근대로변건물설비이용가능<br>- 주위대단위아파트단지<br>- 주변지역차량접근및진출입<br>- 도시가스<br>- 철콘조시지1층주택및점포<br>- 주변대로건물설비이용가능<br>- 중인관리상태보통주택부분임 | 물건번호: 단독물건<br><br>대지 27.4/545<br>(8.28평)<br>₩124,200,000<br>건물 46.3<br>(13.99평)<br>₩82,800,000<br>현황3실<br><br>- 총2층중<br>- 승인 : 2005.06.07<br>- 보존 : 2005.06.10 | 감정가 207,000,000<br>• 대지 124,200,000<br>(60%)<br>(평당 15,000,000원)<br>• 건물 82,800,000<br>(40%)<br><br>최저가 207,000,000<br>(100%)<br><br>경매진행과정<br>① 207,000,000<br>2019-04-08 매각<br><br>응찰 1명<br>218,550,000<br>(105.58%) | 법원임차조사<br><br>*본건 목적물이 속한 다세대<br>건물은 현장방문시 사에<br>현관문이 잠겨 있고 안내<br>표를 현관문 부착하였으나<br>폐문부재로 점유자 확인<br>불능하였으며 전입세대<br>열람내역에 X기재 점유를<br>파악할 수 없었으나 별도<br>주소지에 거주하는 점유<br>있음 본건 세대주의 결과<br>체류주소의 세대주가 전입<br>되어 있는 것으로 나타남<br><br>지지옥션 전입세대조사<br>전입세대 없음<br>주민센터확인:2019.03.21 | 등기권리<br><br>가등기 권재○<br>2007.09.28<br>소유이전청구구가<br>등<br><br>가압류 박종○<br>2013.06.28<br>**121,238,000**<br>2013 가단 611 대<br>전 GO<br><br>근저당 신규○<br>2016.11.17<br>**400,000,000**<br><br>소유권 김○○○<br>2017.04.28<br>전소유자권순○<br><br>임 의 김영○외1<br>2018.02.28<br>•청구액:250,000,000원<br><br>채권총액 521,238,000원<br><br>열람일자 : 2019.03.20 |

(출처 : 지지옥션)

[집합건물] 서울특별시 광진구 자양동 ▨▨▨

| 순위번호 | 등기목적 | 접수 | 등기원인 | 권리자 및 기타사항 |
|---|---|---|---|---|
| 10-1 | 10번등기명의인표시변경 | 2016년11월17일 제76719호 | 2014년5월7일 전거 | 권순의 주소 서울특별시 서초구 바우뫼로7길 ▨▨ |
| 11 | 6번가등기말소 | 2007년1월4일 제1085호 | 2006년12월22일 임의경매로 인한 매각 | 안양시 동안구 비산동 ▨▨▨ |
| 12 | 7번가압류, 8번임의경매개시결정, 9번압류 등기말소 | 2007년1월4일 제1085호 | 2006년12월22일 임의경매로 인한 매각 | |
| 13 | 소유권이전청구권가등기 | 2007년9월28일 제36641호 | 2007년9월20일 매매예약 | 가등기권자 권혜 611218-******* 경기도 광명시 철산동 ▨▨ |
| 14 | 가압류 | 2013년6월28일 제45041호 | 2013년6월28일 대전지방법원의 가압류결정(201 3카합611) | 청구금액 금121,238,000 원 채권자 박○ 670224-******* 대전 서구 괸저2동 ▨▨ |
| 15 | 15번가압류에기한 임의경매개시결정 | 2013년7월11일 제48168호 | 2013년7월11일 서울중앙지방법원의 임의경매개시결정(201 3타경16460 채무자겸소유자대한 ▨▨ | 채권자 김○ 571290-******* 서울 동작구 ○동 ▨▨ ▨▨○ 516705-******* 서울시 ○서구 ○사동 ▨▨ |
| 16 | 15번임의경매개시결정등기말소 | 2016년10월31일 제71539호 | 2016년10월4일 부동산임의경매 기각 | |
| 17 | 소유권이전 | 2017년3월6일 제45364호 | 2017년3월6일 매매 | 소유자 주식회사백두 164811-0100317 충청남도 아산시 음봉면 월암로436번길 79-6 매매목록 제2017-1122호 |
| 18 | 임의경매개시결정 | 2018년2월28일 제32924호 | 2018년2월28일 서울북부지방법원의 임의경매개시결정(2018타경117 3) | 채권자 김정 510705-******* 서울 광진구 동일로10길 ▨▨ 김성혜 571230-******* 안양시 동안구 귀인로190번길 ▨▨ |

[집합건물] 서울특별시 광진구 자양동 ▨▨▨

| 순위번호 | 등기목적 | 접수 | 등기원인 | 권리자 및 기타사항 |
|---|---|---|---|---|
| 2 | 가압류 | 2005년6월16일 제42806호 | 2005년6월16일 서울동부지방법원의 가압류 결정(2005카단6 56호) | 청구금액 금115,804,000원 채권자 김성 안양시 동안구 비산동 ▨▨ |
| 3 | 가압류 | 2005년6월24일 제44965호 | 2005년6월24일 서울동부지방법원의 가압류 결정(2005카단6 66호) | 청구금액 금300,000,000원 채권자 손○ 410115-******* 경기도 안산시 ○상동 ▨▨ |
| 4 | 3번가압류등기말소 | 2005년7월28일 제55773호 | 2005년7월28일 해제 | |
| 5 | 2번가압류등기말소 | 2005년8월9일 제58353호 | 2005년8월9일 해제 | |
| 6 | 소유권이전청구권가등기 | 2005년8월11일 제58664호 | 2005년8월11일 매매예약 | 가등기권자 권혜 571290-******* 서울시 동작구 ○동 ▨▨ |
| 7 | 가압류 | 2005년9월14일 제67229호 | 2005년9월14일 수원지방법원안산지원의 가압류 결정(2005카단6 155호) | 청구금액 금65,000,000원 채권자 주식회사국민은행 서울 중구 남대문로2가 9-1 (여신관리부) |
| 8 | 임의경매개시결정 | 2006년10월20일 제49985호 | 2006년10월20일 서울동부지방법원의 임의 경매개시결정(2006타경 97호) | 채권자 주식회사우리은행 110111-0023393 서울 중구 회현동1가 ▨▨ |
| 9 | 압류 | 2006년4월24일 제21319호 | 2006년4월24일 압류(세무과-7호) | 권리자 서울특별시 ▨▨ |
| 10 | 소유권이전 | 2007년1월4일 제1085호 | 2006년12월22일 임의경매로 인한 매각 | 소유자 권순 670623-******* 서울 서초구 ○서동 ▨▨ |

# CHAPTER 5. 적용사례

갑 제1 내지 3호증의 각 기재 및 변론 전체의 취지에 의하면 다음과 같은 사실을 인정할 수 있다.

가. 원고의 소유권취득

1) 원고와 C는 서울 광진구 D 지상 집합건물의 신축공사 하수급인으로서 2005. 6. 경 신축공사를 완료하였으나 공사대금을 받지 못하자, 별지목록 기재 '이 사건 부동산'이라 한다) 등 위 집합건물 중 11세대 이 부동산에 관하여 유치권을 행사하고 있었다.

2) 원고와 C는 이 사건 부동산에 관하여 유치권에 기초한 임의경매를 신청하여 2018. 2. 28. 이 법원 D로 경매개시결정을 받았다. 위 경매절차에서 원고가 매각결정을 받아 2019. 5. 27. 이 사건 부동산의 매각대금을 완납하였다.

나. 이 사건 가등기경료

1) F는 2006. 12. 22. 이 법원 G 임의경매사건에서 이 사건 부동산을 매수하고 2007. 1. 4. 소유권이전등기를 경료하였다.

2) F는 2007. 9. 28. 이 사건 부동산에 관하여 2007. 9. 20. 매매예약(이하 '이 사건 매매예약'이라 한다)을 원인으로 누나인 피고 제1항 기재 소유권이전청구권 가등기(이하 '이 사건 가등기'라 한다)를 마쳐 주었다.

다. 관련 사건 진행결과

원고와 C가 피고를 상대로 제기한 이 법원 2011가단44888호 가등기말소 청구사건에서, 위 집합건물 중 H호에 관하여 이 사건 매매예약과 같은 날인 2007. 9. 20. 피고와 F 사이에 체결된 매매예약은 피고와 F의 통정의 허위 표시에 따라 이루어진 것으로 이 사건 매매예약인으로 하여 마쳐진 피고 명의 가등기는 말소되어야 한다는

내용의 원고 승소판결이 선고되었고, 위 판결은 항소심(이 법원 2013나4779호)과 상고심(대법원 2014다9205호)을 거쳐 그대로 확정되었다.

2. 판단

위 인정사실에 의하면, 이 사건 매매예약은 통정 허위표시로서 무효이고 이 사건 가등기는 원인무효인 위 등기원인에 기초하여 마쳐진 등기로서 무효이다. 따라서 피고는 이 사건 부동산의 소유권자로서 방해배제를 행사하는 원고에게 이 사건 가등기의 말소등기절차를 이행할 의무가 있다.

3. 결론

원고의 청구는 이유 있으므로 이를 인용한다.

판사

## 사건내용

### 실사례 중앙 2018 타경 106723[담보가등기]

| 소 재 지 | 서울 서초구 서초동 1337-<br>(06627)서울 서초구 효령로29길 |  |  |
|---|---|---|---|
| 경매구분 | 강제경매 | 채권자 | 최OO |
| 용 도 | 오피스텔(주거용) | 채무/소유자 | 장OO |
| 감 정 가 | 258,000,000 (18.11.19) | 청 구 액 | 170,000,000 |
| 최 저 가 | 165,120,000 (64%) | 토지면적 | 3.0m² (0.9평) |
| 입찰보증금 | 16,512,000 (10%) | 건물면적 | 19m² (5.9평) |

| 매 각 기 일 | 19.10.30 (174,313,000원) |
|---|---|
| 종 국 결 과 | 20.01.14 배당종결 |
| 경매개시일 | 18.11.05 |
| 배당종기일 | 19.01.17 |

주의사항 · 선순위가등기
· 소멸되는 가등기 : 갑구 순위5번 소유권이전청구권 가등기(2017. 3. 9. 등기)는 말소되지 않고 매수인이 인수함. 만약 가등기된 매매예약이 매매예약이 완결되는 경우에는 소유권을 상실하게 됨

조 회 수 · 금일조회 1 (0) · 금회차공고후조회 91 (15) · 누적조회 567 (54)
· 7일내 3일이상 열람자 3 · 14일내 6일이상 열람자 3

(기준일-2019.10.30/전국연회원전용)

· 19년8월분까지 미납역 없음 (2019.10.15 현재)

(1분 이상 열람)
(1분 5분 이상 열람)

(출처 : 지지옥션)

### 관리비미납

| 소재지/감정요약 | 물건번호/면적(m²) | 감정가/최저가/과정 | 임차조사 | 등기권리 |
|---|---|---|---|---|
| (06627)<br>서울 서초구 서초동 1337-<br>[효령로29길]<br><br>감정평가서요약<br>· 철근구조철근지붕<br>· 업무시설(오피스텔)근...<br>· 리생활시설<br>· 역삼초등학교서측인근<br>· 주위업무용주택,근린생활<br>시설,학원등혼재<br>· 인근대로및조선인접<br>· 차량버스,정,소재<br>· 제반교통사정보통<br>· 남향완경사지<br>· 장방형토지<br>· 광대세로(로한면이대)<br>등<br><br>2018.11.19 VUM감정 | 물건번호: 단독물건<br>대지 3.0/531.3<br>(0.89평)<br>₩180,600,000<br>· 건물 19.4<br>(5.88평)<br>₩77,400,000<br><br>총19.4m²(6평)<br>· 건물 14.90m²(5평)<br><br>· 승인 2015.10.30<br>· 보존 2015.11.18 | 감정가 258,000,000<br>· 대지 180,600,000<br>(70%)<br>(평당 202,921,348)<br>· 건물 77,400,000<br>(30%)<br><br>최저가 165,120,000<br>(64%)<br><br>경매진행과정<br>① 258,000,000<br>2019-08-14 유찰<br>② 20% ↓ 206,400,000<br>2019-09-18 유찰<br>③ 20% ↓ 165,120,000<br>2019-10-30 매각<br><br>매수인 장OO<br>응찰수 1명<br>매각가 174,313,000<br>(67.56%) | 법원임차조사<br>최OO 전입 2016.01.15<br>확정 2016.01.25<br>배당 2018.12.05<br>(보) 170,000,000<br>주거/전부<br>점유기간<br>2016.01.23-2018.<br>1.22<br><br>*본건 부동산에 방문하였으나<br>이해관계인을 만날수 없었으며,<br>문에 안내문을 붙여두고 옴.주민<br>등록 전입된 세대주 최OO 외에<br>(점유자 확인 두 없음.)<br><br>지지옥션 전입세대조사<br>최OO 16.01.15<br>주민센터확인:2019.07.31 | 소유권 장OO<br>2016.08<br>2016.01.08<br>전소유자-국제작자<br>사시타<br><br>가등기 정제非<br>2017.03.09<br>소유이전청구구<br>2018.03.09<br>170,000,000<br>2018 카단 802192<br>서울중앙<br>강 제 최현非<br>2018.11.06<br>*청구액:170,000,000원<br><br>채권총액 170,000,000원<br><br>열람일자 : 2019.05.23 |

(출처 : 대한민국 법원 사이트)

## 원고(낙찰자)의 주장 : 담보가등기

## 법원의 판단

1. 채무자(C)가 가등기의 원인이 사업을 하면서 마쳐둔 것이고, 매매예약을 원인으로 마친 것이 아니라고 진술

2. 가등기권자와 채무자 사이에 매매예약 증서를 작성한 것으로 보이는 하나 피고의 주장과 다른 내용이 기재 - 임대보증금 인수 여부

3. 매매예약 당시 및 2020년 5월까지 부동산의 시세가 2억 원 내지 2억 3,000만 원으로 피고 주장의 매매대금인 2억 7,000만 원에 못 미치는 점

4. 피고는 이 사건 경매절차에서 가등기권자로서 어떠한 권리도 행사한 바가 없는 점

5. 본등기를 경료하지 못할 법률상 장애가 없음에도 본등기를 경료하지 않은 점

### [참합건물] 서울특별시 서초구 서초동 1337-

| 순위번호 | 등기목적 | 접 수 | 등기원인 | 권리자 및 기타사항 |
|---|---|---|---|---|
| 3 | 유배 | 2017년03월09일<br>제19505호 | 2017년02월9일<br>매매(승거사-39<br>예) | 국제사 국제작가정체발부전 본1171-0000860<br>장세도-원주사 신강동 30시번째주도-<br>국제진공공작전체사사<br>(상동호사사) |
| 4 | 3번권부등기말소 | 2017년03월22일<br>제38115호 | 2017년03월22일<br>해제 |  |
| 5 | 소유권이전청구권<br>등기 | 2017년03월9일<br>제42909호 | 2017년03월7일<br>매매예약 | 가등기권자 정체 791205-*******<br>울산광역시 남구 문수로359번길 |
| 6 | 가압류 | 2018년03월9일<br>제42505호 | 2018년03월9일<br>서울중앙지방법<br>원의 가압류<br>결정 (2018카단8<br>02192) | 청구금액 금170,000,000 원<br>채권자 최현 880108-*******<br>서울 서초구 효령로79길 |
| 7 | 강제경매개시결정 | 2018년11월6일<br>제202978호 | 2018년11월5일<br>서울중앙지방법<br>원의<br>강제경매개시결<br>정 (2018타경106<br>723) | 채권자 최현 880108-*******<br>서울 서초구 효령로79길 |

임차인 D(임대차기간 2016. 1. 23.부터 2018. 1. 22.까지, 확정일자 2016. 1. 25., 임대차보증금 1억 7,000만 원)의 신청으로 서울중앙지방법원 E 부동산강제경매 절차(이하 '이 사건 경매절차'라 한다)가 진행되었고, 이 사건 경매절차에서 피고는 2019. 10. 30. 최고가 매수신고를 하고 2019. 12. 11. 매수대금을 완납하였다. 이 사건 부동산에 관하여 서울중앙지방법원 등기국 2019. 12. 13. 접수 제193903호로 피고 앞으로 소유권이전등기가 마쳐졌다.

나. 이 사건 부동산에는 피고 앞으로 서울중앙지방법원 등기국 2017. 3. 9. 접수 제42909호 소유권이전청구권가등기(이하 '이 사건 가등기'라 한다)가 마쳐져 있는데, 그 등기원인은 '2017. 3. 7. 매매예약'이다.

[인정근거] 다툼 없는 사실, 갑 제2, 3호증, 갑 제4호증의 1, 2, 갑 제7호증의 다 기재, 변론 전체의 취지

2. 청구원인에 관한 판단

가. 당사자들의 주장

원고는 이 사건 가등기가 담보가등기에 해당함을 전제로 이 사건 경매절차의 진행에 따라 원고가 이 사건 부동산의 소유권을 취득한 이상 가등기담보 등에 관한 법률(이하 '가등기담보법'이라 한다) 제15조에 의하여, 피고는 이 사건 가등기를 말소할 의무가 있다고 주장한다.

이에 대하여 피고는, C에게 3억 6,000만 원을 빌려주었다가, 2017. 3. 7. 대물변제 명목으로 피고가 C으로부터 이 사건 부동산을 매매대금 2억 7,000만 원에 매수하였고 그 중 1억 원을 매매대금의 일부로 갈음하고 1억 7,000만 원은 임대인의 지위를 승계하기로 하고 이 사건 가등기를 마치게 된 것인데 다만 개인적인 사정으로 사후에 본등기를 경료하

- 2 -

(출처 : 저자 제공)

지 않았을 뿐이므로, 이 사건 가등기는 담보가등기가 아니라고 주장한다.

나. 판단
1) 법리

가등기담보법 제15조는 담보가등기를 마친 부동산에 대하여 강제경매 등이 행하여진 경우에는 담보가등기권리는 그 부동산의 매각에 의하여 소멸한다고 규정하고 있으므로, 매수인이 매각대금을 모두 지급함으로써 소유권을 취득하였다면 담보가등기권리는 소멸되었다고 보아야 하고(대법원 1994. 4. 12. 선고 93다52853 판결 참조), 이러한 경우 매수인은 담보가등기임을 입증하여 그 등기명의인을 상대로 말소등기절차이행청구의 소를 제기할 수 있다(대법원 1999. 9. 17. 선고 97다54024 판결 참조).

당해 가등기가 담보가등기인지 여부는 당해 가등기가 실제상 채권담보를 목적으로 한 것인지 여부에 의하여 결정되는 것이지 당해 가등기의 등기부상 원인이 매매예약으로 기재되어 있는가 아니면 대물변제예약으로 기재되어 있는가 하는 형식적 기재에 의하여 이를 좌우되는 것이 아니다(대법원 2014. 11. 27. 선고 2013다67020 판결 참조). 채무의 변제에 갈음하여 대물변제조로 이전하기로 약정한 경우에도, 그것이 채무자 소유의 부동산의 소유권을 채권자에게 이전하기로 한 것인지, 아니면 종국 채무의 변제를 위하여 주채 상선처를 유보하고 이전하기로 한 것인지의 문제는 그 채무의 담보를 위하여 당사자 주관 의사해석에 관한 문제이다. 이 점에 관하여 명확한 증명이 없는 경우에는, 약정 당사자의 의사해석에 관한 문제이다. 이 점에 관하여는 당해 부동산의 가액, 당해 채무를 지게 된 경위, 그 후의 과정, 약정 당사자의 상황, 그 이후의 당해 부동산의 지배 및 처분관계 등 여러 사정을 종합하여 그것이 담보목적인지 여부를 가려야 한다(대법원 2013. 1. 16.

- 3 -

(출처 : 저자 제공)

[집합건물] 서울특별시 서초구 서초동 1337-

| 순위번호 | 등 기 목 적 | 접 수 | 등 기 원 인 | 권리자 및 기타사항 |
|---|---|---|---|---|
| 3 | 압류 | 2017년3월9일 제18565호 | 2017년3월2일 압류-강남구-39 호) | 권리자 국민건강보험공단  처분청 해당구 전산로·전상부·관리번호  국민건강보험공단  (강남구) |
| 4 | 3번압류등기말소 | 2017년3월22일 제38315호 | 2017년3월13일 해제 |  |
| 5 | 소유권이전청구권가 등기 | 2017년3월9일 제42909호 | 2017년3월9일 매매예약 | 가등기권자 정ㅇㅇ 7911265-*******  울산광역시 남구 ㅇㅇ로 수ㅇ로355번지 ㅇ |
| 5-1 | 5번소유권이전청구권 가등기이전 | 2020년12월9일 제316604호 | 2020년12월9일 가ㅇ보ㅇ권ㅇ(가지번호  99가-8682082) | 가등기권자 정ㅇㅇ 7911265-*******  매매가 정ㅇㅇ 750209-*******  경기도 하남시 미사강변대로  관사사 공ㅇ로·가ㅇ 일세대 세번째 관사 |
| 6 | 가압류 | 2018년3월9일 제20569호 | 2018년3월9일 서울중앙지방법원  가ㅇㅇ결ㅇ(20ㅇ  99가단8682082) | 청구금액 금170,000,000 원  채권자 ㅇㅇㅇㅇ  서울 서초구 ㅇㅇㅇㅇ |
| 7 | 강제경매개시결정 | 2018년11월9일 제39259호 | 2018년11월9일 서울중앙지방법원  강제경매개시결  정(20ㅇ18타경166  691) | 채권자 ㅇㅇㅇ  서울 서초구 ㅇㅇㅇ |
| 8 | 소유권이전 | 2019년12월13일 제193903호 | 2019년12월11일 강제경매로  인한 매각 | 소유자 김ㅇㅇ 750209-*******  경기도 하남시 미사강변대로 |
| 9 | 6번가압류,  7번강제경매개시결 정등기말소 | 2019년12월13일 제193903호 | 2019년12월11일 강제경매로  인한 매각 |  |
| 10 | 5-1번가처분등기말 소 |  |  |  |
| 11 | 5번가등기말소 | 2020년12월2일 제213015호 | 2020년11월6일 확정판결 | 가처분목적달성으로인하여  2020년12월2일 등기 |

---

# CHAPTER 5. 적용사례

선고 2012다11648 판결 참조).

**2) 판단**

원고가 이 사건 부동산을 경매로 취득한 이상, 이 사건 가등기가 담보가등기에 해

당한다면 그 피담보채무의 소멸 여부와 상관없이 이 사건 가등기는 가등기담보법 제15

조에 의하여 소멸되어야 하는 것이므로, 먼저 이 사건 가등기가 담보가등기에 해당하

느냐 여부에 관하여 살피건대, 갑 제1 내지 8호증, 을 제1호증(가지번호 있는 것은 각

지번호 포함)의 각 기재에 변론 전체의 취지를 종합하여 인정되는 다음과 같은 사실

및 사정들, 즉 ①C이 이 사건 가등기는 사업을 하면서 마저도 것이고 매매예약을 원

인으로 마친 것이 아니라고 진술하고 있고, 피고 또한 C에게 별도준 도이 3억 6,000만

원에 이른다고 진술하고 있는 점 ②피고과 C 사이에 매매예약증서를 작성한 것으로

보이기는 하나, 그 기재내용에 의하더라도 이 사건 부동산의 매매대금을 '1억 원'으로

정하고 임차권 설정 없는 완전한 소유권을 이전한다고 기재되어 있는 등 피고의 주장

사실과 이 사건 부동산의 시세가 2억 내지 3,000만 원으로 피고 주장의 매매대

금이 2억 7,000만 원에 훨씬 못 미치는 점, ④피고는 이 사건 경매절차에서 가등기권리자

로서의 어떠한 권리도 행사한 바 없는 점, ⑤피고는 이 사건 부동산에 분하여 본등기

를 경료하지 못할 뿐만 아니라 장애가 없었음에도 경매개시를 경료하지 않은 점 등

에 비추어 보면, 이 사건 가등기는 가등기담보법이 적용되는 담보가등기라고 봄이 상

당하고, 피고가 제출한 증거들만으로는 위에서의 인정을 뒤집기에 부족하다.

따라서 이 사건 가등기는 가등기담보법 제15조에 따라 이 사건 경매절차가 진행되어 원고에게 매각

됨으로써 이 사건 가등기는 소멸한다 할 것이고, 이에 피고는 이 사건 부동산의 소유

# CHAPTER 5. 적용사례

## 실사례 해남 2020 타경 51467(사해행위로 인한 가등기말소)

### 사건내용

| 소 재 지 | 전남 해남군 해남읍 수성리 ▓▓ (59029)전남 해남군 해남읍 북부순환로 ▓▓ | | | | |
|---|---|---|---|---|---|
| 경매구분 | 강제경매 | 채 권 자 | 기술보증기금 | | |
| 용 도 | 대지 | 채무/소유자 | 인재옥 | 매 각 기 일 | 21.06.14 (656,555,000원) |
| 감 정 가 | 650,730,000 (20.08.07) | 청 구 액 | 400,000,000 | 다 음 예 정 | |
| 최 저 가 | 454,530,000 (70%) | 토 지 면 적 | 327.0㎡ (98.9평) | 경매개시일 | 20.07.28 |
| 입찰보증금 | 45,453,000 (10%) | 건 물 면 적 | 0㎡ (0.0평) | 배당종기일 | 20.10.19 |

| 주의사항 | · 법정지상권 · 선순위가등기 · 입찰외 · 토지only임찰 · 선순위가등기(2019.3.25 接受로 토지 및 건물에 인수할 만 · 소유권이전청구권 가등기권자 인재옥 근저당권(전체무 가처분등기)2019.3.25 매수인에 인수할 것 약 가등기 담보인경우 채권최고액이 확정되는 경우에는 매수인의 소유권을 상실할 염려있음,미확정채권인 경우 2019.3.25 등기기재 말소촉탁 이행 불가할 덕청음) 실선순위구의소사간이의권주집 주(토소유권이전청구권가등기)2019.3.25 |
|---|---|
| 조 회 수 | · 금일조회 1 (0) · 금회차공고후조회 74 (27) · 누적조회 129 (27) · 7일내 3일이상 열람자 9 · 14일내 6일이상 열람자 5 0는 5분이상 열람 (기준일-2021.06.14/전국연회원) (중) |

(기준일-2021.06.14/전국연회원) (중)

| 소재지/감정요약 | 물건번호/면적(㎡) | 감정가/최저가/과정 | 임차조사 | 등기권리 |
|---|---|---|---|---|
| (59029)<br>전남 해남군 해남읍 수성리 ▓▓<br>[북부순환로 ▓▓]<br><br>감정평가서요약<br><br>- 금영아파트북측인근<br>- 주위도로변으로2종일<br>- 인사실설존재하는노선상<br>가지대임<br>- 차량접근가능<br>- 제반교통상사정무난<br>- 북측완만경사지임<br>- 장방형토지임<br>- 중로2류(15~20m)접함<br><br>- 도시지역<br>- 2종주거지역<br>- 가축사육제한구역<br>(일부축종제한)<br>- 상대보호구역<br><br>2020.08.07 중부감정<br><br>표준지가: 795,000<br>개별지가: 795,000<br>감정지가: 1,990,000 | 물건번호: 단독물건<br><br>대지 327.0<br>(98.92평)<br>₩650,730,000<br>입찰외제시외<br>· 2종근린시설 310.3<br>(93.8평)<br>타인(정O림소유<br>*최저가는제시외임<br>인가격임 | 감정가 650,730,000<br>· 토지 650,730,000<br>(100%)<br>(평당 6,578,346)<br><br>최저가 454,530,000<br>(70%)<br><br>454,530,000<br>2021-06-14 매각<br><br>ⓣ ───── ───<br>매수인 정OO<br>응찰수 7명<br>매각가 656,555,000<br>(100.90%)<br><br>허가 2021-06-21<br>납기 2021-07-28 | 법원임차조사<br><br>이예정 (보) 20,000,000<br>(월) 1,200,000<br>점포/1층좌측<br>북부험영<br><br>김남수 (보) 10,000,000<br>(월) 1,000,000<br>점포/1층우측가게<br>허우<br><br>이은이 (보) 7,000,000<br>(월) 1,100,000<br>점포/우측단충간<br><br>임예숙 주거/미상<br><br>*타인 소유 제시외 건물(근<br>린시설)소유자를 점유자로 봄<br>시만 점유 사용하고 있음,주<br>건물주 임대차계약한 것 | 소유권 인재옥<br>1995.04.19<br><br>가등기 최영○○<br>2019.03.25<br>소유이전청구권<br>등<br><br>가압류 기술보증기금<br>서초기술평가<br>2019.04.25<br>1,246,950,000<br>2019 카단 806959<br>서울중앙 GO<br><br>가처분 기술보증기금<br>서초기술평가<br>2019.04.26<br>2019 카단 5094<br>광주 해남 최영자<br>가등기자 GO<br><br>가압류 광주은행 여신관리부<br>2019.07.03<br>82,630,342<br>2019 카단 1610 광<br>주 GO<br><br>가압류 그린바이오메디<br>2019.07.31<br>200,000,000 |

(출처 : 지지옥션)

---

원고 : 인재O(B) 및 인재O 회사(A)의 채권자

피고 : 인재O(B), 인재O회사(A), 조손O(C), 최영O(E)

2019. 3. 4 인재O(B)이 채무초과 상태에서 조손O(처의 친구)에게 근저
당 설정

2019. 3. 25 최영O(인재O의 어머니)에게 가등기 설정

※ 사해행위 취소에 관해 잘 설명된 판결문
1. 피보전채권의 존재
2. 사해행위 및 사해의사
3. 피고 C(근저당권자), E(가등기권자)의 선의 항변에 관한 판단
4. 사해행위취소와 원상회복의 방법

# 서 울 중 앙 지 방 법 원

## 제 1 8 민 사 부

### 판 결

사 건    2019가합542641 구상금 등 청구의 소

원 고    기술보증기금
         소송대리인 법무법인
         담당변호사

피 고    1. 주식회사 A
         2. B
         3. C(개명 전 성명 D)
         4. E
         피고 3, 4의 소송대리인 변호사

변론종결    2020. 3. 31.

판결선고    2020. 5. 12.

### 주 문

1. 피고 주식회사 A, B은 연대하여 원고에게 1,010,964,526원 및 그중 1,001,995,714원
에 대하여 2019. 6. 17.부터 2019. 10. 3.까지는 연 10%, 그 다음 날부터 다 갚는
날까지는 연 12%의 각 비율로 계산한 돈을 지급하라.

- 1 -

(출처 : 저자 제공)

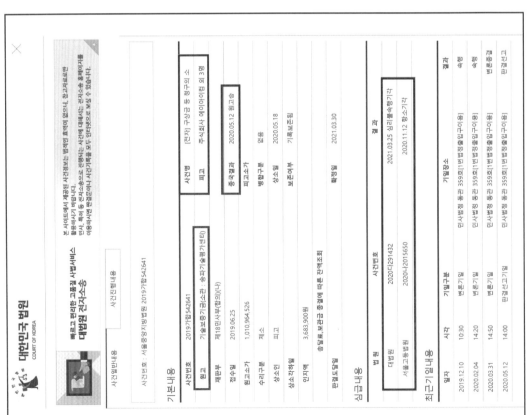

(출처 : 대한민국 법원 사이트)

2. 별지 목록 기재 부동산에 관하여,

가. 피고 C와 피고 B 사이에 2019. 3. 4. 체결된 근저당권설정계약 및 피고 E와 피고 B 사이에 2019. 3. 25. 체결된 매매예약을 각 취소한다.

나. 피고 B에게, 피고 C는 광주지방법원 해남지원 2019. 3. 5. 접수 제5904호로 마친 근저당권설정등기의, 피고 E는 같은 지원 2019. 3. 25. 접수 제7615호로 마친 소유권이전청구권가등기의 각 말소등기절차를 이행하라.

3. 소송비용은 피고들이 부담한다.

4. 제1항은 가집행할 수 있다.

청 구 취 지

주문과 같다.

이　　유

1. 인정사실

가. 원고와 피고 주식회사 A 사이에 체결된 신용보증약정의 내용 등

1) 원고는 2011. 3. 17. 피고 주식회사 A(이하 '피고 회사'라 한다)과 사이에 피고 회사가 금융기관에 대한 대출금채무의 변제를 담보할 목적으로 아래와 같은 신용보증약정을 체결하고, 보증서를 발급하였다(이하 '이 사건 신용보증약정'이라 한다).

2) 이 사건 신용보증약정에 의하면, 원고가 보증채무를 이행한 때에는 피고 회사는

| 보증일자 | 보증금액(변경된 금액)(원) | 보증기한(연장됨 기한) |
| --- | --- | --- |
| 2011. 3. 17. | 1,360,000,000(991,440,000) | 2012. 3. 16.(2019. 3. 7.) |

- 2 -

원고에게 ① 원고가 그 이행을 위하여 지급한 대위변제금 및 이에 대한 지급일부터 완제일까지 원고 소정의 손해금률에 의한 지연손해금, ② 원고가 보증채무를 이행함으로써 그 권리를 실행 또는 보전하기 위하여 지출한 법적절차비용(대지급금) 등 모든 부대채무를 지급할 의무가 있는데, 위 대위변제금에 대한 약정 지연손해금률은 2012. 12. 1.부터 2016. 1. 31.까지는 연 12%, 그 다음 날부터는 연 10%이다.

3) 피고 회사의 대표자인 피고 B은 이 사건 신용보증약정에 따라 발생하는 피고 회사의 원고에 대한 채무를 연대보증하였다.

4) 피고 회사는 이 사건 신용보증약정에 따라 발급받은 보증서를 담보로 하여 주식회사 F으로부터 1,600,000,000원을 원고의 대위변제

나. 신용보증사고의 발생 및 원고의 대위변제

1) 피고 회사가 2019. 3. 8. 주식회사 F에 대한 대출원금 지급의무를 지체하는 신용보증사고가 발생하였었다.

2) 원고는 2019. 6. 17. 이 사건 신용보증약정에 따라 피고 회사를 위하여 주식회사 F에 대출원리금 합계 1,006,858,114원을 대위변제하고, 같은 날 4,862,400원(미환급 보증료)을 회수하였다. 한편, 원고는 2019. 5. 7.부터 같은 달 16.까지 위 신용보증약정의 이행에 따른 구상채권을 보전하기 위하여 지출한 법적 절차비용은 합계 8,967,480원이다.

3) 이 사건 신용보증약정에 따른 대위변제로 인하여 원고가 취득한 구상금 채권(이하 '이 사건 구상금 채권'이라 한다)의 내용은 아래 표 기재와 같다.

| 대위변제금 잔액 | 1,001,995,714원(= 대위변제금 1,006,858,114원 - 회수금 4,862,400원) |
| --- | --- |
| 법적절차비용 | 8,967,480원 |
| 확정지연손해금 | 1,332원 {= 회수금 4,862,400원 × 10% × 1/365(2019. 6. 17. ~ |

- 3 -

# CHAPTER 5. 적용사례

| 합계 | 2019. 6. 17.), 원 미만 버림) |
|---|---|
|  | 1,010,964,526원 |

다. 피고 C와 피고 B 사이에 체결된 근저당권설정계약 등

1) 피고 B은 2018. 2. 28. 처의 친구인 피고 C로부터 200,000,000원을 변제기 2019. 6. 28.로 정하여 차용(이하 '이 사건 차용'이라 한다)하였는데, 그 차용증에는 '변제 기일에 차용금에 대한 변제를 이행치 못할 시는 채무자 소유 부동산에 원금 130%에 해당하는 근저당권 설정을 하거나, 민·형사의 책임과 이로 인한 제반 법적 수속에도 감수한다'는 내용이 기재되어 있다.

2) 피고 B은 이 사건 차용금을 피고 회사의 가수금으로 입금하여 원고가 이 사건 신용보증약정에 따라 보증한 대출금 채무의 일부인 181,120,000원의 상환에 사용하였다.

3) 피고 B은 변제기일까지 이 사건 차용금을 변제하지 못하자 2019. 3. 4. 피고 C와 사이에 별지 목록 기재 부동산(이하 '이 사건 토지'라 한다)에 관하여 채무자 피고 B, 채권최고액 260,000,000원으로 한 근저당권설정계약(이하 '이 사건 근저당권설정계약'이라 한다)을 체결하고, 광주지방법원 해남등기소 2019. 3. 5. 접수 제5904호로 피고 C에게 근저당권설정등기를 마쳐주었다.

다. 피고 E와 피고 B 사이에 체결된 매매예약 등

1) 피고 B은 2019. 3. 22. 어머니인 피고 E로부터 200,000,000원을 변제기 2021. 3. 21.로 정하여 차용하고, 위 차용금 중 145,802,787원을 이 사건 토지와 그 지상 건물을 공동담보로 설정되어 있던 주식회사 G 명의의 근저당권(이하 '이 사건 선순위 근저당권'이라 한다)의 피담보채무 변제에 변제에 사용함으로써 이 사건 선순위 근저당권설정등기가

말소되었다.

2) 피고 B은 2019. 3. 25. 피고 E와 사이에 이 사건 토지에 관하여 그 대금을 240,000,000원으로 하는 매매예약(이하 '이 사건 매매예약'이라 한다)을 체결하고, 광주지방법원 해남등기소 같은 날 접수 제10414호로 피고 E에게 소유권이전청구권등기를 마쳐주었다.

마. 피고 B의 재산상태

피고 B은 이 사건 근저당권설정계약 및 매매예약을 각 체결할 당시 채무초과의 상태에 있었다.

[인정 근거] 다툼 없는 사실, 갑 제1 내지 14호증, 을 제1 내지 10, 16호증(가지번호 있는 것은 가지번호를 포함한다)의 각 기재, 변론 전체의 취지

2. 피고 회사 및 피고 B에 대한 청구에 관한 판단

위 인정사실에 의하면, 피고 회사는 연대하여 보증채무를 이행한 원고에게, 피고 회사와 연대보증인인 피고 B은 연대하여 이 사건 구상금 채무 1,010,964,526원 및 그 중 원고가 구하는 대위변제금 전액 1,001,995,714원에 대하여는 이 사건 대위변제일인 2019. 6. 17. 부터 이 사건 소장 부본 송달일인 2019. 10. 3.까지는 약정이율인 10%, 그 다음 날부터 이 사건 소송촉진 등에 관한 특례법이 정한 연 12%의 각 비율로 계산한 지연손해금을 지급할 의무가 있다.

3. 피고 C, E에 대한 사해행위취소청구에 관한 판단

가. 피보전채권의 존재

1) 채권자취소소권에 의하여 보호될 수 있는 채권은 원칙적으로 사해행위라고 볼 수 있는 행위가 행하여지기 전에 발생된 것임을 요하지만, 사해행위 당시에 이미 채권 성

력의 기초가 되는 법률관계가 발생되어 있고, 가까운 장래에 그 법률관계에 터 잡아 채권이 성립되리라는 점에 대한 고도의 개연성이 있으며, 실제로 가까운 장래에 그 개연성이 현실화되어 채권이 성립된 경우에는, 그 채권도 채권자취소권의 피보전채권이 될 수 있다(대법원 2012. 2. 23. 선고 2011다76426 판결 참조).

2) 이 사건 구상금 채권은 비록 이 사건 근저당권설설정계약일인 2019. 3. 4. 및 이 사건 매매예약일인 2019. 3. 25. 당시에는 아직 발생하지 않았으나, 이미 이 사건 구상금 채권의 기초가 되는 이 사건 신용보증약정이 체결되어 있었고, 피고 회사가 2019. 3. 8. F에 대한 대출원금 지급의무를 지체하는 등 가까운 장래에 위 법률관계에 기하여 이 사건 구상금 채권이 발생하리라는 점에 대한 고도의 개연성이 있었으므로, 실제로 이 사건 토지에 관하여 이 사건 근저당권설정계약 및 매매예약이 각 체결된 날로부터 얼마 지나지 않아 원고가 위 보증책임을 이행함으로써 이 사건 구상금 채권이 발생하여 위 개연성이 현실화되었으므로, 원고의 이 사건 구상금 채권은 채권자취소권의 피보전채권이 된다.

나. 사해행위 및 사해의사

1) 이 사건 근저당권설정계약에 대하여

가) 피고 B은 앞서 본 바와 같이 이 사건 근저당권설정계약을 체결할 당시 채무초과 상태에서 이 사건 토지에 관하여 채권자 중의 한 사람인 피고 C와 이 사건 근저당권설정계약을 체결함으로써, 그에 관한 근저당권 설정등기를 마쳐주어 일반채권자들에 대한 공동담보의 부족을 내지 상실을 초래한 것이므로, 위 근저당권설정계약은 특별한 사정이 없는 한 원고를 비롯한 다른 채권자들에 대한 사해행위가 된다. 나아가 이 사건 근저당권설정계약 당시 피고 B의 위와 같은 채무초과 상태에 비추어 볼 때, 피고 B은 위 근저당권설정계약에 의하여 채권자인 원고에 대한 공동담보에 부족이 생긴다는 것을 인식하고 있었다고 봄이 타당하다. 또한 이로써 수익자인 피고 C의 사해의사도 추정된다.

(출처 : 저자 제공)

---

나) 이에 대하여 피고 C는 이 사건 차용금이 피고 회사의 경영자금으로 사용되었고, 이 사건 근저당권설정계약은 그 차용 당시 이미 예정되어 있었던 것이어서 위 근저당권설정계약은 사해행위가 아니라고 주장하므로 이에 대하여 살펴본다.

(1) 채무초과 상태에 있는 채무자가 그 소유의 부동산을 채권자 중의 어느 한 사람에게 채권담보로 제공하는 행위는 특별한 사정이 없는 한 다른 채권자들에 대한 관계에서 사해행위에 해당한다고 할 것이나, 자금난으로 사업을 계속 추진하기 어려운 상황에 처한 채무자가 자금을 융통하여 사업을 계속 추진하는 것이 채무 변제력을 갖는 최선의 방법이라고 생각하고 그로부터 신규자금을 추가로 융통받으면서 특정 채권자에게 담보로 제공하고 그 신규자금을 융통받았다면 특별한 사정이 없는 한 채무자의 담보로 제공하는 행위는 사해행위에 해당하지 않는다(대법원 2002. 3. 29. 선고 2000다25842 판결 참조).

그리고 '채무자의 신용변동, 담보가치의 감소, 기타 제반 사정상 필요하다고 인정될 상당한 사유가 발생한 경우에는 채무자는 채권자의 청구에 의하여 채권자가 승인하는 담보나 주가담보의 제공 또는 보증인을 세우거나 이를 추가한다는 여신거래기본약관의 규정은 채무자에게 일반적·추상적 담보제공의무를 부담시키는 것에 불과하고, 구체적인 담보제공의무를 부담시키는 것은 아니어서 채무자가 이에 응응하여도 채권자는 그의 이행을 소구할 수 없고 단지 약관의 규정 등에 따라 채무에 대한 기한의 이익이 상실되어 바로 채권을 회수할 수 있음에 불과하다(대법원 2000. 12. 8. 선고 2000다 26067 판결 참조).

(출처 : 저자 제공)

# CHAPTER 5. 적용사례

(2) 이러한 법리를 이 사건에 비추어 보건대, 앞서 인정한 바와 같이 피고 B은 이 사건 차용금을 원고가 보증한 피고 회사의 대출금 채무 변제에 사용하였고, 이 사건 차용증에는 '변제 기일에 차용금에 대한 변제를 이행하지 못할 경우 피고 부동산에 원금 130%에 해당하는 근저당권 설정을 하겠다'거나, 민·형사상 책임과 이로 인한 제반 법적 수속비도 감수한다는 내용이 기재되어 있기는 하나, 앞서 보았거나 설시한 증거에 의하여 인정되는 다음의 이 사실 내지 사정을 종합하여 보면, 이 사건 근저당권설정계약 전체에 관하여 사해행위를 한하는 사해행위에 해당한다고 할 것이므로 이와 다른 전제에 선 피고 C의 위 주장은 이유 없다.

① 이 사건 근저당권설정계약은 이 사건 차용 당시에 체결된 것이 아니라 그로부터 약 1년이 지난 시점에 이루어진 것이다.

② 이 사건 차용증에 기재된 근저당권 설정 관련 문구는 피고 B이 변제까지 위 차용금을 변제하지 못할 경우 근저당권 설정을 해 줄 수도 있다는 내용으로서 근저당권설정계약 체결을 확정적으로 예정하고 있지 아니하고 그 계약의 목적물도 확정되어 있지 않다.

③ 또한, 이 근저당권 설정 관련 문구에 비추어 볼 때, 이는 피고 B에게 일반적·추상적 담보제공의무를 부담시키는 것에 불과하고, 구체적인 담보제공의무를 부담시키는 것은 아니어서 피고 B이 이에 불응하더라도 피고 C는 그 이행을 소구할 수 없을 것으로 보인다.

2) 이 사건 매매예약에 대하여

가) 관련 법리

사해행위가 성립되려면 채무자가 어떤 법률행위를 함으로써 채무자의 공동담보,

(출처 : 저자 제공)

---

> 사해행위에 관한 법리
>
> 즉 그의 적극재산에서 소극재산인 공제한 금액이 그 별률행위 이전보다 부족하게 되어야 하는 것이므로 수익자가 채무초과상태에 있는 채무자의 부동산에 관하여 설정된 선순위 담보가등기의 피담보채무를 변제하고 그 가등기를 말소하는 금액을 피담보채무로 하는 새로운 담보가등기를 설정하는 것은 채무자의 공동담보를 부족하게 하는 것이라고 볼 수 없어 담보가등기가 성립한다고 할 수 없지만, 선순위 담보가등기를 말소시킨 후 그 부동산에 관하여 매매예약을 하고, 그에 기하여 소유권이전등기청구권 보전의 가등기를 경료한 경우에는 그 부동산의 가액, 즉 시가에서 피담보채무 액을 공제한 잔액의 범위 내에서 사해행위가 성립한다(대법원 2003. 7. 11. 선고 2003다19435 판결 참조).
>
> 그리고 저당권이 설정되어 있는 목적물이 경우 목적물 중에서 일반채권자들이 공동담보로 제공되는 책임재산은 피담보채권액을 공제한 나머지 부분만이므로, 수익자가 채무초과 상태에 있는 채무자의 부동산에 관하여 설정된 선순위 근저당권의 피담보채무를 변제하여 근저당권설정등기를 말소하는 대신 동일한 금액을 피담보채무로 하는 새로운 근저당권설정등기를 설정하는 것은 채무자의 공동담보를 부족하게 하는 것이 아니다. 이때 수개의 부동산이 공동저당의 설정되어 있는 경우 책임재산을 산정할 때에 각 부동산이 부담하는 피담보채권액은 공동저당권의 목적으로 된 각 부동산의 가액에 비례하여 민법 제368조의 규정 취지에 비추어 특별한 사정이 없는 한 각 부동산이 책임지는 피담보채권액을 안분한 금액이라고 보아야 한다.
> (대법원 2012. 1. 12. 선고 2010다64792 판결 참조).

나) 앞서 본 법리를 이 사건에 비추어 보건대, 앞서 보았거나 설시한 증거에 의하여 인정되는 다음과 같은 사실 내지 사정을 종합하여 보면, 피고 B은 앞서 본 바와 같이

(출처 : 저자 제공)

# CHAPTER 5. 적용사례

채무초과 상태에서 이 사건 토지에 관하여 채권자 중의 한 사람인 피고 E와 이 사건 매매예약을 체결하고, 그에 관한 소유권이전청구권가등기를 마쳐 준 것으로서 위 소유권이전청구권가등기가 담보가등기라고 하더라도 이 사건 매매예약으로 인하여 일반채권자들에 대한 공동담보의 부족 내지 감소를 초래한 것이므로 이는 일반채권자들에 비추어 하는 사해행위에 해당된다. 나아가 이 사건 매매예약 당시 피고 B의 재산 상태에 비추어 볼 때, 피고 B은 이 매매예약에 의하여 채권의 공동담보에 부족을 생긴다는 것을 인식하고 있었다고 봄이 타당하다. 또한 이로써 수익자인 피고 E와 사해의사도 추정된다.

① 이 사건 선순위 근저당권의 피담보채무액은 145,802,787원이 있는데, 이 사건 매매예약 당시 이 사건 토지의 가액은 개별공시지가에 의하더라도 245,250,000원이므로 위 선순위 근저당권의 피담보채무액을 초과한다.

② 위 소유권이전청구권가등기가 담보가등기라고 하더라도 그 피담보채무액은 피고 B이 피고 E로부터 차용한 금액인 200,000,000원 이상이므로 이는 앞서 본 이 사건 선순위 근저당권의 피담보채무액을 넘는 금액이다.

③ 또한 이 사건 선순위 근저당권은 이 사건 토지와 그 지상 건물을 공동담보로 설정되어 있던 것이어서 이 실제로 이 사건 토지가 부담하는 피담보채무액은 위 선순위 근저당권의 피담보채무액인 145,802,787원에 훨씬 및 미치는 금액이었음이 분명해 보인다.

다. 피고 C, E의 선의 항변에 관한 판단

1) 주장의 요지

피고 C, E는 이 사건 근저당권설정계약 또는 매매예약 당시 피고 B이 이 사건 구

(출처 : 저자 제공)

상금 채무를 연대보증한 사실을 알지 못했고, 피고 회사의 경영이 어렵다는 사실을 모르고 있었다. 따라서 피고 C, E는 이 사건 근저당권설정계약 또는 이 사건 매매예약이 사고를 비롯한 피고 B의 일반채권자를 해한다는 사정을 인식하지 못한 선의의 수익자이다.

2) 관련 법리

사해행위취소소송에서 채무자의 악의의 점에 대하여는 취소를 주장하는 채권자에게 증명책임이 있으나 수익자 또는 전득자가 사해행위임을 또는 전득행위 당시 선의였다는 점에 대하여는 그 수익자 또는 전득자 자신에게 증명책임이 있으며, 채무자의 재산처분행위가 사해행위에 해당할 경우에 사해행위 또는 전득행위 당시 수익자 또는 전득자가 선의였음을 인정함에 있어서는 객관적이고도 납득할 만한 증거자료 등에 의하여야 하고, 채무자나 수익자의 일방적인 진술이나 제3자의 추측에 불과한 진술 등에만 터 잡아 사해행위 또는 전득행위 당시 수익자 또는 전득자가 선의였다고 선뜻 단정하여서는 아니 된다(대법원 2015. 6. 11. 선고 2014다237192 판결 등 참조).

3) 판단

앞서 본 법리를 이 사건에 비추어 보건대, 앞서 보았거나 설시한 증거에 의하여 인정되는 다음의 사실 내지 사정 즉, ① 피고 C는 피고 B의 처이고, 피고 E는 피고 B의 이모나므로서 피고 B의 경제상황에 대하여 비교적 잘 알 수 있는 위치에 있었던 점, ② 이 사건 근저당권설정계약은 피고 B이 이 사건 차용금 채무를 변제하지 못함에 따라 체결된 것임, ③ 피고 C, E가 이 사건 근저당권설정계약 또는 이 사건 매매예약 당시 피고 B이나 피고 회사의 채무 변제능력이 충분하다고 인식하였을 것이라고 볼 객관적인 자료

(출처 : 저자 제공)

가 없는 점 등에 비추어 볼 때, 피고 C, E가 주장하는 사정만으로는 수익자인 위 피고들에 대한 악의의 추정을 번복하여 위 피고들이 이 사건 근저당권설정계약 또는 매매예약 당시 그로 인하여 다른 일반채권자를 해한다는 것을 알지 못하였다고 인정하기에 부족하고, 달리 이를 인정할 만한 증거가 없다. 따라서 위 피고들의 위 항변은 모두 이유 없다.

### 라. 사해행위취소와 원상회복의 방법

#### 1) 사해행위의 취소

앞서 본 바와 같이 피고 C와 피고 B 사이에 2019. 3. 4. 체결된 이 사건 근저당권설정계약 및 피고 E와 피고 B 사이에 2019. 3. 25. 체결된 이 사건 매매예약은 각 사해행위로서 취소되어야 한다.

#### 2) 원상회복의 방법

가) 사해행위로 경료된 근저당권설정등기가 사해행위취소소송의 변론종결시까지 존속하고 있는 경우 그 원상회복은 근저당권설정등기를 말소하는 방법에 의하여야 하고, 사해행위 이전에 설정된 별개의 근저당권이 사해행위 후에 말소되었다는 사정은 원상회복의 방법에 아무런 영향을 주지 아니한다(대법원 2007. 10. 11. 선고 2007다45364 판결 참조). 또한 소유권이전등기청구권보전을 위한 가등기가 사해행위로서 이루어진 경우 그 매매예약을 취소하고 원상회복을 명하는 방법으로서 가등기를 말소하면 족한 것이고, 가등기 후에 가등기가 말소되었다거나 그 피담보채무가 일부 변제된 점 또는 그 가등기가 사실상 담보가등기라는 점 등은 그와 같은 원상회복의 방법에 아무런 영향을 주지 아니한다(대법원 2003. 7. 11. 선고 2003다19435 판결 참조).

나) 이러한 법리를 이 사건에 비추어 보면, 이 사건 각 사해행위취소에 따른 원상회복

- 12 -

(출처 : 저자 제공)

---

복으로 수익자인 피고 C는 피고 B에게 이 사건 토지에 관하여, 광주지방법원 해남지원 2019. 3. 5. 접수 제5904호로 마친 근저당권설정등기의, 피고 E는 같은 지원 2019. 3. 25. 접수 제7615호로 마친 소유권이전청구권가등기의 각 말소등기절차를 이행할 의무가 있다.

### 4. 결론

그렇다면, 원고의 피고들에 대한 청구는 이유 있으므로 이를 모두 인용하기로 하여 주문과 같이 판결한다.

재판장        판사

판사

판사

- 13 -

(출처 : 저자 제공)

# CHAPTER 5. 적용사례

## 사건내용

| | | | |
|---|---|---|---|
| 소 재 지 | 충남 보령시 명천동 ○○○, 동대동 ○○○, 주공로 (334가)[중남 보령시 주공로] | 재 권 자 | 교○○○○ |
| 경매구분 | 강제경매 | 채무소유자 | 김○○ / 김김○○○ |
| 용 도 | 아파트 | 청 구 액 | 3,997,505 |
| 감 정 가 | 15,600,000 (15.10.05) | 토지면적 | 전체 45.06 ㎡ 중 지분 10 ㎡ (3평) |
| 최 저 가 | 10,920,000 (70%) | 건물면적 | 전체 39.6 ㎡ 중 지분 8.8 ㎡ (2.7평) [13평] |
| 입찰보증금 | 2,184,000 (20%) | | |
| 주 의 사 항 | · 재매각물건 · 지분매각 | | |

(출처 : 지지옥션)

### 홍성 2015 타경 6367 - 지분(2/9) 경매

2016. 7. 5 양선○ 낙찰

양선○ 지분에 가등기(가등기권자 이광○)

### 홍성 2017 타경 16825 - 형지석 경매(공유물분할)

2018. 9. 27 원고 낙찰

2018. 11. 19 가등기말소청구의 소제기

#### 원고의 주장

피고와 양선○은 가등기의 원인 행위인 매매예약을 하지 않았고, 설사 매매예약을 했더라도 이는 통정허위표시로 무효다.

모한 이 사건 가등기는 담보가등기임에도 피고가 집행법원에 신고를 하지 아니하여 매각으로 소멸하였다.

#### 피고의 주장

2016. 9. 26 양선○과 그의 지분에 대한 매매대금을 15,769,000원으로 한 매매예약을 체결하고 이 사건 가등기를 마친 바, 순위보전가등기다.

(출처 : 지지옥션)

# CHAPTER 5. 적용사례

법원의 판단

법원의 판단 - 담보가등기로 판단

1. 피고는 양선○에게 낙찰대금 납부일(2016년 9월 2일) 이전인 2016년 8월 12일에 2,190,000원, 2016년 8월 29일에 14,500,000원을 송금했다.

2. 집행법원이 가등기의 보정명령을 내리자 양선○은 '이 사건 가등기는 채무관계로 발생된 채권을 담보하기 위한 권리사항을 등기하기 위한 내용으로 현재까지 유효합니다'라고 답변했다.

3. 보정명령에 대한 답변을 몰라서 주장하지만 J와 양선○은 여러 차례 경매를 같이 해온 사이로 경매의 문외한이라고 볼 수 없다.

4. 양선영이 지분을 피고에게 매도한 것으로 볼 경우 양선○은 전혀 이득을 얻지 못하고 피고에게 매도한 것으로 일반적이지 않다. 즉, 피고가 송금한 돈으로 낙찰대금을 납입한 것으로 보는 것이 타당하다. 또한 양선○의 통장에 J 명의의 돈 3,000만 원도 입금되어 낙찰대금을 납부하기에 충분하다고 피고가 주장하나 양선○의 진술이 오락가락한다.

5. 집행법원이 인수로 기재하는 것이 의미는 집행법원의 단순한 인식을 기재하는 것이다.

사건번호  대전지방법원 홍성지원 2016가단10209

기본내용

| | | | |
|---|---|---|---|
| 사건번호 | 2016가단10209 | 사건명 | 공유물분할 |
| 원고 | 양선○ | 피고 | 김종○ 외 1명 |
| 재판부 | 민사2단독 | | |
| 접수일 | 2016.10.21 | 종국결과 | 2017.06.28 원고승 |
| 원고소가 | 3,916,666 | 피고소가 | |
| 수리구분 | 제소 | 병합구분 | 없음 |
| 상소인 | | 상소일 | |
| 상소각하일 | | 보존여부 | 기록보존됨 |
| 인지액 | 19,580원 | | |
| 송달료,보관금 종결에 따른 잔액조회 | | | |
| 판결도달일 | | 확정일 | 2017.07.25 |

(출처 : 지지옥션)

(출처 : 대한민국 법원 사이트)

## 실사례 홍성 2017 타경 16825(담보가등기 셀프 지배)

### 사건내용

| 과거사건 | 홍성 2개 2015-6367 |
|---|---|

| 소 재 지 | 충남 보령시 ○동(현) (33477)충남 보령시 주공로 |
|---|---|

| 경매구분 | 형식적경매(공유물분할) | 채 권 자 | 8○○ |
|---|---|---|---|
| 용 도 | 아파트 | 채무/소유자 | 無 / 김○○○○ |
| 감 정 가 | 72,000,000 (17.10.10) | 청 구 액 | 0 |
| 최 저 가 | 24,696,000 (34%) | 토지면적 | 45.1m² (13.6평) |
| 입찰보증금 | 4,939,200 (20%) | 건물면적 | 40m² (12.0평)[13.9명형] |

주 의 사 항 : 재매각물건 · 소멸되지 않는 권리 : 김구 순위7번 소유권이전청구권 가등기(2016. 9. 26. 등가)

| 조 회 수 | · 금일조회 1 (2) · 금회차공고후조회 40 (26) · 누적조회 361 (58) · 7일내 3일이상 열람자 6 · 14일내 6일이상 열람자 2 | (는 5분이상 열람) (기준일 -2018.09.27/전국연회원전용) |
|---|---|---|

관리비 체납 : 166,360원 18년7월분까지 미납명임 수도민 포함 1130세대 · 관리사무소 041-934-7581

| 소재지/감정요약 | 물건번호/면적(m²) | 감정가/최저가/과정 | 임차조사 | 등기권리 |
|---|---|---|---|---|
| (33477) 충남 보령시 ○동(현) · 총○○ ○○○ ○○○ (주공로) | 물건번호 단독물건 대지 45.1/6770 (13.63평) ₩35,280,000 건물 39.6 (11.98평) ₩36,720,000 중5층 승인 : 1991.06.07 보존 : 1991.08.24 | 감정가 72,000,000 · 대지 35,280,000 (평당 2,588,408) · 건물 36,720,000 (51%) 최저가 24,696,000 (34%) 경매진행과정 ① 72,000,000 2018-03-27 유찰 ② 30% ↓ 50,400,000 2018-05-01 유찰 ③ 30% ↓ 35,280,000 2018-06-05 유찰 ④ 30% ↓ 24,696,000 2018-07-10 매각 예수금 | 법원임차조사 · ○○○○ ○○○ ○○○ ○○○○ 임차인 점유 및 임대차 관계는 미상 ○○○○○ 조사처 확인함 대항력 여부 배당 요구 및 권리 신고 내역 임대차 관계 진술 전입세대열람 내역 확인 결과 전입세대가 없음 가처분일자 2018.03.14 법원기록상 2018.03.14 지지옥션 전입세대조사 임 91.07.26 김○○ 주민센터확인 2018.03.14 | 근저당 한국주택은행 대전 1997.03.07 15,600,000 가등기 이광○ 2016.09.26 소유이전청구가 가처분 양선○ 2017.01.02 2016 카단 10319 대전 홍성 ○ 김 세 양선○ 2017.09.22 *청구액 0원 재권총액 15,600,000원 |

(출처 : 지지옥션)

---

(우측 상단 표)

| | | 감정가 37,390,000 (51.93%) | | 16명 |
|---|---|---|---|---|
| | | | 낙찰가 2018-07-17 납기 2018-08-14 (대금미납) | |
| ④ | | 24,696,000 2018-09-27 매각 | | |
| | | | 낙찰가 2018-10-04 납기 2018-11-01 납부 2018.10.23 | 35,310,000 (49.04%) |
| | | 2018-11-14 종결 | | |

· 가족수용제한구역 (전부제한구역) (보령) · 하수처리구역 (상대정화구역414.9번 지) 2017.10.10 프라임감정

(출처 : 지지옥션)

---

※ 설령 순위보전가등기라고 하더라도!

설령 매매예약을 원인으로 가등기를 마쳤다고 하더라도 피고는 경매 절차에서 임율을 했고 자순위매수신고까지 경매로 마쳤다. 따라서 양선○과 이광○ 및 근○은 2016년 이 사건 아파트에 관한 경매절차 및 그 후의 공유물분할청구의 소, 공유물분할을 위한 경매절차에 함께 관여했다고 보는 것이 타당하다!

피고와 양선○ 사이의 명의신탁관계가 성립한다는 말이다. 즉, 부동산 실권리자 명의 등기에 관한 법률에 의해 무효인 명의신탁약정을 전제로 명의신탁 부동산 자체의 반환을 구하는 범주에 속하는 것이어서 무효인 것이다.

※ 이 물건을 보는 중요한 포인트!

이전 사건(2015 타경 6367)과 이번 사건(2017 타경 16825)이 낙찰가를 유심히 보는 것도 해심이다. 이전 사건에서는 양선○이 9분의 2 지분인 거의 1,600만 원에 낙찰받고, 전체 매가에서 용감한 낙찰자가 전체를 3,500만 원에 낙찰받았다(전체를 매우 싸게 낙찰받은 것이고 이는 양선○의 손실). 만약, 소송에서 패소하더라도 빼가는 것은 9분의 2분, 즉 800만 원을 빼가는 것이고, 9분의 7 지분은 여전히 가지고 있으니 자후에 전체 매각이든 지분을 매각하든, 모든 협상하든, 경매를 하든 수익을 남기고 빠져나올 수 있는 구조다. 그러니까 이전 사건과 이번 사건의 가격을 비교해보면 가등기의 정보가 없더라도 최저가 24,696,000원에 입찰하는 것이 합리적인 의사결정이라고 할 수 있다.

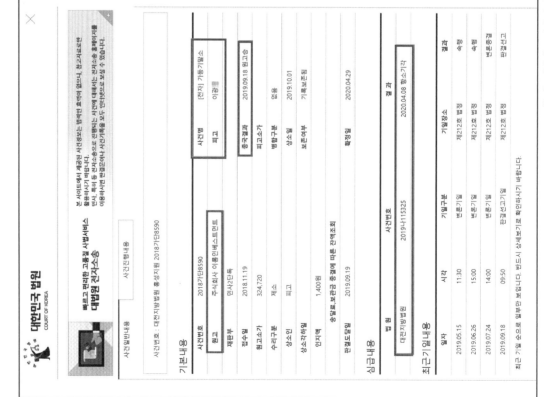

대전지방법원 홍성지원

판 결

| | |
|---|---|
| 사 건 | 2018가단8590 가등기말소 |
| 원 고 | 주식회사 A  낙찰자 |
| 피 고 | B  가등기권자 |
| 변론종결 | 2019. 7. 24. |
| 판결선고 | 2019. 9. 18. |

주 문

1. 피고는 원고에게 별지 목록 기재 부동산 중 2/9지분에 관하여 대전지방법원 내 보령등
기소 2016. 9. 26. 접수 제22157호로 마친 소유권이전청구권가등기의 말소등기절차
를 이행하라.

2. 소송비용은 피고가 부담한다.

청 구 취 지

주문과 같다.

이 유

1. 인정사실

가. C은 이 법원 D 부동산강제경매절차에서 별지 목록 기재 부동산(이하 '이' 사건

- 1 -

(출처 : 저자 제공)

(출처 : 대한민국 법원 사이트)

아파트라 한다) 중 E의 지분인 2/9 지분을 낙찰받고 2016. 9. 그 대금을 납입하였
다.

나. F은행이 1997. 3. 7. 이 사건 아파트에 관하여 채권최고액 1,560만 원으로 한 근
저당권설정등기를 마쳤다. 2016. 9. 8. 위 근저당권의 목적이 이 사건 아파트 중 C이
낙찰받은 지분을 제외한 나머지 지분에 관한 근저당권으로 변경되었다는 내용의 부기
등기가 마쳐졌다(이하 '이 사건 근저당권'이라 한다).

다. 이 사건 아파트 중 C 지분에 관하여 2016. 9. 26. 주문 제1항 기재의 피고 명의
의 지분이전청구권가등기(이하 '이 사건 가등기'라 한다)가 마쳐졌다.

라. C은 2016. 10. 21. 이 사건 아파트의 다른 공유자인 G와 H를 상대로 공유물분할
청구의 소(이 법원 2016가단10209)를 제기하였고, 2017. 6. 28. "이 사건 아파트를 경
매에 부쳐 그 대금에서 경매비용을 공제한 나머지 금액을 C과 H에게 각 2/9, G에게
5/9의 비율로 분배한다"는 판결이 선고되었으며, 위 판결은 2017. 7. 25. 확정되었다.

마. C은 위 확정판결에 따라 2017. 9. 6. 이 법원 [ ]로 공유물분할을 위한 경매를 신
청하였고, 원고가 2018. 10. 23. 낙찰대금을 납입하여 소유권을 취득하였다.

바. 위 경매로 위 근저당권설정등기와 부기등기가 말소되었으나 이 사건 가등기는
말소되지 아니하였다.

【인정 근거】 갑 제1, 2, 6, 10호증의 각 기재, 변론 전체의 취지

2. 주장 및 판단

가. 당사자의 주장

1) 원고의 주장

피고와 C은 이 사건 가등기의 원인행위인 매매예약을 하지 않았고, 실제 매매에

약을 하였다고 하더라도 이는 통정허위표시로서 무효이다. 또한 이 사건 가등기는 담
보가등기임에도 피고가 집행법원에 신고를 하지 아니하여 매각으로 소멸하였다. 따라
서 피고는 이 사건 가등기를 말소할 의무가 있다.

2) 피고의 주장

피고는 2016. 9. 26. C과 그의 지분에 대한 매매대금을 15,769,000원으로 한 매매
예약을 체결하고 이 사건 가등기를 마쳤는바, 이 사건 가등기는 순위보전을 위한 가등
기이다. 이 사건 근저당권은 C 지분에 관하여 설정된 것이 아니므로, C 지분에 관한
이 사건 가등기는 최선순위의 가등기이다. 따라서 이 사건 가등기는 입소되어야 하는
것이 아니라 낙찰자인 원고에게 인수되었다.

나. 판단

1) 민사집행법 제274조 제1항은 "유치권에 의한 경매와 민법·상법 기타 법률의 규
정에 의한 환가를 위한 경매는 담보권의 실행을 위한 경매에 의하여 실시한다."
고만 규정하고 있으므로, 민법 제269조에 의하여 실시되는 공유물분할을 위한 경매에
있어서 목적부동산 위의 부담을 소멸시켜 완전한 소유권을 취득하게 되는 이
른바 소멸주의를 취할 것인지, 아니면 매수인이 목적부동산 위의 부담을 인수하는 이
른바 인수주의를 취할 것인지는 경매의 목적이 채권의 회수에 있는가 또는 단순
한 환가에 있는가에 따라 논리필연적으로 도출되는 것이 아니라, 경매의 취지와 목적
및 성질, 경매가 근거하는 실체법의 취지, 경매를 둘러싼 소유자와 채권자 및 매수인
등의 이해관계 등을 종합하여 결정하여야 한다. 민사집행법 제91조 제2항, 제3항, 제
268조에서 경매의 대부분을 차지하는 강제경매와 담보권 실행을 위한 경매에서 소멸주
의를 원칙으로 하고 있음 뿐만 아니라 이를 전제로 하여 배당요구의 종기결정이나 제

# CHAPTER 5. 적용사례

권선고의 최고, 배당요구, 배당절차 등에 관하여 상세히 규정하고 있는 점, 공유물분할을 위한 경매에서 인수주의를 취할 경우 필요하다고 보이는 목적부동산 위의 부담이 손부 및 내용을 조사·확정하는 절차에 대하여 아무런 규정이 없고 인수되는 부담의 범위를 제한하는 규정도 두지 않을뿐더러 위의 부담이 담보하는 채무를 매수인이 인수하도록 하는 규정도 없는 점, 공유물분할을 위한 경매에서도 목적부동산 위의 부담을 소멸시키는 것을 법정매각조건으로 하여 실시한다고 봄이 상당하다. 다만, 집행법원은 필요한 경우 위 위와 같은 법정매각조건과는 달리 목적부동산 위의 부담을 소멸시키지 않고 이를 그 지분이어야 한다(대법원 2009. 10. 29. 선고 2006다37908 판결 참조). 부동산의 강제경매 절차에서 경매목적부동산이 낙찰된 때에는 소유권이전등기청구권의 순위보전을 위한 가등기는 그보다 선순위의 담보권이나 가압류가 없는 이상 담보목적의 가등기와는 달리 말소되지 아니한 채 낙찰인에게 인수되는 것인데, 권리신고도 되지 않아 담보가등 기인지 순위보전의 가등기인지 알 수 없는 경우에는 그 가등기가 등기상 최선순위의 가등기이자 순위보전의 가등기라고 그 가등기의 내용이 담보가등기인지 순위보전의 가등기인지

(출처 : 저자 제공)

---

2015타경6367 지분 낙찰자(양선영씨)

면 집행법원으로서는 일단 이를 순위보전을 위한 가등기로 보아 낙찰인에게 그 부담이 인수될 수 있다는 취지를 임찰물전매서에서 기재한 후 그에 기하여 경매절차를 진행하였음은 틀림없고(대법원 2003. 10. 6. 자 2003마1438 결정 참조), 만수 위 가등기가 담보가등 기이면 가등기 담보 등에 관한 법률 제16조 제2항에 따라 가등기담보권자가 배당요구 이 시한 내에 채권신고를 한 경우에 한하여 가등기 담보제권자는 매각대금의 배당을 받을 수 있는 것이므로, 담보가등기권자가 채권신고를 하지 아니한 결과 배당을 받지 못한 경우에는 가등기담보권은 경매로 소멸하게 되고(경매로 인하여 그 등기가 말소되 기 아닐라도 원인무효의 등기에 해당한다), 낙찰로 소유권을 취득한 자는 그것이 담보 가등기였음을 입증하여 그 말소를 구할 수 있다.

2) 각 제2, 4, 5, 8호증, 을 제1, 2호증, 을 제3호증의 1, 2, 을 제4호증의 2의 다 기 제 및 증인 C의 일부증언에 변론 전체의 취지를 종합하여 인정되는 다음의 사실 및 사정을 모아보면, 이 사건 가등기는 담보가등기라고 봄이 타당하고, 아래에 인정에 반 하는 을 제4호증의 1의 기재는 믿기 아니하고 달리 반증이 없다.

① 피고는 C에게 (C이 이 사건 아파트 중 2/9 지분을 낙찰대금을 납입한 2016. 9. 2. 이전인) 2016. 8. 12. 2,190,000원을, 2016. 8. 29. 14,500,000원을 송금하였다.

② 집행법원이 위 공유물분할을 위한 경매절차에서 2017. 9. 8. C에게 이 사건 가등기가 현재로 유효하게 존재하느냐 여부에 대하여 보정명령을 내리자, C은 '이 사 건 가등기는 채무관계로 발생된 채권을 담보하기 위한 권리사용을 등기하기 위한 내용 으로 현재까지 유효합니다'라고 답변하였다. 구체적 사정에 대한 언급 없이 단지 위 담 보 원래까지 유효합니다'라고 답변하였고, C이 일부 증언은 인기 어렵다. 피고는, 위 담 변은 아들이 잘못 알고 답변한 것이라는 C의 일부 증언은 인기 어렵다. 피고는, 위 답 변은 J의 조언을 받아 C이 자녀가 제출한 것으로서 담보가등기인지 순위보전의 가등기

(출처 : 저자 제공)

인지에 관한 내용을 정확히 파악하지 못한 상황에서 보정서를 제출한 것이라고 주장하나, J과 C은 여러 차례 경매를 같이 해 온 사이로서 경매에 관한 문외한이라고 볼 수 없는 점에 비추어 받아들일 수 없다.

③ C이 위 지분을 피고에게 매도한 것으로 볼 경우 C은 전혀 이득을 얻지 못하고 피고에게 매도한 것으로서 이는 일반적이지 않다. C이 경매절차에서의 답변과 C이 낙찰대금을 납입하기 전에 경매 절차에서의 입찰하여 이 사건 아파트 중 2/9 지분을 낙찰받고 피고로부터 송금받은 돈으로 낙찰대금을 납입한 것으로 봄이 제좌로 낙찰대금을 납입한 것으로 봄이 타당하다(피고도, J이 2016. 9. 2. C 명의 계좌로 낙찰대금을 송금하여 그 2/9 지분 낙찰대금을 지급하기에 충분한 금액으로 C이 이 사건 아파트 중 낙찰대금을 납입한 것은 아니라고 주장하나, C은 당시 잘못가 돈이 필요하게 되어 피고에게 매도하기로 하고 매매예약을 체결하였는데, 피고로부터 송금받은 돈으로 낙찰대금을 냈는다고 기어이 나서 다른 용도에 사용하였는지도 기어이 나서 않는다고 중언하였고, C은 J과 함께 입찰 등을 진행하는 판매인 점에 비추어 J이 송금한 돈이 이 사건 아파트 중 2/9 지분 아파트 중 일부 지분 낙찰대금의 지금을 위한 용도라고 보기 어려우며, 피고가 2회나 송금한 돈 중 2016. 8. 29. 14,500,000원과 같은 금액을 C이 2016. 9. 2. 낙찰대금으로 사용한 점 등에 비추어 받아들일 수 없다.

**3) 이 사건 가등기의 무효 여부**

을 제2호증의 기재에 의하면, 위 공유물분할을 위한 경매사건의 매각물건명세서에 이 등기된 부동산에 관한 권리 또는 가처분으로 매각으로 그 효력이 소멸되지 아니하는 것, 비고란에는 '이 사건 가등기가 기재되어 있고, 비고란에는 '이 사건 가등기는 소멸되지 않는

(출처 : 저자 제공)

---

지 않고 매수인이 인수함, 만약 가등기된 매매예약이 완결되는 경우에는 매수인이 이 부분 2/9의 소유권을 상실하게 됨, 특별매각조건 매수보증금 20%'라고 기재되어 있는 사실을 인정할 수 있다.

하지만 위 경매사건은 강제경매나 담보권 실행을 위한 경매와 마찬가지로 목적부동산 위의 부담을 소멸시키는 것을 별정매각조건으로 하여 실시된 공유물분할을 위한 경매이고, 집행법원이 매수보증금을 20%로 정한 특별매각조건 외에 이 사건 가등기를 소멸시키지 않고 매수인으로 하여금 인수하도록 한다는 매각조건 변경결정을 하지 아니하였다. 가등기가 등기부상 최선순위이면 집행법원으로서는 일단 이를 인수할 것을 위하여한 기재에 주 경매절차를 진행하는 것이 일반적인데, 집행법원이 이 사건 아파트의 매각물건명세서에 '매각으로 소멸되지 않는 선순위 가등기 있음'이라고 기재한 것은 적절한지는 아니하나 부적법한 것으로 보기는 어렵고, 이러한 기재는 집행법원의 인식을 기재한 것으로서 매각조건의 변경결정이 없음에도 위 기재에 의하여 이 사건 가등기가 매수인에게 인수된다는 매각조건상의 것으로 볼 수 없다. 따라서 매각물건명세서의 위 기재에 의하여 이 사건 가등기가 낙찰자에 원고에게 인수되는 것은 아니다.

또한 집행법원이 2018. 1.경 피고에게 이 사건 가등기가 담보가등기인지 여부 등에 대하여 신고를 하거나 아니한 사실을 당사자 사이에 다툼이 없느바, 담보가등기가 마쳐진 부동산에 대하여 경매 등이 행하여진 때에는 담보가등기권리는 그 부동산의 매각에 의하여 소멸하므로(가등기 담보 등에 관한 법률 제15조), 낙찰인이 원고가 매각가격결정을 받아 그 낙찰대금을 모두 지급함으로써 소유권을 취득하였으므로, 가등기담보권은 그 경매의 이 사건 가등기가 기재되어 있고, 비고란에는 '이 사건 가등기는

(출처 : 저자 제공)

[별지목록]

1. 1동 건물의 표시
충청남도 보령시
충청남도 보령시
아파트
동

[도로명주소] 충청남도 보령시
철근콘크리트조 슬래브지붕 5층
아파트
1층 454.5㎡
2층 454.5㎡
3층 454.5㎡
4층 454.5㎡
5층 454.5㎡

전유부분의 건물의 표시
제2층 호
철근콘크리트조
39.60㎡

대지권의 목적인 토지의 표시
토지의 표시 : 1. 충청남도 보령시
대 6916 ㎡
2. 충청남도 보령시
대 9854㎡
대지권의종류 : 1. 소유권
대지권의 표시 : 1. 16,770의 45.06
대지권비율 : 1. 16,770의 45.06

(출처 : 저자 제공)

---

로 소멸하게 되었고, 경매로 인하여 이 사건 가처분이 말소되지 않았지만 이는 원인무효로 등기이다(설사 이 사건 가처분이 담보가등기가 아니고 피고가 C에게 매매대금을 지급하고 매매예약을 원인으로 순위보전의 가등기를 마쳤다고 하더라도 갑 제8, 9호증의 각 기재에 변론 전체의 취지를 종합하여 알 수 있는 다음의 사실 및 사정 ① 를 피고 는 이 경매절차에서 입찰을 하였고 차순위 매수인신고까지 마친 사실 ② 매매예 약일자 이전에 이미 매매예약상의 대금을 모두 지급하였고 C이 이를 낭랑대금으로 납입한 점, 그 후 피고가 아닌 C이 2016. 10.경 공유물분할청구의 소를 제기하고 확정된 판결에 기하여 경매를 신청하였고, 피고가 입찰에 참가하여 차순위 매수인신고까지 마 쳤던 점에 비추어 ③ 과 피고 및 C은 2016년경 이 사건 아파트에 관한 경매절차 및 그 후의 공유물분할청구의 소, 공유물분할합을 위한 경매절차에 함께 관여하였다고 봄이 타 당한 점 등을 모아보면, 이 사건 아파트 중 2/9 지분을 경매절차에서 낭랑받으면서 매 수대금의 실질적 부담자인 피고와 명의인인 C 사이에 명의신탁관계가 성립하였고, 이 사건 가처분는 그룹 사이에 매수대금의 실질적 부담자인 피고의 요구에 따라 부동산의 소유 명의를 이전하기로 하는 등의 약정을 하고서 마친 것으로서, 이는 부동산 실권리 자명의 등기에 관한 법률에 의하여 무효인 명의신탁약정을 전제로 명의신탁 부동산의 자체의 반환을 구하는 범주에 속하는 것이어서 무효이다).

3. 결론

이 사건 가등기는 무효이므로 피고는 원고에게 이 사건 가등기의 말소등기절차를 이 행할 의무가 있다.

이 사건 청구는 이유 있으므로 이를 인용한다.

(출처 : 저자 제공)

PART

# 2 가치론

감정평가사가 알려주는 가능기 · 가처분 투자 비밀 노트

CHAPTER

# 1

# 가처분의 개관

감정평가사가 알려주는 가능기·가처분 투자 비밀 노트

# CHAPTER 1. 가처분의 개관

## 가처분이란?

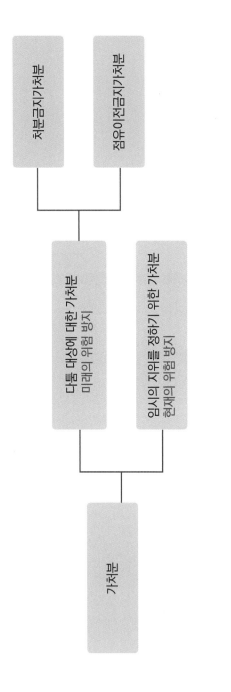

가처분

다른 대상에 대한 가처분
미래의 위험 방지

임사의 지위를 정하기 위한 가처분
현재의 위험 방지

처분금지가처분

점유이전금지가처분

경매에서 다뤄지는 가처분은 바로 다음의 대상이 되는 계쟁물*에 대한
처분금지가처분과 낙찰 후 명도단계에서의 점유이전금지가처분이 있다.

*계쟁물 - 소송에서 다루는 목적이 되는 대상

## 1. 가처분의 목적

### 민사집행법 제300조(가처분의 목적)

① 다툼의 대상에 관한 가처분은 현상이 바뀌면 당사자가 권리를 실행하지 못하거나 이를 실행하는 것이 매우 곤란할 염려가 있을 경우에 한다.

② 가처분은 다툼이 있는 권리관계에 대하여 임시의 지위를 정하기 위하여도 할 수 있다. 이 경우 가처분은 특히 계속하는 권리관계에 끼칠 현저한 손해를 피하거나 급박한 위험을 막기 위하여, 또는 그 밖의 필요한 이유가 있을 경우에 하여야 한다.

즉, 처분금지가처분은 목적 부동산에 가처분 채무자의 소유권 이전, 저당권, 전세권 설정, 기타 일체의 처분행위를 금지시켜 가처분 당사자의 상태대로 현상을 고정할 필요가 있을 때 하는 처분이다.

⇒ 본안소송을 진행하는 동안 현상이 바뀌면 집행이 불가능해 지는 경우 미리 부동산에 가처분을 하면 피보전권리와 금지사항이 등기부를 통해 확인되므로 부동산에 관한 분쟁을 제3자가 알 수 있다. 그럼에도 불구하고 해당 부동산에 대한 소유권을 취득하고 저당권을 설정했다면 선의의 제3자가 될 수 없다.

그러므로 이와 같은 경우에는 제3자가 악의라는 것을 따로 입증할 필요 없이 승소가 가능할 것이고, 사기로 소유권 이전을 해준 이후의 모든 등기의 말소행위에 대한 말소를 신청할 수 있다.

# CHAPTER 1. 가처분의 개관

## 1. 가처분의 목적

※ 처분금지가처분과 점유이전금지가처분 비교

| | 계쟁물에 대한 가처분 | | |
|---|---|---|---|
| 개념 | 장래의 집행불능을 대비해 특정물이나 권리의 인도, 지급을 보전하기 위해 현재의 상태를 유지하려는 집행보전처분 | | |
| 효력 | ① 처분금지효 ② 상대적 효력 | | |
| 실례 | 처분금지가처분<br>점유이전금지가처분 | | |
| | 처분금지가처분 | | 점유이전금지가처분 |
| 개념 | 목적물의 현상을 가처분 당시의 상태대로 고정·유지하기 위해서 목적물에 대한 가처분 채무자의 소유권이전, 저당권(전세권, 임차권 설정, 기타 일체의 처분행위를 금지시키는 보전처분 | | 명도소송을 진행하는 동안 점유자가 부동산에 대한 점유를 다른 이에게 이전하거나 점유 명의를 변경하려는 위험을 원천적으로 방지하기 위해 시행된다. |
| 피보전권리 | 비금전채권(소유권이전 (말소)등기청구권, 건물철거가청구권(권유물반환청구권) | | 소유권에 기한 명도청구권 |
| 보전의 필요성 | 본안소송에서 승소 시 집행불능 또는 그 위험 방지 | | 명도판결의 집행불능 또는 그 위험 방지 |
| 효력 | 처분금지효 | | 현상(점유주체) 변경의 금지 |
| | 상대적 무효 | | 당사자의 항정효(恒定效) |

## 2. 처분금지가처분의 효력

### 처분금지효

부동산에 관하여 처분금지가처분의 등기가 마쳐진 후에 가처분권리자가 본안 소송에서 승소판결을 받아 확정되면, 그 피보전권리의 범위 내에서 그 가처분에 저촉되는 처분행위의 효력을 부정할 수 있고, 이때 그 처분행위가 가처분에 저촉되는 것인지의 여부는 그 처분행위에 따른 등기와 가처분등기의 선후에 의하여 정해진다고 할 것이다(대법원 1982. 10. 12 선고 82다129 판결).

임차인이 토지를 임차하고 그 지상에 이 사건 건물을 신축함으로써 이를 원시취득하였다고 하더라도, 그 건물의 보존등기를 하기 이전에 이미 이 사건 토지에 관하여 처분금지가처분등기를 마친 원고에 대하여는 그 토지임대차의 효력이 생기지 아니한다고 할 것이다(대법원 2003. 2. 28 선고 2000다65802, 65819).

따라서 가처분 등기보다 후순위 임차권자는 소유권에 대한 처분금지가처분등기에 기한 본안판결로 소유권을 이전받은 새로운 소유자에게는 대항이 없다. 즉, 선순위 가처분에 대하여 현행 주택 및 상가건물임대차보호법하에서는 임차인의 대항력이 없다.

### 상대적 효력

채무자 소유의 부동산에 대하여 처분금지가처분결정이 된 경우에 가처분채무자는 그 부동산을 처분할 수 없는 것이 아니고, 다만 그 처분을 가지고 가처분에 저촉되는 범위 내에서 가처분채권자에게 대항할 수 없는 것에 지나지 않는다(대법원 1988. 9. 13 선고 86다카191 판결).

## 3. 점유이전금지가처분의 효력

### ※ 집행문 교시 내용

위 집행권원에 기한 채권자의 위임에 의하여 별지 표시 부동산에 대하여 채무자의 점유를 해제하고 집행관이 이를 보관한다.

그러나 이 부동산의 현상을 변경하지 않을 것을 조건으로 하여 채무자가 사용할 수 있다.

채무자는 별지 표시 부동산에 대하여 그 점유를 타인에게 이전하거나 또는 점유명의를 변경하지 못한다.

누구든지 집행관의 허가 없이 이 교시를 손상 또는 은닉하거나 기타의 방법으로 그 효용을 해하는 때에는 벌을 받을 수 있다.

### 현상(점유주체)의 변경금지

점유이전금지가처분 이후 채무자로부터 점유를 이전받은 제3자에 대해서는 채무자를 상대로 한 명도판결에 대한 승계집행문을 부여받아 본집행을 함으로써 제3자의 점유를 배제할 수 있다.

### 당사자 항정효

점유이전금지가처분 이후 채무자가 점유를 타인에게 이전하더라도 가처분채무자는 가처분채권자에 대한 관계에서는 여전히 그 점유자의 지위에 있다는 의미로서 당사자항정의 효력이 인정될 뿐, 가처분 이후에 매매나 임대차 등을 근거로 하여 가처분채무자로부터 점유를 이전받은 제3자에 대하여 가처분채권자가 가처분 자체의 효력으로 직접 퇴거를 강제할 수는 없고, 가처분채권자로서는 본안판결의 집행단계에서 승계집행문을 부여받아서 그 제3자의 점유를 배제할 수 있을 뿐이다(대법원 1999. 3. 23 선고 98다59118 판결).

## 3. 점유이전금지가처분의 효력

### 공무상표시무효죄

형법 제140조 제1항 규정이 공무상표시무효죄 중 '공무원이 그 직무에 관하여 실시한 압류 기타 강제처분의 표시를 기타 방법으로 그 효용을 해하는 것'이라 함은 손상 또는 은닉 이외의 방법으로 그 표시 자체의 효력을 사실상으로 감살 또는 멸각시키는 것을 의미하는 것이지, 그 표시의 근거인 처분의 법률상의 효력까지 상실케한다는 의미는 아니라 할 것이다.

이 사건 점유이전금지가처분 채무자인 피고인은 집행관이 이 사건 건물에 관하여 가처분을 집행하면서 '채무자는 점유를 타에 이전하거나 또는 점유명의를 변경하여서는 아니된다' 등의 집행 취지가 기재되어 있는 고시문을 이 사건 건물에 이후에 제3자로 하여금 이 사건 건물 중 3층에서 가폐 영업을 할 수 있도록 이를 무상으로 사용케 하였다는 것인 바, 이러한 피고인의 행위는 위 고시문의 효력을 사실상 멸각시키는 행위라 할 것이고, 가족, 고용인 기타 동거자 등 가처분 채무자에게 부수하는 사람을 거주시키는 것과 같이 가처분 채무를 사용하는 하나의 태양에 지나지 아니하는 행위라고 보기는 어려우므로 형법 제140조 제1항 소정의 공무상표시무효죄에 해당한다 할 것이고, 비록 점유이전금지가처분 채권자가 가처분이 가지는 당사자항정효로 인하여 가처분 채무자로부터 점유를 이전받은 제3자를 상대로 본안판결에 대한 승계집행문을 부여받아 가처분의 피보전권리를 실현할 수 있다 하더라도 달리 볼 것은 아니다(대법원 2004. 10. 28 선고 2003도8238 판결).

# CHAPTER 1. 가처분 개관

## 3. 점유이전금지가처분의 효력

## ※ 임시의 지위를 정하는 가처분

| | 임시의 지위를 정하는 가처분 |
|---|---|
| 개념 | 권리관계에 다툼이 있는 경우 확정판결이 있기 전까지 현상을 방치한다면 나중에 확정판결을 받아도 그 목적 달성이 어려운 경우에 잠정적으로 권리자에게 임시의 지위를 부여하여 손해나 위험을 피하기 위한 보전처분으로서 장래의 집행보전이 아닌 현존하는 위험 방지가 주목적 이며, 피보전 권리의 종류를 불문한다. |
| 효력 | ① 적극적으로 현상을 변경 해 새로운 권리·법률관계의 형성<br>② 잠정적·임시적인 효력 (예 : 배당금지금지가처분)<br>③ 단행적·만족적 효력 : 본안판결과 실질적으로 동일한 내용의 권리, 법률관계의 형성(예 : 명도단행가처분) |
| 실례 | 금원지급지금지가처분, 명도단행가처분, 철거단행가처분, 공사중지가처분 |

## ※ 부동산 명도단행가처분이 발령되는 경우

채권자들이 구하고 있는 인도단행가처분은 이른바 만족적 가처분으로서, 그것이 발령·집행될 경우 보안판결 전에 채권자들의 권리가 종국적으로 만족을 얻는 것과 동일한 결과에 이르게 되는 반면, 채무자들은 보안소송을 통해 다투어볼 기회를 가져보기도 전에 이용 상태가 부정 되는 결과를 초래하므로, 이러한 가처분이 인용되려면 피보전권리와 보전의 필요성에 관한 고도의 소명이 요구된다.

따라서 만족적 가처분은(채무자의 항변이 인정되지 않는 무조건적인 인도청구권의 존재가 명백해 명도단행가처분의 집행으로 인해 채무자의 정당한 권리가 침해될 가능 성이 없고) 보안소송에 의할 경우 권리실현의 지연으로 채권자들이 현저히 손해를 입게 되거나 소송의 목적을 달성하기 어려운 등 예외적인 경우 에 한해 발령될 수 있다.

# CHAPTER 1. 가처분의 개관

## 4. 가처분등기의 유형 및 신청 이유

### 가처분등기의 유형 및 신청 이유 7가지

1) 매매계약 등 약정에 의한 소유권이전등기청구권 보전을 위한 가처분

예 : 아파트를 새로 매입하는 과정에서 계약금과 중도금을 납입해서 이행이 착수에 이르렀는데 상대방이 이중매매로 타인에게 소유권이전등기를 경료해준다면 매수인으로서는 낭패를 볼 수밖에 없다.

### 2) 사해행위 취소로 인한 소유권이전등기말소청구권 보전을 위한 가처분

예 : 채무자가 채무의 면탈을 목적으로 부동산을 타인(수익자)에게 매도한 경우 이의 원상회복을 위하여 사해행위취소소송 제기 전 처분금지가처분을 해야 할 것이다.

3) 서류위조 및 등기원인의 무효로 인한 소유권이전등기말소청구권 보전을 위한 가처분

말소기준권리의 선후를 불문하고 본안소송의 결과에 따라 낙찰자는 소유권을 상실할 수 있다.

4) 토지소유권에 기한 방해배제로서의 건물에 대한 철거청구권 보전을 위한 가처분

토지소유자가 건물철거소송을 제기해서 소송이 진행 중(변론 종결 전)인데 건물 소유자가 건물을 타에 처분하는 경우 기존의 소송을 취하하고 새로운 건물 주인을 상대로 소송을 제기해야 하는 절차의 반복을 방지할 수 있다.

# CHAPTER 1. 가처분의 개관

## 4. 가처분등기의 유형 및 신청 이유

5) 공유물분할을 원인으로 한 소유권이전등기청구권 보전을 위한 가처분

공유물분할청구소송이 계속 중 변론종결 전에 타 지분소유권을 타인에게 처분할 경우 다시 새로운 소송을 제기해야 하며, 타 지분권자가 가등기나 가처분을 할 경우 후에 공유물분할 판결에 따른 형식적 경매를 진행할 때 인수 여부에 따라 낙찰가격이 떨어질 수 있다. 또한 변론종결 전에 타인이 자기의 지분에 '약정에 의한 소유권이전등기청구권'을 피보전권리로 해 가처분을 한 후 변론종결 후에 약정에 따른 지분이전등기를 마친 새로운 공유자에게는 공유물분할판결에 따른 집행력이 승계되지 않는다.

6) 재산분할청구권을 보전하기 위한 가처분

이혼소송을 청구하기 전에 배우자의 재산을 보존하기 위해 미리 재산분할청구권을 피보전권리로 가처분 신청한다.

7) 근저당권설정계약에 따른 근저당권설정등기청구권보전을 위한 가처분

토지 담보로 지상에 신축 공사대금을 대출해주면서 은행과 건축주 간에 주 건물이 지어지면 건물에 추가 근저당을 설정하기로 하는 약정을 체결하는 경우, 이때 근저당설정청구권을 피보전권리로 한 선순위 가처분 또는 시공사가 건물을 완공했음에도 공사대금을 지급받지 못했을 때 공사대금채권을 확보할 목적으로 근저당설정청구권을 피보전권리로 해 가처분을 해두기도 한다.

CHAPTER

# 2

## 권리분석

## 권리분석 요약 정리

### 선순위 가처분

원직 : 인수되며,
건물철거 및 토지인도 가처분 등

예외적인 경우 인수되지만 말소 가능

1. 말소동의서 확보
2. 본안의 제소명령신청 후 제소하지 않으면 채무자 신청에 따라 취소
3. 사정변경 등에 따른 가처분취소
   1) 피보전권리에 관한 사항(이유가 소멸되는 등)
   2) 보전의 필요성에 관한(담보 제공)
   3) 제소기간의 도과(소멸시효)
4. 목적달성 - 선순위 가처분권자 = 경매신청채권자, 선순위 가처
   분권자 = 근저당권자, 가처분권자가 소유권 취득

### 후순위 가처분

원직 : 말소되며,

예외적인 경우 인수(위험)

1. 인수(절대적 원인 무효 포함)
   1) 건물철거 및 토지인도 가처분
   2) 절대적 원인무효
      가. 등기서류 위조에 의한
      나. 반사회질서
      다. 불공정한 법률행위
   3) 형식만 남은 선순위근저당(말소기준권리)이후 가처분

2. 위험 (상대적 원인 무효)
   1) 의사표시의 취소(민법107~110조) - 제3자는 선의로 추정
   2) 사해행위의 취소

## 1. 단계별 가처분 물건 분석

경매의 권리분석에서 처분금지가처분은 말소기준권리(등기)보다 선순위인 경우에는 당연 인수를 가정하고 분석하면 되지만, 후순위인 경우에는 낙찰 후 소멸되지만 소유권을 상실할 수 있는 위험한 가처분도 존재하므로 신중하게 분석해야 한다.

### 1단계 : 말소기준권리를 기준으로 인수? 말소? 여부를 판단

1) 선순위에서 가처분 및 피보전권리의 소멸 가능성 판단
2) 후순위 가처분에서 피보전권리의 위험성 판단

### 2단계 : 본안소송의 제기 여부와 결과 조사

1) 어떤 경우는 후순위 가처분을 말소시키더라도 낙찰자가 소유권을 상실할 수도 있기 때문에 단지 가처분이 말소 가능 여부만 가지고 낙찰자의 소유권 확보 안정성을 평가하면 곤란하다. 즉, 가처분이 낙찰자에게 위험한가 아닌가(절대적 원인무효 또는 건물철거, 상대적 원인무효)를 따져야 한다. 이 경우 최종적으로 본안소송이 진행 내역이나 결과를 조사해야 한다.

소송으로 다투게 될 피보전권리가 본안소송에서 가처분권리자가 승소하면(또는 승소 가능성이 높다면 또는 벌써 승소했다면) 등기부등본상 권리가 어떻게 바뀌게 될 것인지, 그로 인해 낙찰자의 소유권은 어떻게 될 것지로 위험 여부를 판단해야 한다. 물론 그 반대의 경우, 가처분채권자가 패소하면(또는 패소 가능성이 높다면 또는 벌써 패소했다면) 현 등기부상 변동되지 않기 때문에 낙찰자에게 는 문제가 되지 않는다. 전후로 인수되는 건물철거청구권 가처분 역시 소유자(토지 소유자)가 건물 소유자와 소송에서 패소한다면 문제 없다.

## 1. 단계별 가처분 물건 분석

2) 가처분 집행이 3년이 지났더라도 제3자 입장에서는 채권자와 채무자의 본안소송이 진행되었는지 확인할 방법이 없지만 법원이 문건접수 내역에서 "배당요구권자 ○○○보정서(진행권리 및 채권계산서)제출"이 확인되면 본안소송이 제기되어 있음을 알 수 있다.

가처분이 집행된 후 3년이 경과하여 말소시킬 수 있으나 채권자 '점희○' 그 후 본안소송을 제기해서 승소하게 되면 '점희○'의 소유권 이후에 있는 '박태○'의 강제경매는 원인무효가 될 수 있어 낙찰자는 소유권을 상실할 수 있다.

| 12 | 가처분 | 2008년5월7일<br>제20256호 | 2008년5월7일<br>수원지방법원<br>평택지원의<br>가처분결정(2008카단143<br>6) | 피보전권리  소유권이전등기의 말소등기<br>채권자 점희○    610216-2******<br>아산시 배방면세교리<br>금지사항 : 매매, 증여, 전세권, 저당권, 임차권의 설정<br>기타일체의 처분행위 금지 |
| 13 | 강제경매개시결정 | 2013년12월18일<br>제40679호 | 2013년12월18일<br>수원지방법원<br>평택지원의<br>강제경매개시결정(2013<br>타경19630) | 채권자 박태■    570224-1******<br>경남 창원시 마산합포구 진북면 학동마을길<br>(영학리) |

(출처 : 대한민국 법원 사이트)

3) 가처분이 설정된 때로부터 상당한 시간이 지났다면 일단 가처분이 효력이 상실된 경우가 아닌가 의심해보자. 가처분에 기한 본안소송에서 가처분권자가 패소한 경우일 수도 있고 아니면 다른 방식으로 원만히 해결되어 해결된 가처분이 무용해진 경우도 있다.

예 : 매매계약을 체결했는데 건물주가 등기를 이전해 주지 않자 소유권이전청구권을 보전할 목적으로 매수인이 처분금지가처분을 걸어둔다. 그 후 건물주와 협의가 이루어져 위약금을 받고 계약을 해제하기로 했다면 앞서 가처분은 더 이상 쓸모 없는 상황이 되어버린다. 건물주로서도 말소 필요성을 못 느껴 차일피일 미루다가 건물이 경매에 들어가버리면 선순위 가처분이 걸려 있는 제로 경매가 진행되는 것이다.

## 2. 선순위 가처분

원칙 : 인수되며,

39p ⇨ 2) 가처분의 목적달성 및 본안소송 여부 확인

예외적인 경우(인수되지만) 말소 가능

## 말소되는 가처분의 유형

### 1) 말소동의서 확보

- 사전에 가처분권자 파악 및 접촉 후 협상을 통한 말소동의서 확보
- 일정 전 소정의 사례금을 지급하고 '낙찰조건부합의서(약정서)'를 작성
- 가처분결정문, 인감증명서, 주민등록등본, 해지증서 날인

### 2) 보안의 제소명령 (민사집행법 제287조)

- 제1단계 : 제소명령신청

채무자에게 제권자로 하여금 상당한 기간(2주일 이상) 내에 본안의 소를 제기하고 이를 증명하는 서류를 제출할 것을 명하도록 법원에 신청한다.

- 제2단계 : 가처분취소

제권자가 법원이 정한 제소기간 내에 제소증명서 등을 제출하지 않으면 법원은 채무자의 신청에 따라 결정으로 가처분을 취소해야 한다.

## 2. 선순위 가처분

### 3) 사정변경 등에 따른 가처분취소(민사집행법 제288조)

#### 가. 피보전권리에 관한(가처분 이유가 소멸되거나 그 밖에 사정이 바뀐 때)

- 피보전권리의 전부 또는 일부가 보전처분 결정 후 변제, 대물변제, 상계, 소멸시효 등의 사유로 소멸하거나 변경된 경우

※ 가처분결정 후 그 본안소송에서 가처분채권자가 패소하고 그 판결이 상급심에서 변경될 염려가 없다고 인정되는 경우 그 가처분결정은 사정변경을 이유로 취소할 수 있다(대법원 2008. 11. 27 자 2007마1470 결정).

※ 피보전권리의 소멸시효

사해행위의 취소는 한 날로부터 5년, 안 날로부터 1년 이내에 본안소송 제기해야 한다.

재산분할청구권은 이혼한 날로부터 2년 이내에 행사해야 한다.

소유권이전등기청구권은 10년이다.

#### 나. 보전의 필요성에 관한(법원이 정한 담보를 제공한 때)

- 채무자가 충분한 재산을 갖게 된 경우, 물적·인적담보를 제공한 경우, 채무를 공탁한 경우

- 채권자의 담보제공 조건부 보전처분결정 이후 채권자가 담보를 제공하지 않은 경우

- 집행기간 도과, 본집행을 게을리한 경우

- 소취하, 화해 성립

※ 가처분채권자가 가처분결정의 본안소송에서 패소판결을 받고 항소하였다가 항소심에서 소취하를 함으로써 민사소송법 제240조 제2항 규정의 재소금지 원칙에 따라 다시 가처분 부동산에 대한 소유권이전등기청구를 할 수 없게 된 경우, 그 가처분결정은 그 보전의 필요성이 없어 더 이상 유지될 수 없는 사정변경이 생겼다고 할 것이다(대법원 1999. 3. 9 선고 98다12287 선고).

※ 가처분채권자가 본안소송에서 승소판결을 받으 그 집행채권이 정지조건부인 경우라 할지라도 그 조건이 집행채권자의 이사에 따라 즉시 이행할 수 있는 의무의 이행인 경우 정당한 사유없이 그 의무의 이행을 계을리하고 집행에 착수하지 않고 있다면 보전의 필요성은 소멸되었다고 보아야 한다(대법원 2000. 11. 14. 선고 2000다40773 판결).

## 2. 선순위 가처분

### 다. 제소기간의 도과(소멸시효)

- 가처분 집행 후 3년간 본안의 소송을 제기하지 아니한 때에는 채무자는 모든 이해관계인(매수인 등 제3취득자)이 '사정변경에 의한 가처분(가압류) 취소신청'을 할 수 있으며, 취소신청에 따라 결정으로 가처분을 취소해야 한다.

- 정과기간이 지나면 취소요건이 완성되며, 그 뒤 본안소송이 제기되어도 가처분(가압류)을 취소할 수 있다. 단, 가처분 후 3년간 본안소송을 제기하지 않았다고 해서 취소결정이 없더라도 당연히 가처분이 취소되는 것은 아니다. 따라서 가처분 후 3년이 경과되었지만 가처분 취소결정이 있기 전에 가처분권리자에 의해 이루어진 소유권이전등기는 유효하다.

| 가압류·가처분 등기 | 경과 기간 |
|---|---|
| 2002. 6. 30까지 등기된 보전처분 | 10년 |
| 2002. 7. 1부터 등기된 보전처분 | 5년 |
| 2005. 7. 28부터 등기된 보전처분 | 3년 |

※ 보전처분 집행 후 10년간 본안의 소송이 제기되지 아니하였다고 하여 보전처분권리소멸과 없이도 보전처분권의 효력이 당연히 소멸되거나, 보전처분권리소멸과정이 확정된 때에 보전처분집행시로부터 10년이 경과된 시점에 보전처분의 효력을 소멸하게 하는 것으로 볼 수 없으므로(중략), 부동산에 대한 처분금지가처분 집행 후 10년이 지난 후에 가처분 제권리자가 본안소송을 제기하여 승소판결을 받은 경우, 집행 후 가처분권 정리소멸과 전에 이루어진 타인 명의의 소유권이전등기에 대하여 가처분채권자가 가처분의 효력을 주장할 수 있다(대법원 2004. 4. 9 선고 2002다58389 판결).

# CHAPTER 2. 권리분석

## 2. 선순위 가처분

### 가처분취소신청서(제소기간도과)

부동산 가처분 취소신청

사건 2000 카단 1091호 부동산 가처분

채무자(신청인) 성명

주소

채권자(피신청인) 성명

#### 신청취지

1. 귀원 2000카단112 부동산처분금지가처분 사건에관하여 귀원이 2000년 01월12일자로 한 가처분결정은 이를 취소한다.

2. 소송비용은 피신청인의 부담으로 한다.

라는 재판을 구합니다.

#### 신청이유

1. 피신청인(채권자)은 신청인을 상대로 2000년 1월 1일자로 귀원 2000카단1234 부동산처분금지가처분결정을 받아 그 무렵 가처분집행을 하였습니다.

2. 그런데 피신청인이 본안소송을 제기하지 아니하여 신청인이 2000년 3월 1일 귀원에 본안의 제소명령을 신청하였고, 이에 귀원에서 같은 달 6일 제소명령을 받은 바, 피신청인은 위 제소명령에서 정한 기간이 지나도록 본안소송을 제기하지 아니하므로 위 가처분결정을 취소하여 주시기 바랍니다.

#### 첨 부 서 류

1. 부동산등기부 등본                                      1부

1. 등록면허세, 지방교육세 영수필 확인서 및 통지서        1부

1. 등기신청수수료 영수필 확인서                          1부

1. 신청서 부본                                            1부

2001. 2. 10.

재무자(신청인)        000

대구지방법원 귀중

## 2. 선순위 가처분

### 라. 목적달성

### 가) 선순위 가처분권자와 강제경매신청 채권자가 동일(丙)

① 소유권(甲) → 소유권 이전(乙) → 가처분(丙) → 근저당권(丁) → 강제경매신청(丙)

甲이 채무면탈을 목적으로 乙에게 소유권을 이전하자 甲의 채권자인 丙이 채권자취소권에 의해 乙에 대한 소유권이전등기의 말소를 구하는 가처분을 했다. 丙이 본안소송에서 승소해 乙 명의의 소유권이전등기를 강제로 말소한 후 甲을 상대로 강제경매를 신청한 경우, 丙의 가처분은 그 목적을 달성해 해제신청과 말소촉탁만을 기다리는 가처분이다.

| 설정일 | 권리내용 | 권리자 | 권리내용 |
|---|---|---|---|
| 2011. 5. 1 | 소유권 | 甲 | 丙의 채무자 |
| – | 소유권이전 | 甲 → 乙 | 甲의 채무면탈 목적 |
| 2013. 1. 17 | 소유권 | 乙 | – |
| 2013. 4. 1 | 가처분 | 丙 | 소유권이전등기말소 청구의 소 |
| 2013. 9. 5 | 근저당권 | 丁 | – |
| 2013. 11. 15 | 강제경매신청 | 丙 | 乙 소유권 말소 후 경매신청 |

# 선순위 가처분권자와 강제경매신청 채권자가 동일한 실사례

(출처 : 지지옥션)

## 목적 달성

분모가 9이니 상속인이 4명(박○○40(3/9), 홍○슉60(2/9), 홍○규64(2/9), 홍○엽62(2/9))인데 홍○엽이 재무문제로 빠지고 3명만이 협의분할상속받는다(박○○, 홍○슉, 홍○규).

이에 채권자 한빛자산관리대부가 가처분에 의해 진정명의회복으로 홍○엽의 지분에 해당하는 2/9를 임상복구한다.

박○○(노모)의 협의상속지분(1/3)은 법정상속 지분으로 가더라도 변함이 없다. 따라서 홍○슉과 홍○규의 각각의 지분에서 되찾아 오다.

(출처 : 지지옥션)

## 등기사항전부증명서(말소사항 포함)
### - 토지 -

고유번호 1652-1996-015993

[토지] 대전광역시 중구 목동

**【 표 제 부 】** ( 토지의 표시 )

| 표시번호 | 접 수 | 소재지번 | 지 목 | 면 적 | 등기원인 및 기타사항 |
|---|---|---|---|---|---|
| 1 (전 3) | 1992년6월12일 | 대전광역시 중구 목동 | 대 | 187㎡ | 부동산등기법 제177조의 6 제1항의 규정에 의하여 1999년 09월 22일 전산이기 |

**【 갑 구 】** ( 소유권에 관한 사항 )

| 순위번호 | 등기목적 | 접 수 | 등기원인 | 권리자 및 기타사항 |
|---|---|---|---|---|
| 1 (전 10) | 소유권이전 | 1988년9월27일 제53400호 | 1988년9월27일 매매 | 소유자 홍○신 361201-******* 대전광역시 중구 목동 10-52 부동산등기법 제177조의 6 제1항의 규정에 의하여 1999년 09월 22일 전산이기 |
| 2 | 소유권이전 | 2015년4월28일 제23175호 | 2015년4월27일 협의분할에 의한 상속 | 공유자 지분 3분의 1 박○숙 400919-******* 대전광역시 중구 동서대로1403번길 지분 3분의 1 홍○림 600523-******* 대전광역시 중구 동구로 지분 3분의 1 홍○구 640820-******* 대전광역시 서구 둔산로 |
| 3 | 가처분 | 2017년1월23일 제3578호 | 2017년1월23일 서울중앙지방법원의 결정(201 7카단30288) | 피보전권리 협의분할에 의한 상속 말소등기청구권 채권자 에스자산대부주식회사 110111-5290062 서울특별시 중구 수표로 23( 저동2가, 인동빌딩) (부부) 금지사항 매매, 증여, 전세권, 저당권, 임차권의 설정 기타일체의 처분행위 금지 |
| 4 | | 2017년11월10일 제52454호 | 전세명의회복 | 공유자 지분 9분의 2 홍○림 620715-******* 강원도 강릉시 보개미상길 내위자 (주)유화자산신탁리내 서울특별시 도봉구 마들로 760, 502,503호( 서울북부지방법원 2016가단127661 사해행위취소 사건의 화해조서에 기한 소유권이전 등기 청구권) |

| 5 | 4번홍○림지분가처분 | 2018년11월19일 제3275호 | 2018년11월19일 서울중앙지방법원의 결정(2018카단013857) | 청구금액 금10,659,570 원 채권자 케이에프앤아이대부주식회사 110111-4439752 서울특별시 강남구 역삼로 168( 역삼동) (예고제 1부) |
| 6 | 4번홍○림지분가압류 | 2018년11월25일 제18556호 | 2018년4월22일 대전지방법원의 가압류결정(2018카단1254) | 청구금액 금6,430,778 원 채권자 경북신용보증재단 176271-0001385 경상북도 구미시 이계로 7, 7층 (임수동, 경북소수기업육성센터) |
| 7 | 4번홍○림지분가압류 | 2018년4월26일 제18858호 | 2018년4월26일 대구지방법원의 가압류결정(2018카단52) | 청구금액 금239,238,226 원 채권자 경북신용보증재단 176271-0001385 경상북도 구미시 이계로 7, 7층 (임수동, 경북소수기업육성센터) (임일부) |
| 8 | 4번홍○림지분강제경매 개시결정 | 2019년7월18일 제33381호 | 2019년7월18일 대전지방법원의 강제경매개시결 정(2019타경106 | 채권자 에스자산대부주식회사 110111-5290062 서울특별시 중구 수표로 23, 4층 402호 (저동2가, 인동빌딩) |

## 주요 등기사항 요약 (참고용)

**[ 주 의 사 항 ]**

본 주요 등기사항 요약은 증명서상에 말소되지 않은 사항을 간략히 요약한 것으로 증명서로서의 기능을 제공하지 않습니다.
실제 권리사항 파악을 위해서는 발급된 증명서를 필히 확인하시기 바랍니다.

[토지] 대전광역시 중구 목동        대 187㎡        고유번호 1652-1996-015993

### 1. 소유지분현황 ( 갑구 )

| 등기명의인 | (주민)등록번호 | 최종지분 | 주 소 | 순위번호 |
|---|---|---|---|---|
| 박○숙 (공유자) | 400919-******* | 9분의 3 | 대전광역시 중구 동서대로 | 2 |
| 홍○구 (공유자) | 640820-******* | 9분의 2 | 대전광역시 서구 둔산로 | 2 |
| 홍○림 (공유자) | 620715-******* | 9분의 2 | 강원도 강릉시 보개미상길 | 4 |
| 홍○림 (공유자) | 600523-******* | 9분의 2 | 대전광역시 동구 동구로 | 2 |

## 적용사례 6. 성남 2019 타경 1529

### 사건내용

| 소 재 지 | 경기 광주시 오포읍 양벌리 [12797/경기 광주시 오포읍 마루들길 ] |
|---|---|
| 경매구분 | 강제경매 | | 채 권 자 | 제이○○○○○○ |
| 용 도 | 다세대 | 채무소유자 | 이○○ / 이○○○○ |
| 감 정 가 | 57,400,000 (19.02.28) | 청 구 액 | 112,863,158 |
| 최 저 가 | 28,126,000 (49%) | 토지면적 | 전체 77.24 m² 中 지분 22.1 m² (6.7평) |
| 입찰보증금 | 5,625,200 (20%) | 건물면적 | 전체 77.85 m² 中 지분 22.2 m² (6.7평) |
| 주의사항 | · 재매각물건 · 지분매각 · 선순위가처분 | | |
| 조 회 수 | · 금일조회 1 (0) · 금회차공고후조회 50 (9) · 누적조회 226 (31) · 7일내 3일이상 열람자 7 · 14일내 6일이상 열람자 2 | | |

(기준일 2020.02.03/전국연합전산)

| 소재지/감정서/감정요약 | 물건번호/면적(m²) | 감정가/최저가/과정 | 임차조사 | 등기권리 |
|---|---|---|---|---|
| (12797) 경기 광주시 오포읍 양벌리 [마루들길 ] 감정평가서요약 · 철콘조철콘구조라브지붕 · 양벌초등학교남단서측인 근위치 · 주위빌라·주택등혼재 · 버스(정)인근소재 · 대중교통사정보통 · 부정형토지고평탄지 · 남서측폭10m의당등측4m 도로접함 · 도시지역 · 1종일반주거지역 · 상대보호구역 · 자연보전권역 · 건축법상승인지역 · 배출시설설치제한지역 · 특별대책지역 [1권역] 2019.02.28 남진감정 | 물건번호: 단독물건 대지 22.1/609 (6.68평) ₩20,090,000 · 전물 22.2/77.85 (6.73평) ₩37,310,000 · 토지 2/7 이전 지분 (토지 2/7 이전지 분) · 전체 77.85m² (24평) · 지분 22.24m² (24평) (건물 2/7 이전지 분) · 전용 5.48m² (2평) | 감정가 57,400,000 · 대지 (평당 3,007,485) 20,090,000 (35%) · 건물 37,310,000 (65%) 최저가 28,126,000 (49%) 경매진행과정 ① 57,400,000 2019-09-16 유찰 ② 30% 40,180,000 2019-10-21 유찰 ③ 30% 28,126,000 2019-11-25 매각 | 법원임차조사 지지옥션 전입세대조사 08.01.28 남○○ 주민센터확인:2019.08.29 *소유자점유.채무자겸소유 자 이전신청 아니나 넘인의 와 이전신청이 아니나 이전신 고 진행 인한 바의지이으 않다 고진행중 주민센터에서 전 입세대열람 내역 및 주민등 록표 등본 발급 받은 바, 채무자 겸 소유자이의 다른 전입세대 없음이 확인됨 | 소유권 이○○○○ 2016.09.19 전소유자매매 가처분 제이시스수동화 전월 2016.12.08 2016 카단 2829 수원 성남 GO 가처분 와이에프앤아 이대부 연체일체일 2017.04.24 2017 카단 617 수 월 성남 GO 가처분 유나이예대부 2018.04.05 2018 카단 60384 수월 성남 GO 강 제 제이시스수동화 전월 2019.02.21 *청구액:112,863,158원 열람일자:2019.03.04 |

| | 매수인 | 운○○ |
|---|---|---|
| | 응찰수 | 3명 |
| | 매각가 | 31,71,000 (55.25%) |
| | 2위 | 30,110,000 (52.46%) |
| | 3위 | 28,156,000 |

(출처 : 지지옥션)

---

(49.5%)

허가 2019-12-02
납기 2020-01-03
(대금미납)

**28,126,000** 매각
2020-02-03

| ③ | 매수인 | 남OO(공유자) |
|---|---|---|
| | 응찰수 | 1명 |
| | 매각가 | 30,550,000 (53.22%) |

허가 2020-02-10
납기 2020-03-13
납부 2020-04-02 종결

2021. 7. 17.

**특수권리분석** ※ 이해관계인계자 제보 등을 반영한 지지옥션의 주관적 분석의견임

(출처 : 지지옥션)

## 목적 달성

사해행위취소를 원인으로 남인회의 협의단독상속분에서 이진○에게 (2/7)지분을 대위등기한다.

※ 매가물건명세서상에서 인수되는 권리가 없는 것으로 기재한 것으로 보아 경매법원에서 직권으로 말소촉등기촉탁을 할 것으로 예상된다.

[집합건물] 경기도 광주시 오포읍 양벌리1370-4 오.상하이빌 제3동 제3층 제301호

【　갑　구　】　( 소유권에 관한 사항 )

| 순위번호 | 등기목적 | 접 수 | 등기원인 | 권리자 및 기타사항 |
|---|---|---|---|---|
| 1 | 소유권보존 | 2007년9월28일 제57888호 | | 소유자 김영 790131-******* 경기도 광주시 삼동 ▇▇▇ |
| 2 | 소유권이전 | 2008년2월28일 제6520호 | 2007년12월28일 매매 | 소유자 이현 400330-******* 경기도 성남시 수정구 신흥동 ▇▇▇ 거래가액 금177,000,000원 |
| 3 | 소유권이전 | 2016년9월19일 제67951호 | 2016년7월26일 협의분할에 의한 상속 | 소유자 남숙 460504-******* 경기도 광주시 오포읍 마루들길 ▇▇▇ |
| 3-1 | 3번소유권경정 | 2019년12월1일 제7046호 | 사해행위취소 | 공유자 지분 7분의 5 남인 420505-******* 경기도 광주시 오포읍 마루들길 ▇▇▇ 지분 7분의 2 이천 670714-******* 경기도 광주시 오포읍 마루들길 ▇▇▇ 2019년4월30일 수원지방법원 성남지원의 명령에 의하여 부기 2019년2월8일 |
| 4 | 소유권일부(7분의2) 가처분 | 2016년12월8일 제91713호 | 2016년12월8일 수원지방법원 성남지원의 가처분 결정(2016카단2829) | 피보전권리 사해행위 취소로 인한 소유권이전등기말소등기청구권 ▇▇▇ 대위권자 엠비시스유동화전문유한회사 110114-0098910 서울특별시 서대문구 충정로 53, 3층(충정로2가) 금지사항 매매, 증여, 전세권, 저당권 ▇▇▇ |
| 5 | 소유권일부(7분의2) 가처분 | 2017년4월24일 제29714호 | 2017년4월24일 수원지방법원 성남지원의 가처분 결정(2017카단617) | 피보전권리 사해행위 취소로 인한 소유권이전등기말소등기청구권 채권자 와이티에이엔에이대부주식회사 110111-4439752 (엔에이법인) 서울특별시 강남구 역삼로 168(역삼동) 금지사항 매매, 증여, 전세권, 저당권 설정 기타일체의 처분행위 금지 |
| 6 | 소유권일부(7분의2) 가처분 | 2018년4월5일 제29279호 | 2018년4월6일 수원지방법원 성남지원의 가처분 결정(2018카단60384) | 피보전권리 사해행위취소를 원인으로 한 소유권이전등기청구권 채권자 유니에이대부유한회사 110114-0085636 서울특별시 강남구 선릉로 642, 3층 301호(삼성동, 신용빌딩) 금지사항 매매, 증여, 전세권, 저당권 설정 기타일체의 처분행위 금지 |
| 7 | 3번이전금지 4분강제 경매개시결정 | 2019년2월21일 제10617호 | 2019년2월(?)일 수원지방법원 성남지원의 강제경매개시결정(2019타경1529) | 채권자 엠비시스유동화전문유한회사 110114-0098910 자동 서울특별시 서대문구 충정로 53, 3층(충정로2가) |

(출처 : 대한민국 법원 사이트)

(출처 : 스피드옥션)

[집합건물] 경기도 광주시 오포읍 양벌리370-4 오성하이빌 제1동 제3층 제301호

| 순위번호 | 등 기 목 적 | 접 수 | 등 기 원 인 | 권리자 및 기타사항 |
|---|---|---|---|---|
| 10 | 4번가처분등기말소 | 2020년5월14일 제41730호 | 가처분에 의한 목적달성으로 인하여 | 인한 매각 |
| 11 | 5번가처분등기말소 | 2020년5월14일 제41731호 | 가처분에 의한 실효 | |
| 12 | 6번가처분등기말소 | 2020년5월14일 제41732호 | 가처분에 의한 실효 | |

【 을 구 】 ( 소유권 이외의 권리에 관한 사항 )

기록사항 없음

― 이 하 여 백 ―

관할등기소 수원지방법원 성남지원 광주등기소

[집합건물] 경기도 광주시 오포읍 양벌리370-4 오성하이빌 제1동 제3층 제301호

| 순위번호 | 등 기 목 적 | 접 수 | 등 기 원 인 | 권리자 및 기타사항 |
|---|---|---|---|---|
| 4 | 소유권일부(5분의1)가처분 | 2016년4월6일 제9720호 | 2016년3월30일 수원지방법원 성남지원 가처분결정(2016카단6건4002건) | 피보전권리 -사해행위 취소를 원인으로 한 소유권이전등기말소등기청구권 채권자 채권자(가등기등기권자) ㅇㅇㅇ 110114-0******** 서울특별시 서대문구 홍은동 58. 301호(홍은동) 금지사항 매매, 증여, 전세권, 저당권, 임차권의 설정 기타일체의 처분행위 금지 |
| 5 | 소유권일부(5분의1)가처분 | 2017년4월24일 제2279호 | 2017년4월19일 수원지방법원 성남지원 가처분결정 (2017카단6건7) | 피보전권리 -사해행위 취소로 인한 소유권이전등기가처분구권 채권자 ㅇㅇㅇ 44-4439752 서울특별시 강남구 역삼동 188(역삼동) (예삼동) 금지사항 매매, 증여, 전세권, 저당권, 임차권의 설정 기타일체의 처분행위 금지 |
| 6 | 소유권일부(5분의1)가처분 | 2018년4월15일 제9279호 | 2018년4월9일 수원지방법원 성남지원 가처분결정 (2018카단6627) | 피보전권리 -사해행위 취소를 원인으로 한 소유권이전등기청구권 채권자 ㅇㅇㅇ 110114-0085636 서울특별시 강남구 신남로 642, 3층 금지사항 매매, 증여, 전세권, 저당권, 임차권의 설정 기타일체의 처분행위 금지 |
| 7 | 3번가처분부동산강제경매신청 | 2019년9월24일 제10417호 | 2019년9월23일 수원지방법원 강제경매개시결정(2019타경5 4) | 채권자 ㅇㅇㅇ 110114-0085636 서울특별시 서대문구 홍은동 58. 301호 |
| 8 | 3번이전가처분 이전 | 2020년3월23일 제26548호 | 2020년3월6일 강제경매로 인한 매각 | 공유자 지분 7분의 2 남인■ 420505-******** 경기도 광주시 오포읍 ㅇ무료등기 |
| 9 | 7번강제경매개시결정등기말소 | 2020년3월23일 제26548호 | 2020년3월6일 강제경매로 | |

## 2. 선순위 가처분

② 이혼을 이유로 한 위자료 및 재산분할청구권 보전을 위한 가처분 → 본안 승소판결 → 강제경매 신청 → 매각대금에서 위자료 및 재산분할에 수령

③ 사해행위를 이유로 한 소유권이전등기말소청구권 보전을 위한 가처분 → 본안 승소판결(가액반환) → 강제경매신청 또는 배당요구 → 매각대금에서 채권액 수령

|  |  | 제4755호 | 취소 |  |
|---|---|---|---|---|
| 4 | 가처분 | 2001년7월6일<br>제7687호 | 2001년7월5일<br>창원지방법원거창지원의<br>가처분결정(2001카단668<br>) | 피보전권리 소유권이전등기청구권<br>채권자 한성<br>서울 서초구 반포동<br>금지사항 매매, 증여, 전세권, 저당권, 임차권의 설정<br>기타일체의 처분행위 금지 |
| 5 | 강제경매개시결정 | 2014년5월9일<br>제4982호 | 2014년5월9일<br>창원지방법원<br>거창지원의<br>강제경매개시결정(2014<br>타경1483) | 채권자 한성 490114-1******<br>서울 서초구 반포동 |

(출처 : 대한민국 법원 사이트)

## 나) 선순위 가처분권자와 근저당권자가 동일

피보전권리가 근저당설정청구권이고 가처분권자가 근저당권설정을 완료한 경우

⇒ 집행법원은 가처분을 한 근저당권자로 하여금 가처분을 한 법원에 가처분의 목적달성을 이유로 가처분등기의 말소촉탁을 하도록 하고, 그 후 말소된 것이 확인되면 매각절차를 진행한다. 그러나 문제는 근저당권자가 이를 이행하지 않거나 집행법원이 이와 같은 절차를 취하지 않고 매각절차를 진행하는 경우다. 이 경우 매수인은 당해 가처분등기의 말소에 이어이 있는 자이므로, 집행법원에 가처분의 목적달성을 이유로 말소촉탁을 신청할 수 있다.

## 선순위 가처분권자와 근저당권자가 동일한 실사례

### 적용사례 8. 남부 2014 타경 8230 - 이문

사건내용

| 소 재 지 | 서울 영등포구 신길동 ■■■ (07382)서울 영등포구 도림로40길02 |
|---|---|
| 경매구분 | 강제경매 | 채 권 자 | 정OO |
| 용 도 | 다가구주택 | 채무/소유자 | 정OO | 매 각 기 일 | 15.02.25 (335,760,000원) |
| 감 정 가 | 461,084,950 (14.04.16) | 청 구 액 | 150,000,000 | 종 국 결 과 | 15.05.14 배당종결 |
| 최 저 가 | 295,094,000 (64%) | 토 지 면 적 | 106.0m² (32.1평) | 경매개시일 | 14.04.07 |
| 입찰보증금 | 29,509,400 (10%) | 건 물 면 적 | 전체 180.0m² (54.5평) 제시외 15.94m² (4.8평) | 배당종기일 | 14.06.18 |

**주의사항** · 선순위가처분

**조 회 수** · 금일조회 1 (0) · 금회차공고후조회 169 (23) · 누적조회 481 (59)
· 7일내 3일이상 열람자 4 · 14일내 6일이상 열람자 2

이는 5분이상 열람
(기준일 2015.02.25/전국연회원)

| 소재지/감정요약 | 물건번호·면적(m²) | 감정가/최저가/과정 | 임차조사 | 등기권리 |
|---|---|---|---|---|

(본문 내용 생략 - 표 세부 영역)

(출처 : 지지옥션)

---

### 목적 달성

민선OO의 재산분할청구에 의한 가처분(1/2)
민선OO의 경매신청

[전체] 서울특별시 영등포구 신길동 358외26

고유번호 1161-1996-3225469

| 순위번호 | 등 기 목 적 | 접 수 | 등 기 원 인 | 권 리 자 및 기 타 사 항 |
|---|---|---|---|---|
| 2 | 소유권이전(2분의1)가처분 | 2012년4월9일 제12808호 | 2012년4월6일 서울남부지방법원의 가처분결정(2012즈단522) | 피보전권리 재산분할 청구권 채권자 민선OO 330121-2****** 서울특별시 ... |
| 2-1 | 2번등기명의인표시변경 | | 2011년10월31일 도로명주소 | |
| 3 | 강제경매개시결정 | 2014년4월7일 제14909호 | 2014년4월7일 서울남부지방법원의 강제경매개시결정(2014타경8230) | 채권자 민선OO ... |

(출처 : 대한민국 법원 사이트)

## 적용사례 4. 창원 2017 타경 4030

사건내용

| 소재지 | 경남 창원시 의창구 명서동 (51172)경남 창원시 의창구 명서로69번길 |  |  |  |
|---|---|---|---|---|
| 용 도 | 다가구주택 | 채권소유자 | 黑 ·조OO |  |
| 경매구분 | 형식적경매(청산) | 채 무 자 | 조OO |  |
| | | 채 권 자 | 黑 ·조OO |  |
| 감 정 가 | 431,379,330 (17.05.15) | 매각기일 | 20.05.08 (181,110,000원) |
| 최 저 가 | 176,693,000 (41%) | 종국결과 | 20.0813 배당종결 |
| | | 경매개시일 | 17.04.25 |
| 입찰보증금 | 17,669,300 (10%) | 토지면적 | 263.8㎡ (79.8평) |
| | | 건물면적 | 전체 312.0㎡ (94.4평) 제시외 23.95㎡ (7.2평) |
| 주의사항 | · 선순위가처분 · 소멸되지 않는 권리 : 목록1번 갑구9번 말소기준권리 갑구5번(접수일2013년7월8일 제44641호)는 매각으로 말소하지 않고 매수인에게 인수됨 |

| 조 회 수 | · 금일조회 1 (0) · 금회차공고후조회 47 (18) · 누적조회 393 (59) · 7일내 3일이상 열람자 5 · 14일내 6일이상 열람자 1 |  |  |
|---|---|---|---|
| | | (기준일 2020.05.08/전국연회원전용) | 이는 5분 이상 열람 (동) |

(출처 : 지지옥션)

| 소재지/감정요약 | 물건번호/면적(m²) | 감정가/최저가/과정 | | 임차조사 | 등기권리 |
|---|---|---|---|---|---|
| (51172) 경남 창원시 의창구 명서 [명서로69번길 ] 감정평가서요약 · 시멘트벽돌조슬래브지 붕 · 창원명지초등학교 북동측인근 · 주변단독주택및성림 · 차량접근가능 · 제반교통사정보통 · 북측8m도로접함 · 도로임 · 소로2류(폭25m~8m)내외접 도 | 물건번호 : 단독물건 대지 263.8 (79.80평) ₩332,388,000 건물 · 1층다가구주택121.0 (36.61평) ₩96,412,330 · 2층다가구주택87.9 (26.60평) ₩ 지하1가구주 택77.2 (23.34평) · 부속사2.0 (0.61평) ₩294,000 제시외 · 계단실/화장실 11.5 (3.48평) ₩1,932,000 · 보일러실 5.0 (1.50평) ₩146,500 · 다용도실 7.5 (2.27평) ₩124,500 · 수목 | 감정가 431,379,330 · 대지 332,388,000 (77.05%) (평당 4,165,263) · 건물 96,706,330 (22.42%) (평당 1,024,540) · 제시 2,205,000 (0.51%) · 수목 80,000 (0.02%) 최저가 176,693,000 (41%) 경매진행과정 ① 431,379,330 2019-12-10 유찰 ② 20% ↓ 345,103,000 2020-01-10 유찰 ③ 20% ↓ 276,082,000 2020-02-13 유찰 ④ 20% ↓ 220,866,000 2020-03-13 변경 | 법원임차조사 조OO 전입 2007.08.30 (주거/1층전부방5, 거실부엌) 30,000,000 점유기간 2009.03.-현재 전입 2008.07.09 배당 2017.05.19 (주거/2층인세방2 15,000,000 점유기간 2009.10.05-현재 조OO *주 : 본건 임차인들의 점유 부 분 나타내나 2건의 내역서 본 것이며 구체적인 전입 신 고 여부는 전입세대 열람내 역 확인요함 조OO 08.07.09 지지옥션 전입세대조사 주민센터확인 2019.11.26 | 소유권 조OO [공동] 2012.01.31 전소유자·신상임 가처분 조OO [공동] 2013.07.08 2013 카단 2472 창원 소유권일부 (1/4)가처 2017.04.25 *청구액:0원 소유권 조OO 2012.01.31 전소유자·신상임 열람일자 : 2019.11.21 |

2017.05.15 태평양감정
표준지가 705,000

(출처 : 지지옥션)

## 목적 달성

조윤○(52년), 조정○(56년), 조정○, 조명○, 조명○(58년)

조정자에게 전체를 증여하니 근인너가 1/4지분에 대한 소유권이전
등기청구권을 피보전권리로 가처분 후 본안소송 제기(창원 2013 가단
16513)후 조정이 성립되었다. 즉, 전체를 팔아서 현금으로 나누라는 것
(청산을 위한 형식적경매)이다.

※ 잔금납부(2020. 6. 15)이후 낙찰자가 가처분 집행해지 신청(2020. 7. 3)
을 했으나 가처분 법원에서 가처분채권자의 '신청취하' 및 집행해지 신
청'을 요구했다(가처분사건 진행기록).

2021. 7. 17.
감정평가 : 1,260,000

₩80,000
동백나무주식회사

④          220,866,000
2020-04-10 유찰
③ 20% ↓ 176,693,000
2020-05-08 매각
(주)광신하이테크          2명
(41.98%)
배수인          181,110,000
(41.77%)
2차          180,170,000
허가 2020-05-15
납기 2020-06-15
납부 2020-06-15
2020-08-13 종결

(출처 : 지지옥션)

사건번호 : 창원지방법원 2013카단2472

## 기본내용

| 사건번호 | 2013카단2472 | 사건명 | 부동산처분금지가처분 |
| --- | --- | --- | --- |
| 재권자 | 조윤 | 채무자 | 조영 외 1명 |
| 재판부 | | 인사7단독 | |
| 접수일 | 2013.06.25 | 종국결과 | 2013.07.05 인용 |

제출서류 ∨

결과

## 진행내용

| 일자 | 내용 |
| --- | --- |
| 2013.06.27 | 채권자대리인 김혜연세계 보정서 제출 |
| 2013.07.04 | 채권자대리인 김혜연세계 문서제출 제출 |
| 2013.07.09 | 등기소 창원지방법원 등기과 등기필증 제출 |
| 2013.07.09 | 등기소 법인등기소 등기필증 제출 |
| 2020.06.17 | 채권자 조윤자 결정정본 |
| 2020.07.03 | 기타 성신하이테크(주) 집행해제(취소)신청 제출 |
| 2020.08.25 | 채권자 조윤 열람및복사신청 제출 |
| 2020.08.25 | 채권자 조윤 신청취하 및 집행해제신청 제출 |
| 2020.08.25 | 기타 주식회사 성신하이테크 집행해제신청취하 제출 |

2020.06.17 발급

(출처 : 지지옥션)

사건원번호 : 창원지방법원 2013카단16513

사건진행내용

## 기본내용

| 사건번호 | 2013카단16513 | 사건명 | 소유권이전등기 |
| --- | --- | --- | --- |
| 원고 | 조윤 | 피고 | 조영자 외 1명 |
| 재판부 | 인사7단독 (전화:239-2095) | | |
| 접수일 | 2013.06.25 | 종국결과 | 2013.10.17 조정성립 |
| 원고소가 | 27,281,880 | 피고소가 | |
| 수리구분 | 제소 | 병합구분 | 없음 |
| 상소인 | | 상소일 | |
| 상소각하일 | | | |

(출처 : 지지옥션)

[건물] 경상남도 창원시 의창구 명서동 60-17

| 순위번호 | 등 기 목 적 | 접 수 | 등 기 원 인 | 권리자 및 기타사항 |
| --- | --- | --- | --- | --- |
| 8 | 7번가처분등기말소 | 2003년3월14일 제21068호 | 2003년2월11일 해제 | |
| 9 | 소유권이전 | 2012년1월31일 제6157호 | 2012년1월28일 증여 | 소유자 조영 581102-******* 경상남도 창원시 의창구 명서로69번길 |
| 10 | 소유권일부(4분의1)가처분 | 2013년7월8일 제44641호 | 2013년7월5일 창원지방법원의 가처분결정(2013카단2472) | 피보전권리 약정에 의한 소유권이전등기청구권보전 채권자 조윤 520528-******* 경상남도 창원시 의창구 명서로 동을 의창대로915번길 금지사항 매매, 증여, 전세권, 저당권, 임차권의 설정 기타일체의 처분행위 금지 |
| 11 | 임의경매개시결정 | 2017년4월25일 제20581호 | 2017년4월25일 창원지방법원의 임의경매개시결정(2017타경4030) | 채권자 조영 581102-******* 창원시 의창구 명서로69번길 |
| 12 | 압류 | 2017년6월29일 제99493호 | 2017년6월19일 압류(세무1과-세부재산세과) | 권리자 창원시의창구 |
| 13 | 12번임의경기소 | 2017년7월27일 제40022호 | 2017년7월26일 해제 | |

## [ 을    구 ]    ( 소유권 이외의 권리에 관한 사항 )

| 순위번호 | 등 기 목 적 | 접 수 | 등 기 원 인 | 권리자 및 기타사항 |
| --- | --- | --- | --- | --- |
| 1 | 근저당권설정 | 2001년4월19일 제27469호 | 2001년4월19일 설정계약 | 채권최고액 금30,000,000원 채무자 조영 창원시 명서동 근저당권자 농업협동조합중앙회 194926-0000165 창원시 부동 237 (명주지점) |

(출처 : 대한민국 법원 사이트)

# CHAPTER 2. 권리분석

## 적용사례 13. 의정부 2010 타경 41846

### 사건내용

| 소 재 지 | 경기 남양주시 와부읍 팔당리 | | | | |
|---|---|---|---|---|---|
| 경매구분 | 임의경매 | 채 권 자 | 박○○○○ | | |
| 용 도 | 주택 | 채무/소유자 | 김○○ / 김○○ | 매 각 기 일 | 11.07.20 (251,000,000원) |
| 감 정 가 | 95,245,000 (11.01.17) | 청 구 액 | 708,800,000 | 종 국 결 과 | 11.09.05 배당종결 |
| 최 저 가 | 95,245,000 (100%) | 토 지 면 적 | 0.0㎡ (0.0평) | 경매개시일 | 10.11.26 |
| 입찰보증금 | 19,049,000 (20%) | 건 물 면 적 | 전체 332.8㎡ (100.7평)제시외 150㎡ (45.4평) | 배당종기일 | 11.02.21 |
| 주 의 사 항 | · 재매각물건 · 선순위가처분 · 건물만입찰 | | | | |
| 조 회 수 | · 금일조회 1 (0) · 금회차공고후조회 112 (10) · 누적조회 459 (13)· 7일내 3일이상 열람자 0 · 14일내 6일이상 열람자 0 | | | | |

(기준일 : 2011.07.20/전국연회원전용)
0는 5분이상 열람

| 소재지/감정서 | 물건번호/면적(㎡) | 감정가/최저가/과정 | 임차조사 | 등기권리 |
|---|---|---|---|---|
| 경기 남양주시 와부읍 팔당리 | 물건번호 단독물건 | 감정가 95,245,000 | 법원임차조사 | 등기권리 |
| 감정평가서요약 | 건물· 1층주택 151.3 (45.7평) 현관1실· 2층주택 31.5 (9.3평) 연립고 제시외· 지하1층창고등 150.0 (45.38평) | · 건물 65,245,000 (68.5%)(평당 648,108)· 제시 30,000,000 (31.5%) | 김○○ 전입 2005.05.30 주거/공장김○○ 전입 2010.04.16 주거/2층 점유 김○○ 전입 2010.04.16 10.4. 문○○ 전입 2010.04.16 주거 | 가처분 박해필 외1 2009.12.17 2009 카단 7199 의정부소유권 김○○ 2009.12.18 |
| | | 최저가 95,245,000 (100%) | | 저당권 김○○ 2010.10.11 1,050,000,000 |
| | | 경매진행과정 | | 임 의 박해필 외 2010.11.26 *청구:708,800,000원 |
| | | ① 95,245,000 2011-04-06 매각 | *소유자점유무자 전입 과 임차권자 점유 사항등이 있으나 관련서류가 없어 임대차관계 불명확함 | 채권총액 1,050,000,000 |
| | | 매수인 김○○ 응찰수 2명 | | 열람일자 : 2011.01.10 |
| | | 매각가 1,061,217,000 (1,114.20%) | 지지옥션 전입세대조사 | |
| 2011.01.17 다원감정 | | 불허 2011-04-13 | 김○○ 05.05.30 김○○ 10.04.16 문○○ 11.02.28 주민센터확인 2011.03.25 | |
| | | ① 95,245,000 2011-05-11 매각 | | |
| | | 매수인 김○○ 응찰수 2명 | | |
| | | 매각가 1,117,900,000 (1,173.71%) | | |

(출처 : 지지옥션)

---

### 등기부 등본 (말소사항 포함) - 건물

고유번호 2841-2009-019626

[건물] 경기 남양주시 와부읍 팔당리 521-3

| 【 표 제 부 】 (건물의 표시) |
|---|

| 표시번호 | 접 수 | 소재지번 및 건물번호 | 건 물 내 역 | 등기원인 및 기타사항 |
|---|---|---|---|---|
| 1 | | 경기도 남양주시 와부읍 팔당리 | 철콘조 및 경량철골조 샌드위치판넬지붕1층 151.30㎡2층 31.50㎡ | 2009년12월18일 등기 |
| 2 | | | | 건축물대장 사용승인이 받지 않은 건축물임 |

| 【 갑 구 】 (소유권에 관한 사항) |
|---|

| 순위번호 | 등 기 목 적 | 접 수 | 등 기 원 인 | 권리자 및 기타사항 |
|---|---|---|---|---|
| 1 | 소유권보존 | | | 소유자 김○○ 470512-1******경기도 남양주시 와부읍 팔당리 가처분에 의한 직권보존등기 2009년12월18일 |
| 2 | 가처분 | 2009년12월17일제135070호 | 2009년12월15일의정부지방법원의가처분결정(2009카단719 9) | 피보전권리 2007년 8월 25일 설정계약을 원인으로 한 근저당권설정등기청구권 채권자 신○ 서울특별시 서초구 방배동 금지사항 매매, 증여, 전세권, 저당권, 임차권의 설정 기타일체의 처분행위 금지 |
| 3 | 임의경매개시결정 | 2010년11월26일제123083호 | 2010년11월26일의정부지방법원의임의경매개시결정(2010타경41846) | 채권자 신○ 서울특별시 서초구 방배동 외 김○○ 450201-1****** 서울 동작구 흑석동 |

| 【 을 구 】 (소유권 이외의 권리에 관한 사항) |
|---|

| 순위번호 | 등 기 목 적 | 접 수 | 등 기 원 인 | 권 리 자 및 기 타 사 항 |
|---|---|---|---|---|
| 1 | 근저당권설정 | 2010년10월11일제105451호 | 2007년8월25일근저당권설정계약 | 채권최고액 금1,050,000,000원채무자 김○○경기도 남양주시 와부읍 팔당리근저당권자 신○ 480517-1******서울특별시 서초구 방배동 외 김○○ 450201-1******서울특별시 서초구 흑석동 |

(출처 : 대한민국 법원 사이트)

## 근저당설정 목적달성

'자산유동화에 관한 법률' - 저당권취득에 관한 특례규정

자산유동화법 제8조에서는 해당 자산유동화거래에 대한 유동화자산의 양도 등에 관한 등록을 금감위에 완료하면 별도로 부동산등기부상의 근저당권 이전의 부기등기를 하지 않는다 하더라도 유동화전문회사가 해당 유동화자산인 근저당권을 취득할 수 있는 특례규정을 둔 것이다.

2021. 7. 25.

### 물건처리내역

지지옥션:대한민국 법원경매 NO 1

| 접수일 | 접수내역 | 결과 |
|---|---|---|
| 2010.09.09 | 등기소 서울중앙지방법원 등기과 등기필증 제출 | |
| 2010.09.17 | 감정인 대성감정평가 감정평가서 제출 | |
| 2010.10.06 | 기타 서울중앙지방법원 집행관 현황조사서 제출 | |
| 2010.10.26 | 채권자 주식회사하나은행양수인우리제오연아이제17차유동화전문유한회사 채권자변경신고 제출 | |
| 2010.10.29 | 유치권자 주식회사예이지씨에프씨 유치권신고서 제출 | |
| 2010.11.17 | 임차인 김○ 권리신고겸배당요구신청 제출 | |
| 2010.11.29 | 교부권자 서울특별시서초구 교부청구 제출 | |
| 2010.12.06 | 채권자 채권자 주식회사하나은행의 양수인 우리이제오연아이제17차유동화전문유한 한회사 채권 열람복사신청 제출 | |
| 2011.02.14 | 채권자 채권자 주식회사하나은행의 양수인 우리이제오연아이제17차유동화전문유한 한회사 기일변경기일연기신청 | |
| 2011.03.18 | 근저당권자 양○ 열람복사신청 제출 | |
| 2011.04.13 | 임차인 김○ 열람및복사신청 제출 | |
| 2011.04.25 | 채권자 채권자 주식회사하나은행의 양수인 우리이제오연아이제17차유동화전문유한 한회사 매각기일연기신청 제출 | |
| 2011.05.02 | 채권자대리인 민주 경매법무법인영업신청서 제출 | |
| 2011.10.20 | 채권자 채권자 주식회사하나은행의 양수인 우리이제오연아이제17차유동화전문유한 한회사 열람복사신청 제출 | |
| 2011.12.26 | 근저당권자 양○ 배당배게경서 제출 | |

### 송달내역

| 송달일 | 송달내역 | 송달결과 |
|---|---|---|
| 2010.09.08 | 채권자 주식회사하나은행 대표이사 김정태, 지배인 민태용 개시결정정본 발송 | 2010.09.10 도달 |
| 2010.09.08 | 감정인 조○구 평가명령 발송 | 2010.09.10 도달 |

(출처 : 지지옥션)

---

## CHAPTER 2. 권리분석

### 적용사례 14. 중앙 2010 타경 25583

#### 사건내용

| 소 재 지 | 서울 서초구 방배동 488- | | |
|---|---|---|---|
| 경매구분 | 임의경매 | 채 권 자 | 하○○ |
| 용 도 | 아파트 | 채무/소유자 | 장○○ |
| 감 정 가 | 600,000,000 (10.09.15) | 청 구 액 | 180,000,000 | 매각기일 | 12.05.15 (310,100,000원) |
| 최 저 가 | 245,760,000 (41%) | 토지면적 | 53.3㎡ (16.1평) | 종국결과 | 12.07.31 배당종결 |
| 입찰보증금 | 49,152,000 (20%) | 건물면적 | 110㎡ (33.3평) | 경매개시일 | 10.09.07 |
| | | | | 배당종기일 | 10.12.02 |

주의사항 · 재매감물건 · 유치권 · 선순위가처분 · 대지권미등기

조 회 수 · 금일조회 1 (0) · 금회차공고후조회 672 (30) · 누적조회 2,481 (34)
· 7일내 3일이상 열람자 0 · 14일내6일이상 열람자 0

| 소재지/감정요약 | 물건번호/면적(㎡) | 감정가/최저가/과정 | 임차조사 | 등기권리 |
|---|---|---|---|---|

(이하 표 생략)

(출처 : 지지옥션)

**2/4 문서 (상단)**

[집합건물] 서울특별시 서초구 방배동 368-2 제6층 제601호    고유번호 1102-2009-000393

【 표 제 부 】 ( 전유부분의 건물의 표시 )

| 표시번호 | 접 수 | 건물번호 | 건 물 내 역 | 등기원인 및 기타사항 |
|---|---|---|---|---|
| 1 | | 제6층 제601호 | 철근콘크리트조 109.96㎡ | 2009년3월10일 등기 도면편철장 제1책 제120장 |

【 갑 구 】 ( 소유권에 관한 사항 )

| 순위번호 | 등 기 목 적 | 접 수 | 등 기 원 인 | 권 리 자 및 기 타 사 항 |
|---|---|---|---|---|
| 1 | 소유권보존 | | | 소유자 상대 240,00~1****** 인천광역시 남동구 인수동 기재생략으로 촉탁으로 인하여 2009년6월17일 등기 |
| 2 | 가처분 | 2009년6월17일 제38654호 | 2009년6월15일 서울중앙지방법원의 가처분결정(2009카합203 1) | 피보전권리 근저당권설정등기청구권 채권자 주식회사하나은행 110111-0015671 서울특별시 중구 을지로1가 101-1 (서초지점) 근저당권 채권 준비, 전세권, 저당권, 임차권의 설정 기타일체의 처분행위 금지 |
| 3 | 가압류 | 2010년8월23일 제314058호 | 2010년8월23일 서울중앙지방법원의 가압류 결정(2010카단3351) | 청구금액 금226,737,231 원 채권자 김철 서울특별시 성북구 정릉동 |
| 4 | 가압류 | 2010년8월5일 제388857호 | 2010년8월5일 수원지방법원 | 청구금액 금120,000,000 원 채권자 이인 |

열람일시 : 2011년10월18일 09시58분06초

(출처 : 대한민국 법원 사이트)

**3/4 문서 (하단)**

[집합건물] 서울특별시 서초구 방배동 368-2 제6층 제601호    고유번호 1102-2009-000393

| 순위번호 | 등 기 목 적 | 접 수 | 등 기 원 인 | 권 리 자 및 기 타 사 항 |
|---|---|---|---|---|
| 5 | 임의경매개시결정 | 2010년9월8일 제41095호 | 2010년9월7일 서울중앙지방법원의 경매개시 결정(2010타경25583) | 성남시 분당구 구미동 368-2 채권자 주식회사하나은행 110111-0015671 서울특별시 중구 을지로1가 101-1 (여신관리부) |

【 을 구 】 ( 소유권 이외의 권리에 관한 사항 )

| 순위번호 | 등 기 목 적 | 접 수 | 등 기 원 인 | 권 리 자 및 기 타 사 항 |
|---|---|---|---|---|
| 1 | 근저당권설정 | 2011년10월27일 제108082호 | 2005년1월27일 설정계약 | 채권최고액 금180,000,000원 채무자 상대 인천광역시 남동구 인수동 근저당권자 우리패크현대자산관리대부 주식회사 110114-0003805 서울특별시 종로구 서린동 33 영풍빌딩 22층 대위신청인(수익자) 우리이에스제이제17차유동화전문유한 회사 서울특별시 종로구 서린동 33 영풍빌딩 22층 대위원인 서울중앙지방법원 2011가합 43360 대여금 판결에 의하여 대위신청 |

열람일시 : 2011년10월18일 09시58분09초    3/4

(출처 : 대한민국 법원 사이트)

## 2. 선순위 가처분

### ※ 선순위 가처분의 피보전권리가 근저당설정청구권인 경우

을구란에 가처분권자 명의의 저당권등기가 되어 있지 않다면 먼저 법원의 문건접수 내역을 살펴보자.

#### 1) 권리신고 및 배당요구를 한 경우

가처분권자가 가처분에 기해서 권리신고와 배당요구까지 했다면, 일단 가처분권자는 당해 절차에서 배당받겠다는 의지가 있는 만큼 추후 근저당설정청구소송에서 승소할 것을 전제로 자신에게 배당될 금액을 공탁해두도록 요청할 것이다. 결국 당해절차에서 배당을 받아갈 것이므로 위 가처분도 목적달성을 이유로 취소될 수 있다.

#### 2) 권리신고 및 배당요구를 하지 않은 경우

가처분권자가 당해 경매절차에서 아무런 권리신고도 없는 경우라면 위 선순위 가처분을 인수할 수도 있으니 신중한 검토가 필요하다. 다만, 가처분에 기한 저당권설정청구소송만 제기하면 선순위로 피담보채권에 전액을 배당받을 수 있는 가처분권자가 아무런 움직임이 없다는 것은 선순위 가처분의 실효를 의심해볼 수 있는 상황이니 일단 심도 있는 사실조사를 해볼 필요가 있다.

#### 3) 가처분을 해둘 정도의 사정이라면 필히 근사일 내에 본안소송을 제기했을 것인데, 가처분 된 때로부터 4~5년 이상의 기간 동안 아무런 결과가 나오지 않았다는 것은 필히 뭔가 규정이 있을 것이다. 그 이유를 탐문을 통해 알아볼 필요가 있다.

# 선순위 가처분이 피보전권리가 근저당설정청구권인 실사례

## 적용사례 20. 중앙 2011 타경 32120

### 사건내용

| | | | | |
|---|---|---|---|---|
| 소 재 지 | 서울 서초구 방배동 488-■ | | | |
| 경매구분 | 임의경매 | 채 권 자 | 대OOO | |
| 용 도 | 아파트 | 채무자/소유자 | 김OO | |
| 감 정 가 | 500,000,000 (11.11.09) | 매각기일 | 12.10.16 매각 | |
| 최 저 가 | 256,000,000 (51%) | 종국결과 | 13.06.21 기각 | |
| 토 지 가 | 18.4m² (5.6평) | 경매개시일 | 11.11.02 | |
| 입찰보증금 | 25,600,000 (10%) | 건 물 면 적 | 102m² (30.9평) | 배당종기일 | 12.01.20 |

주의사항 · 선순위가처분 · 예고등기 · 대지권미등기

조 회 수 · 금일조회 1 (0) · 금회차공고후조회 230 (10) · 누적조회 657 (11)
· 7일내 3일이상 열람자 10 · 14일내 6일이상 열람자 6
(기준일 · 2012.10.16/전국연회원)

(출처 : 지지옥션)

감정가/최저가/과정
감정가  500,000,000
· 대지  150,000,000 (30%)
 (평당 26,881,720)
· 건물  350,000,000 (70%)

최저가  256,000,000 (51%)

경매진행과정
① 500,000,000 유찰 2012-07-03
② 20% 400,000,000 유찰 2012-08-07
③ 20% 320,000,000 매각 2012-09-11
④ 20% 256,000,000 매각 2012-10-16

| 매수인 | 김OO |
| 응찰수 | 6명 |
| 매각가 | 352,000,000 |
| | 306,999,000 (61.40%) |

(출처 : 지지옥션)

등기권리
소유권 김OO 2009.03.10
가처분 대명디자인 2009.03.10 2009 카합 311 서울중앙 00
가등기 한OO 2009.07.21 160,000,000
저당권 대명대부 2009.09.01 450,000,000
예고등 서울중앙지법 2009.10.20 2009 가단 38736 접수현 소유권소 511,504,724
가압류 하나은행 2009.12.18 50,000,000
가압류 신용보증기금 2010.02.04
임 의 대명대부 2011.11.02 *청구액:300,000,000원

(출처 : 지지옥션)

[집합건물] 서울특별시 서초구 방배동 488-2 제7층 제701호

고유번호 1102-2009-000296

**【 표　제　부 】** （ 전유부분의 건물의 표시 ）

| 표시번호 | 접　수 | 건물번호 | 건물내역 | 등기원인 및 기타사항 |
|---|---|---|---|---|
| 1 | | 제7층 제701호 | 철근콘크리트조 102.309㎡ | 도면편철장 제1책 제120장 |

**【 갑　　구 】** （ 소유권에 관한 사항 ）

| 순위번호 | 등　기　목　적 | 접　수 | 등　기　원　인 | 권리자 및 기타사항 |
|---|---|---|---|---|
| 1 | 소유권보존 | | | 소유자　김○○ 731127-1******<br>경기도 양주시 ○○동<br>건내부등기의 촉탁으로 인하여<br>2009년3월10일 등기 |
| 2 | 가처분 | 2009년3월10일<br>제10706호 | 2009년3월9일<br>서울중앙지방법원의<br>가처분결정(2009카합311 | 피보전권리 2008.12.24 근저당권설정등기청구에 기한<br>근저당권설정등기청구권<br>채권자　대명대부주식회사<br>　서울특별시 강남구 역삼동 831 예천빌딩 4층<br>금지사항 매매, 증여, 저당권, 임차권의 설정 기타일체의<br>　　처분행위 금지 |
| 3 | 가압류 | 2009년7월21일<br>제47469호 | 2009년7월21일<br>서울중앙지방법원의<br>가압류결정(2009카단637<br>4) | 청구금액 금160,000,000 원<br>채권자 현○○<br>　서울 서대문구 ○○동 |
| 4 | 1번소유권이전등기 | 2009년10월20일<br>제66450호 | 2009년10월14일<br>서울중앙지방법원의 | |

발행일시 : 2012년06월19일 08시09분46초

2/5

---

[집합건물] 서울특별시 서초구 방배동 488-2 제7층 제701호

고유번호 1102-2009-000296

| 순위번호 | 등　기　목　적 | 접　수 | 등　기　원　인 | 권리자 및 기타사항 |
|---|---|---|---|---|
| 5 | 가압류 | 2009년12월18일<br>제77806호 | 2009년12월18일<br>서울중앙지방법원의<br>가압류<br>결정(2009카단120254) | 청구금액　금211,504,724 원<br>채권자 주식회사우리은행 110111-0015671<br>　서울특별시 중구 ○○지로1가 101-1<br>　(○○지점)<br>소멸기준(2009가단387367) |
| 6 | 가압류 | 2010년2월4일<br>제5825호 | 2010년2월4일<br>의정부지방법원의<br>가압류결정(2010카단722 | 청구금액　금90,000,000 원<br>채권자 신용보증기금<br>　서울 서초구 ○○동 254-5<br>　(소관:의정부지점) |
| 7 | 압류 | 2011년2월21일<br>제6863호 | 2011년2월8일<br>압류(세무1과-2178) | 권리자 서울특별시서초구 |
| 8 | 임의경매개시결정 | 2011년11월2일<br>제32733호 | 2011년11월2일<br>서울중앙지방법원의<br>경매개시<br>결정(2011타경32120) | 채권자 대명대부주식회사 110111-3624825<br>　서울특별시 강남구 역삼동 831 예천빌딩 406호 |
| 9 | 압류 | 2012년4월3일<br>제7455호 | 2012년4월3일<br>압류(조사과-1134) | 권리자 국<br>　처분청 의정부세무서 |

**【 을　　구 】** （ 소유권 이외의 권리에 관한 사항 ）

| 순위번호 | 등　기　목　적 | 접　수 | 등　기　원　인 | 권리자 및 기타사항 |
|---|---|---|---|---|
| 1 | 1번근저당권공동담보소멸 | 제6283호 | 설정계약 | 채무자 김○○<br>　경기도 양주시 삼숭동<br>근저당권자 대명대부주식회사 110111-3624825<br>　서울특별시 강남구 역삼동 831 예천빌딩 4층<br>공동담보 전유 서울특별시 서초구 방배동 488-2 제6층<br>　예603호 |
| 1-2 | 1번등기명의인표시변경 | 2012년3월17일<br>제34234호 | 2010년3월10일<br>상호변경 | 신용 서울특별시 서초구 방배동 488-2 제6층 예603호 에<br>대한 근저당권말소등기로 인하여<br>대명대부주식회사 성명(명칭) 대명대부주식회사<br>　2010년11월16일 부기 |
| 1-3 | 1번근저당권부질권 | 2012년3월17일<br>제34236호 | 2012년3월17일<br>근저당부질권설정계약 | 채권액　금300,000,000원<br>변제기　2012년 6월 30일<br>이 자 년8%<br>이자지급시기　매월말일<br>질권자 이○○ 외4인<br>　대명대부주식회사와 이○○ 여성동 831 예천빌딩 4층 |

## 적용사례 20. 중앙 2013 타경 31176

### 사건내용

| 항목 | 내용 |
|---|---|
| 사건번호/종류 | 2015-5935(중복·대명대부) |
| 소 재 지 | 서울 서초구 방배동 488-▢<br>(06702)서울 서초구 효령로2길 ▢ |
| 경매구분 | 강제경매 | 채 권 자 | 임○○ |
| 용 도 | 아파트 | 채무/소유자 | 임○○ |
| 감 정 가 | 440,000,000 (13.09.23) | 청 구 액 | 50,000,000 | 매각기일 | 15.12.31 (335,900,000원) |
| 최 저 가 | 281,600,000 (64%) | 토지면적 | 18.4m²(5.6평) | 종국결과 | 16.03.25 배당종결 |
| 입찰보증금 | 28,160,000 (10%) | 건물면적 | 102m²(30.9평) | 경매개시일 | 13.09.09 |
| 주의사항 | 유치권 · 대지권등기 | | | 배당종기일 | 13.11.14 |
| 조 회 수 | · 금일조회 1 (0) · 금회차공고후조회 328 (72) · 누적조회 1,170 (203)<br>· 7일내 3일이상 열람자 14 · 14일내 6일이상 열람자 7 | | | ○는 5분이상 열람<br>(기준일:2015.12.31/전국연회원전용)(좋) |

| 소재지/감정요약 | 물건번호/면적(m²) | 감정가/최저가/과정 | 임차조사 | 등기권리 |
|---|---|---|---|---|
| (06702)<br>서울 서초구 방배동 488-<br>[효령로2길 ▢▢] | 물건번호: 단독물건 | 감정가 440,000,000 | 법원임대조사 | 소유권 김○○ |
| **[감정평가서요약]** | 대지 18.4/958.8<br>(5.58평)<br>₩132,000,000<br>대지권미등기 | **(대지)** 132,000,000<br>(30%) | 김○○ 전입 2013.05.23<br>주거/점포<br>점유기간<br>미상 | 2009.03.10<br>가압류 한솔<br>2009.07.21<br>**160,000,000** |
| - 본건근린생활시설존재<br>- 철근콘크리트지붕건<br>- 방배사용승인받건물<br>- 인근대형아파트및기재 | 건물 102.3<br>(30.95평)<br>₩308,000,000<br>근저당2.다음근 | (건물) 308,000,000<br>(70%) | | 2009 카단 6374<br>서울중앙 ○○ |
| - 동측및서측도로접함<br>- 인근지하철및버스<br>- 주변대형아파트단지,인<br>- 인근노선버스정류장<br>- 사회적배경(청)소재 | 보존: 2009.03.10 | 최저가 281,600,000<br>(64%) | 박○○ 전입 2013.09.09<br>주거/점포<br>점유기간<br>미상 | 근저당 대영대부<br>2009.09.01<br>**450,000,000** |
| - 차량접근가능,제반교통<br>- 부정형경사지<br>- 북측6m내외포장도 | | **경매진행과정** | '3회 방문하였으나 폐문부<br>재이고, 방문의 취지 및 연락<br>처를 남겼으나 아무런 연락<br>이 없으므로 주민등록 전입<br>된 세대만 임차인으로 보고 | 가압류 하나은행<br>서초<br>2009.12.18<br>**211,504,724** |
| - 동측광장로및건축선<br>- 북측동측6m포장도로<br>- 2종일반주거지역<br>- 가축사육제한구역 | | ① 440,000,000 유찰<br>2015-10-15 | ○함 | 2009 카단 120254<br>서울중앙 ○○ |
| - 대공방어협조구역<br>(위탁고도77~257m)<br>- 과밀억제권역 | | ② 20% 352,000,000 유찰<br>2015-11-19 | 지지옥션 전입세대조사 | 가압류 신용보증기금<br>인천남 ○○ |
| | | ③ 20% 281,600,000 매각<br>2015-12-31 | 김○○ 13.05.23<br>박○○ 13.09.09<br>김○○ 14.10.10 | 2010.02.04<br>**50,000,000** |
| | | | 2명 ○○ 14.10.10 | 2010 카단 722 의<br>정부 ○○ |
| | | | 주민센터확인:2015.10.01 | 2011.02.21 |
| | | 매수인 김○○ | | 압류 서울시서초구<br>2012.02.17 |
| | | 응찰수 2명 | | 질권 송○○<br>**300,000,000** |
| | | 매각가 335,900,000<br>(76.34%) | | |
| | | 2위 333,980,000<br>(75.90%) | | |

(출처 : 지지옥션)

## 선순위 가처분

대부회사에서 2009년 3월 채무자에게 채권최고액 4억 5,000만 원의 근저당을 설정해야 하나 당시 아파트가 건축법상 사용승인을 득하지 못해 근저당설정등기를 못했다. 이후 2009년 3월 가처분등기의 촉탁으로 소유권보존등기와 근저당권설정등기청구권을 피보전권리로 한 가처분등기를 한 후 2009년 9월쯤에 근저당설정등기를 하고 그 근저당에 기해 임의경매를 신청한 사건이다. 따라서 선순위 가처분은 사정변경(목적 달성)에 따른 취소사유이다. 가처분권자는 매각 시 말소해도이의를 제기하지 않았다는 확약서까지 집행법원에 제출했다.

## 기각사유

매각물건명세서에 "이 사건 건물에 대해 소외 사공욱○ 외 11명이 김수○의 소유권 명의는 착오라고 주장하며 개시결정이의 등으로 소유권 귀속 여부에 다툼이 있음"이라고 기재되어 있어 그 결과 후에 기각되었다.

## 이후 다시 경매신청(2013 타경 31176)

그 후 권리관계가 정리 (예고등기 말소, 원고 패소)된 후 다시 채권자들의 경매 신청에 의해 김효○가 낙찰받아 종료되었다.

## 2. 선순위 가처분

### 다) 가처분권리자가 소유권을 취득한 경우

경매신청채권자는 가처분권리자가 목적을 달성(소유권이전)해서 실질적으로 해제해야 함에도 가처분권리자들이 해제를 하지 않은 형식적 등기에 불과하다는 보정서를 제출해 경매를 진행한다.

가처분권리자가가처분권리자가 본안소송에서 승소해 그 승소판결에 의한 소유권이전등기를 하는 경우, 당해 가처분등기는 그 가처분등기의 말소에 관해 이익을 갖는 자가 집행법원에 가처분의 목적달성을 이유로 한 가처분등기의 말소촉탁을 신청해 그 신청에 기한 집행법원의 말소촉탁에 의해 말소해야 한다. 당해 가처분등기에 대한 말소촉탁 신청 시에는 가처분권리자 및 채무자로 하여금 별도의 가처분취소신청이나 가처분집행취소신청을 하게 할 필요는 없다(등기예규 제882호).

# CHAPTER 2. 권리분석

## 2. 선순위 가처분

### ※ 가처분의 목적달성 및 본안소송 여부 확인

※ 목적달성 여부 확인 방법

가처분 – 등기부(사건 변화, 법원, 피보전권리, 채권자) – 법원 '나의 사건검색' – 가처분 인용 여부 – 등기부(목적달성 여부 확인)

※ 목적달성 여부 확인이 안 되는 경우

대법원도서관 특별열람실방문 신청 – 본안소송결과 확인 – 판결문 사본제공 신청 – 판결문(목적달성 여부 확인)

1. 등기사항전부증명서를 확인해 가처분사건의 사건변호와 관할법원, 채권자, 피보전권리를 확인한다.

2. 대법원사이트 '나의 사건검색'에서 가처분 사건의 내용 확인

3. 대법원 도서관 특별열람실에서 본안소송 여부 및 결과를 확인

   1) 대법원사이트 – 대국민서비스 – 정보 – 판결서 방문열람 – 방문열람 신청하기

   2) 예약된 날짜에 대법원도서관 특별열람실 방문해 판결문 검색

4. 서울남부지방법원사이트 – 판결서 사본제공 신청

5. 휴대폰 또는 이메일로 접수완료 알림 – 법원 계좌로 수수료 입금 – 이메일로 판결문 전송

## 2. 선순위 가처분

### 가처분 신청취하 및 집행해제 신청서

부동산 가처분 신청취하 및 집행해제 신청

사건 2017 카단 1091호 부동산 가처분

채권자 (신 청 인)

채무자 (피신청인)

**신청취지 및 이유**

위 사건에 관하여 당사자간에 원만한 합의가 성립되었으므로 채권자(신청인)는 이건 가처분신청 전부를 취하합니다. 따라서 별지 목록 기재 부동산에 대하여 대구지방법원 영남지원 등기계 2017. 11. 8. 등기접수 제12248호로 경료된 가처분기입등기에 대하여 집행해제를 받았으므로 한 말소등기를 속 탁하여 주시기 바랍니다.

**첨 부 서 류**

1. 부동산등기부 등본                                      1 부
1. 등록면허세, 지방교육세 영수필 확인서 및 통지서          1 부
1. 등기신청수수료 영수필 확인서                           1 부
1. 신청서 부본                                            1 부
1. 인감증명서                                             1 부
1. 위임장                                                 1 부

2018.    2.    20.

채권자 (신청인)

대구지방법원 영남지원 귀중

(출처 : 저자 제공)

## 3. 후순위 가처분

### 말소되는 경우

소유권(甲) → 근저당권 → 소유권이전(乙) → 가처분(甲) → 근저당권 경매신청

소유권이전의 원인무효를 이유로 가처분

소유권이전이 원인무효가 되어 설령 소유권이 乙에서 甲으로 이전되더라도 경매신청 채권인 근저당권 자체가 甲의 소유자일 때 설정되었기 때문에 소유권이 이전되더라도 경매에는 영향을 받지 않는다.

### 예외적으로 인수(위험)

#### 1) 인수(상대적 원인무효 포함)

53p ⇨ 나. 위험(상대적 원인무효)

| 2 | 가처분 | 2012년12월21일<br>제40033호 | 2012년12월21일<br>대전지방법원<br>논산지원의<br>가처분결정 (2012카단890<br>) | 피보전권리 **토지소유권에 기한 방해배제로서의 건물에<br>대한 철거청구권**<br>채권자 한윤 ♥♥ 440819-2-******<br>경기도 안성시 대덕면 죽촌리<br>금지사항 매매, 증여, 전세권, 저당권, 임차권의 설정<br>기타 일체의 처분행위 금지 |
| 3 | 강제경매개시결정 | 2014년2월10일<br>제3808호 | 2014년2월10일<br>대전지방법원<br>논산지원의<br>강제경매개시결정 (2014<br>타경501) | 채권자 한윤 ♥♥ 440819-2-******    (죽촌리)<br>안성시 대덕면 바리 █████ ) |

(출처 : 대한민국 법원 사이트)

#### 2) 건물철거 및 토지인도 가처분

① 토지 및 건물철거가청구구권 가처분의 경우 건물만 경매신청 되었으나 토지 소유자가 건물에 대하여 토지인도 및 건물철거가청구구권을 피보전권리로 하는 가처분등기를 하였다면 이 가처분등기는 말소기준권리의 선후를 불문하고 낙찰자의 인수사항이 된다(법원실무제요 《민사집행 Ⅱ》, p. 390).

## 3. 후순위 가처분

② 토지와 건물이 따로 경매에 나왔을 경우 특히 토지와 달리 건물만 나온 경우 먼저 건물등기사항전부증명서의 갑구에 땅 주인이 건물주를 상대로 건물철거 및 토지인도 관련 소송제기 여부를 반드시 확인해야 한다. 소송 여부(예정 포함)는 사례와 같은 가처분 등재 여부로 쉽게 확인할 수 있다. 가처분의 분석 이후 법정지상권 성립 여부를 확인 후 참여해야 한다.

③ 다만, 건물철거 및 토지인도청구를 위한 가처분이라도 재개발이나 재건축을 목적으로 하는 경우에는 지상의 건물을 철거하는 목적이 아파트 등의 집합건물을 건설하기 위한 것이므로 입찰 여부를 검토해도 좋을 것이다.

## 가처분 목적달성

1. 중앙 2009 타경 45352 사건에서 토지에서 토지만 매각

2. 2011. 2. 9 이미경 낙찰 813,399,000원

3. 2011. 6. 29 철거 및 토지인도청구권 피보전권리로 가처분

4. 중앙지방법원 2011가단192289 건물철거 승소

5. 타지권자에 의한 건물경매(2012 타경 17746) 진행

6. 2014. 4. 10 토지 소유자 이미경 낙찰

[전부] 서울특별시 성북구 종암동 2n-15

고유번호 1114-2005-0X3543

| 순위번호 | 등 기 목 적 | 접 수 | 등 기 원 인 | 권 리 자 및 기 타 사 항 |
|---|---|---|---|---|
| 10 | 임의경매개시결정 | 2009년11월원구일 제5562호 | 2009년11월일원구일 서울중앙지방법원의 임의경매개시결정(2009타경) | 채권자 이ooo 김ooooo 1-****** 종로 -1 동대 두촌리 좌촌 -1 |
| 11 | 10번임의경매개시결정등기말소 | 2010년12월3일 제53074호 | 2010년11월30일 취하 | |
| 12 | 9번임의경매개시결정등기말소 | 2010년12월6일 제54175호 | 2010년12월1일 취하 | |
| 13 | 가처분 | 2011년4월29일 제33428호 | 2011년4월29일 서울중앙지방법원의 가처분 결정(2011카단15) 6) | 피보전권리 토지소유권으로 인한 건물철거 및 토지인도청구권 채권자 이미 상복구 신선동2가 권리자 금지사항 매매, 증여, 전세권, 저당권, 임차권, 임차권의 설정 기타일체의 처분행위 금지 |
| 14 | 7번가처분등기말소 | 2011년7월원4일 제38284호 | 2011년6월23일 해제 | |
| 15 | 강제경매개시결정 | 2012년6월7일 제13114호 | 2012년6월7일 서울중앙지방법원의 강제경매개시결정(2012 타경17746) | 채권자 이ooo 고양시 덕양구 행신동 730117-1****** |
| 16 | 임의경매개시결정 | 2012년9월9일원 | 2012년9월9일 | 채권자 이ooo 800513-1****** |

열람일시 : 2014년09월25일 15시13분21초

3/7

(출처 : 대한민국 법원 사이트)

---

### 적용사례 11. 중앙 2009 타경 45352

**사건내용**

| | |
|---|---|
| 법원/종류 | 2009-26023(중복·서울보증보험) |

| 소 재 지 | 서울 성북구 종암동 ■■■■ | | |
|---|---|---|---|
| 경매구분 | 임의경매 | 채 권 자 | 국ooo |
| 용 도 | 대지 | 채무/소유자 | 오oo |
| 감 정 가 | 979,200,000 (10.01.11) | 청 구 액 | 228,000,000 |
| 최 저 가 | 783,360,000 (80%) | 토지면적 | 204.0m² (61.7평) |
| 입찰보증금 | 78,336,000 (10%) | 건물면적 | 0m² (0.0평) |

주 의 사 항 · 법정지상권 · 입찰외 · 토지만입찰

| 조 회 수 | · 금일조회 1 (0) · 금회차공고후조회 348 (34) · 누적조회 1,061 (39) |
|---|---|
| | · 7일내 3일이상 열람자 0 · 14일내 6일이상 열람자 0 |

(기준일-2011.02.09/선구간연결(은))

이느 5등이상 열람
(눈)

| 소재지/감정요약 | 물건번호/면적(m²) | 감정가/최저가/과정 | 임차조사 | 등기권리 |
|---|---|---|---|---|
| 서울 성북구 종암동 감정평가서요약 송제초등교남동측인근 주변근린생활시설,단독 및다가구주택대주택지대 철근콘크리트/연와조지대 제반교통사정무난가능도세반 인근버스(정)및지하철 고려대학교소재 성장체토지 등북아파트내외도로접함 도로접함 대로남서측주거지역 고도지구,제1종일반주거지역 -2등일반주거지역 2010.01.11 참임감정 | 물건1동 단독물건 대지 204.0 (61.7평) ₩979,200,000 입찰외 현이상물있음 제사고주택등80.8 3.25 50.84,지하1,6 3.27 타인소유주건물 근린생활시설주택 (연면적487.97소재) | 감정가 979,200,000 · 토지 979,200,000 (100%) (평당 15,867,769) 최저가 783,360,000 (80%) 경매진행과정 ① 979,200,000 2010-06-03 유찰 ② 20%↓ 783,360,000 2010-07-07 변경 ② 783,360,000 2010-09-15 변경 ② 783,360,000 2010-12-29 변경 ② 783,360,000 2011-02-09 매각 | 법원임의조사서 한oo 전입 1978.12.20 ○oo 전입 1989.01.27 ○oo 전입 2005.09.12 205호 권oo 전입 2005.11.17 확정 2005.11.17 (보) 50,000,000 (월) 1,200,000 오oo상우주/1층 점유 2005.10.15~ 황oo 전입 2006.02.17 홍oo 전입 2006.09.19 한oo 전입 2007.11.07 최oo 전입 2008.01.31 사oo 전입 2008.02.13 201호 강oo 전입 2008.04.01 404호 | 소유권 오oo 1981.10.20 저당권 국민은행 여신 1992.09.03 104,000,000 저당권 국민은행 여신관리부 2001.01.26 124,000,000 가압류 이oo 2005.11.04 100,000,000 가압류 서울보증보험 경북신용관리 2006.11.08 767,377,000 가압류 신용보증기금 경부 2006.12.18 300,000,000 가압류 신용보증기금 경부 2007.04.12 180,000,000 가압류 국민은행 신용여신관리 2007.09.11 37,713,543 |

| | 이oo | |
|---|---|---|
| 매각가 | | 1명 |
| 매수인 | | 813,399,000 |
| 매각가 | | (83.07%) |

표준지가 : 2,600,000
감정지가 : 4,800,000

(출처 : 지지옥션)

## 적용사례 11. 중앙 2012 타경 17746

### 사건내용

| 병합/종복 | 2012-2830₂(중복·이근) | | |
|---|---|---|---|
| 과거사건 | 중앙3계 2009-45352 · 중앙6계 2010-10680 | | |
| 소재지 | 서울 성북구 종암동 | 채권자 | 이○○ |
| 경매구분 | 강제경매 | 채무/소유자 | 한○○ |
| 용도 | 근린주택 | 청구액 | 200,000,000 | 매각기일 | 14.04.10 (225,800,000) |
| 감정가 | 440,948,520 (12.06.18) | 토지면적 | 0.0㎡ (0.0평) | 종국결과 | 14.08.05 배당종결 |
| 최저가 | 225,766,000 (51%) | 건물면적 | 전체 548.2㎡ (165.8평) | 경매개시일 | 12.06.07 |
| 입찰보증금 | 45,153,200 (20%) | | 제시외 60.2㎡ (18.2평) | 배당종기일 | 12.08.27 |

**주의사항** ·재매각물건·선순위전세권·건물만매각·소멸되지않는권리·임구순위13번 건물전부를위한 가처분등기(2011.6.29 등기)는 말소되지 않음

**조회수** ·금일조회 1 (0) ·금회차공고후조회 329 (106) ·누적조회 1,392 (139)
·7일내 3일이상 열람자 14 ·14일내 6일이상 열람자 7
(기준일: 2014.04.10/전국연회원전용)

| 소재지/감정요약 | 물건번호/면적(㎡) | 감정가/최저가/과정 | 임차조사 | 등기권리 |
|---|---|---|---|---|
| 서울 성북구 종암동 | 물건1 건물전부 | 감정가 **440,948,520** | 법원임차조사 | 소유권 한○○ |
| 감정평가서요약 | 건물 | · 건물 420,533,520 | 이○○ 배당 2012.08.24 | 2005.08.30 |
| | · 1층식당 100.9 | (평당 2,536,084) | (보) 60,000,000 | 전세권 한○○ |
| · 철콘슬라브 | (30.53평) | · 제시 20,415,000 | 주거/3층일부 | 2009.10.05 |
| · 건물면적기점 | ₩79,920,720 | (4.63%) | 전세권자 손숙자 | 60,000,000 |
| · 건물조명등래드지붕 | · 2층다가구주택 116.3 | | 간 2010.6.17까지 | 존속기 |
| · 2종근린생활시설주거 | (35.17평) | 최저가 **225,766,000** | | 간 2010.06.01 |
| | ₩340,612,800 | (51%) | 이○○ | 근저당 이○○ |
| 2012.06.18 온누리감정 | · 실3층원룸보일러 | | 전입 1978.12.20 | 2011.11.30 |
| | 대피상당4개호실동 116.3 | 경매진행과정 | 주거/미상 | 40,000,000 |
| | (35.17평) | ① **440,948,520** | 김○○ | 가처분 이○○ |
| | · 원룸2개호실등 | 2013.03.14 유찰 | 전입 1989.01.27 | 2011.06.29 |
| | 주거택방보일러 | ② 20%↓ **352,759,000** | 주거/미상 | 2011 카단 1516 서 |
| | · 4층다가구주택 92.1 | 2013-04-18 유찰 | 김○○ 전입 2005.09.12 | 울중앙 이○○ |
| | (27.86평) | ③ 20%↓ **282,207,000** | 주거/205호 | 강 제 이해 |
| | · 원룸4개호실등 | 2013-05-23 유찰 | 위○○ 전입 2008.04.01 | 2012.06.07 |
| | 대피상당 독실등 | ④ 20%↓ **225,766,000** | 배당 2008.04.24 | *청구액200,000,000원 |
| | · 5층다가구주택 62.4 | 2013-06-27 변경 | 50,000,000 | 임 의 이해 |
| | (18.88평) | | 점유기간 2008.3.31- | 2012.09.06 |
| | · 원룸3개호실등 | | | 2012타경23302 |
| | · 종5동 | | 김○○ 전입 2010.02.16 | 임차권 임○○ |
| | | | 배당 2010.02.16 | 2013.07.16 |
| | | | 점유기간 2012.07.12 | 50,000,000 |

(출처 : 지지옥션)

---

| | | 감정가/최저가과정 | | | |
|---|---|---|---|---|---|
| ④ | **225,766,000** 매각 | | 김○○ | (보) 50,000,000 | 전입 2012.08.24 |
| | 2013-08-01 | | | 주거/301호 | 확정 2012.08.24 |
| | | 응찰수 3명 | 조○○ | 점유기간 2010.2.16- | 임차권 이○○ |
| | **225,766,000** 매각 | 대금/가 | | 전입 2010.08.22 | 2013.08.01 |
| | 2,978,000,000 (675.36%) | | 이○○ | 주거/503호 | **50,000,000** |
| | 291,900,000 (66.20%) | | 장○○ | 전입 2010.12.17 | 전입 2012.08.20 |
| | | | | 주거/401호 | 확정 2012.08.20 |
| | 허가 2013-03-08 | 배당 2011.02.26 | 임차권 장○○ | 2013.08.14 |
| | 납기 2013-10-07 | 확정 2011.02.28 | | **40,000,000** |
| | (대금미납) | 배당 2012.08.20 | | 전입 2012.08.14 |
| | | (보) 50,000,000 | | 확정 2012.08.14 |
| ④ | **225,766,000** 매각 | | | 주거/302호 | 임차권 장○○ |
| | 2013-11-21 | 점유기간 2011.2.24- | | 2013.12.17 |
| | | 응찰수 2명 | 이○○ | 전입 2011.05.09 | **50,000,000** |
| | 305,080,000 (69.19%) | 대금/가 | | 확정 2012.08.21 | 전입 2011.02.28 |
| | 225,800,000 (51.21%) | | | 배당 2012.08.22 | 확정 2011.02.28 |
| | | | | (보) 20,000,000 | |
| | | | | 1,700,000 | 임 류 성북세무서 |
| | | | | 점유기간 2011-06 | 2014.01.03 |
| | | | | 정당 | **채권총액 290,000,000원** |
| | | 2명 | 김○○ | 전입 2011.05.18 | 열람일자 : 2014.03.25 |
| | | | | 주거/202호 | |
| | **225,766,000** 매각 | | 김○○ | 전입 2011.07.04 | |
| | 2014-04-10 | | | 확정 2011.07.04 | |
| | | | | 배당 2012.08.22 | |
| | | 응찰수 1명 | 이○○ | (보) 50,000,000 | |
| | **225,800,000** 매각 | 대금/가 | | 주거/201호 | |
| | (51.21%) | | | 점유기간 2011.7.29- | |
| | | 2명 | 김○○ | 전입 2011.07.20 | |
| | | | | 확정 2011.07.20 | |
| ④ | 허가 2014-04-17 | | | 배당 2012.08.20 | |
| | 납기 2014-07-15 납부 | | | (보) 50,000,000 | |
| | | | | 주거/404호 | |
| | | | | 점유기간 2011.7.17- | |
| | 2014-08-05 종결 | | 서○○ | 전입 2012.07.20 | |
| | | | | 확정 2012.07.20 | |
| | | | | 배당 2012.08.22 | |
| | | | | (보) 50,000,000 | |
| | | | | 주거/202호 | |
| | | | | 점유기간 2012.7.21- | |
| | | | 장○○ | 전입 2012.08.14 | |
| | | | | 확정 2012.08.14 | |
| | | | | 배당 2012.08.27 | |
| | | | | (보) 40,000,000 | |
| | | | | 주거/203호 | |
| | | | | 점유기간 2011.12.27- | |

(출처 : 지지옥션)

## 3. 후순위 가처분

### 절대적 원인무효 사유에 기한 소유권이전등기말소청구권 가처분

- 등기서류의 위조에 의한 소유권이전등기
- 반사회질서의 법률행위(민법103조)
- 불공정한 법률행위(민법104조)

소유권이전의 원인무효를 다투는 가처분은 제판 결과에 따라 말소가 안 될 수도 있다. 즉, 후순위 가처분은 낙찰로 인해 소멸하나 이후 가처분권자가 본안의 소송에서 승소할 경우 낙찰자는 소유권을 상실한다. 그러므로 입찰 시 가처분의 피보전권리가 무엇인가를 사전에 확인해야 한다.

## 직접사례 1. 여주 2019 타경 34621

### 사건내용

| 병원/종목 | 2020-3271(병합·김윤■) |
|---|---|
| 과거사건 | 여주 2010-12604 , 여주 2010-15795 , 여주 2012-7651 , 여주 2012-13823 , 여주 2016-986 , 여주5계 2016-1002 |
| 소재지 | 경기 양평군 서종면 수능리 (12504)경기 양평군 서종면 ■든길■ |
| 경매구분 | 강제경매 | 채권자 | 김OO |
| 용도 | 주택 | 채무소유자 | 명OOO |
| 감정가 | 403,816,000 (19.10.11) | 청구액 | 278,914,679 |
| 최저가 | 197,870,000 (49%) | 토지면적 | 728.0m² (220.2평) |
| 입찰보증금 | 59,361,000 (30%) | 건물면적 | 138.0m² (417평) 제시외 6m (1.8평) |

매각기일 21.07.07 기타 · 종국결과 21.07.05 기타 · 경매개시일 19.09.26 · 배당종기일 20.08.19

주의사항 · 재매각물건 · 선순위가등기 · 소멸되지 않는 권리: 2003. 6. 7. 자 160요2호 소유권이전청구권 가등기(다만 위 가등기권자는 채무자임)

조회수 · 금일조회 1 (0) · 금주차공고후조회 716 (122) · 누적조회 1,661 (256) · 7일내 3일이상 열람자 3 · 14일내 6일이상 열람자 2 (기준일:2021.07.07/전국연회원전용) 0는 5분이상 열람

| 소재지/감정요약 | 물건번호/면적(m²) | 감정가/경매가격과정 | 임차조사 | 등기권리 |
|---|---|---|---|---|
| (12504) 경기 양평군 서종면 수능리 ■든길■ | 물건번호: 단독물건 대지 728.0 (220.22평) ₩297,752,000 건물 · 주택 132.0 (39.92평) ₩105,584,000 · 종물 : 1998.10.17 · 보존 : 1998.10.21 · 제시외 · 보일러실 6.0 (1.82평) ₩480,000 | 감정가 403,816,000 · 대지 297,752,000 (73.73%) (평당 1,352,066) · 건물 105,584,000 (26.15%) (평당 2,529,564) · 제시 480,000 (0.12%) 최저가 197,870,000 (49%) 경매진행과정 ① 403,816,000 2020-11-11 유찰 ② 30% 282,671,000 2020-12-16 변경 ② 282,671,000 2021-01-13 변경 | 법원임차조사 박OO 주거 | 건물 가등기 이한재 2003.06.07 소유권이전청구구권 근저당 이■ 2007.08.31 (공동) 430,000,000 가압류 이혜■ 2015.06.24 김윤■ (공동) 230,334,245 2015 카단 3144 수원 여주 (인) 가압류 김윤■ 2018.03.23 (공동) 256,252,160 2018 카단 804179 서울중앙 (인) 소유권 명OOO 2018.10.25 매매 650,000,000 전소유자·이한재 |

(출처 : 지지옥션)

---

2021. 7. 17.
- 지역보전권역
- 공장설립승인지역 (2016.12.09)
- 배출시설설치제한지역
- 수질보전특별대책지역 (1권역)

2019 10.11 세티감정
표준지 : 250,000
개별지 : 222,000
감정지가 : 409,000

| | ② | 강OO 282,671,000 2021-02-17 매각 |
|---|---|---|
| | 용찰수 | 1명 |
| | 매각가 | 327,730,000 (81.15%) |
| | | 허가 2021-02-24 납기 2021-04-05 (미납미납) |
| | ② | 282,671,000 2021-06-02 유찰 |
| | | 2021-07-07 기타 |

사는택이나 현황은 사람이 이주중으로 있지 않아 거의 창고로 활용하는 것 같음.

지지옥션 전입세대조사
1명 전입세대없음 주민센터확인:2020.10.27
재권총액 916,586,405원

가처분 김명 외7 (공동) 2019.04.26 2019 카단 10243 수원 여주 (인)
경 정 강OOO 2020.05.01 2020타인32713 재권총액 916,586,405원
토지 강OOO
소유권 명OOO 2018.10.25 매매 650,000,000 전소유자:이한재
강 제 강OOO 2019.09.26 *청구액:278,914,679원 재권총액 916,586,405원

(출처 : 지지옥션)

후순위 가처분이라 말소되지만 그럼에도 본안소송에 따른 위험 여부는 별도로 판단해야 한다. 그러나 이 사건은 전 소유자인 이한재의이 가압류가 본압류로 이행(즉 가압류 이후 판결을 받아서 경매 진행)되었기 때문에 가처분권리자가 본안에서 승소한들 전 소유자의 가압류가 본압류로 이행되어 진행된 경매의 결과에는 어떠한 영향도 없다.

### 후순위 가처분이 위험한 경우

소유권(갑) - 소유권(을) - 근저당(병) - 가처분(갑)일 때 피보전권리는 소유권이전등기말소청구권

이 경우 후순위인 가처분은 말소되지만 가처분이 말소되더라도 별개로 본안소송은 제3자인 근저당권자인 병 외 선의 여부에 따라 승소 여부가 갈라지며 가처분자인 갑이 승소한다면 낙찰자는 소유권을 상실할 수 있다.

# CHAPTER 2. 권리분석

후순위 가처분은 원칙은 위험하지 않지만 예외적으로 위험한 경우가 있다. 가처분을 표현으로 일반적으로 가처분이 말소 가능하다, 인수한다라는 표현으로 권리분석을 하는 것보다 더 정확한 표현은 선순위든 후순위든 '가처분이 위험하다', '안 위험하다'라는 표현이 맞다.

예를 들면 가처분이 제소기간의 도과되 말소가 되는 경우라도 가처분등기가 말소되는 것이지 가처분권자는 언제든지 본인의 소를 제기할 수 있다. 이러한 경우 본인의 소송 결과에 따라 낙찰자는 소유권을 상실할 수도 있다.

이 사건에서의 후순위 가처분의 피보전권리는 '사해행위취소를 원인으로 한 소유권이전등기말소등기청구권'이다. 즉, 빚이 많은 소유자 이한○가 더 이상 빚더미에 쫓겨 다니는 게 지겨워서 주택을 명○ 산업주식회사에 팔아버렸다. 가처분권자 입장에서는 이한○와 명○ 산업주식회사는 한통속이고 이한○가 앞서 말한 나쁜 마음으로 이전했다고 하면서 다시 이한제의 소유로 바꾸기 위해 하는 가처분이다.

그렇지만 결과적으로 이 사건의 가처분은 말소기준권리인 근저당보다 후순위이기에 말소도 되고 피보전권리도 위험하지 않다.

왜냐하면 이 사건은 전 소유자인 이한○의 가압류가 본압류로 이행(가압류 이후 판결을 받아서 경매진행)되어있기 때문에 가처분권자가 승소해 이한○의 명의로 되돌려도 어차피 전 소유자의 가압류가 본압류로 이행되어 진행된 경매에는 어떠한 영향도 없다.

[선1] 경기도 양평군 서종면 수능리

| 순위번호 | 등기목적 | 접수 | 등기원인 | 권리자 및 기타사항 |
|---|---|---|---|---|
| 3 | 소유권이전청구권가등기 | 2003년6월7일 제16082호 | 2003년6월5일 매매예약 | 권리자 이환○ 630528-******* 경기도 양평군 서종면 수능리 |
| 4 | 소유권이전 | 2009년10월29일 제45722호 | 2009년10월28일 증여 | 소유자 이환○ 630528-******* 경기도 양평군 서종면 수능리 |
| 5 | 근저당권설정 | 2010년10월29일 제48404호 | 2010년10월29일 설정계약 | 채권최고액 500519 근저당권자 성남시 분당구 ○○동 |
| 6 | 압류 | 2010년9월28일 제44844호 | 2010년10월28일 압류 | 권리자 국 처분청 남양주세무서 |
| 7 | 5번근저당권설정등기말소 | 2010년11월2일 제45093호 | 2010년11월16일 해지 |  |
| 8 | 6번압류등기말소 | 2010년11월16일 제47285호 | 2010년11월16일 해제 |  |
| 9 | 근저당권설정 | 2010년11월16일 제49165호 | 2010년11월16일 설정계약 | 채권최고액 500519 근저당권자 성남시 분당구 ○○동 |
| 24 | 근저당권설정 | 2016년9월9일 제60606호 | 2016년9월16일 설정계약 | 채권자 신○ 근저당권자 서울특별시 강남구 ○○○ |
| 25 | 24번근저당권설정등기말소 | 2016년9월9일 제41025호 | 2016년9월6일 해지 |  |
| 26 | 가압류 | 2018년9월28일 제13000호 | 2018년9월23일 서울중앙지방법원의 가압류결정(2018카단804179) | 청구금액 금256,252,160 원 채권자 ○○ 신용보증기금 600615-******* 서울 서초구 |
| 27 | 23번근저당권설정등기말소 | 2018년8월24일 제39906호 | 2018년7월25일 해소기각결정 |  |
| 28 | 소유권이전 | 2018년10월25일 제49540호 | 2018년10월1일 매매 | 소유자 명○산업주식회사 134311-0037037 경기도 양평군 서종면 수능리 376-27 매매목록 제2018-2750호 |
| 29 | 가처분 | 2019년4월26일 제17781호 | 2019년4월25일 수원지방법원 여주지원의 가처분결정(2019카단102243) | 피보전권리 사해행위취소를 원인으로 한 소유권이전등기말소등기청구권 채권자 강○ 서울 양천구 목동중앙본로 22길 |

# 권리분석

[건물] 경기도 양평군 서종면 수능리 ▨▨▨

| 순위번호 | 등 기 목 적 | 접 수 | 등 기 원 인 | 권리자 및 기타사항 |
|---|---|---|---|---|
| | | | | 박종▨ 서울 용산구 효창원로25나길 ▨ 이화▨ 인산시 상록구 해양1로 ▨▨ 윤호▨ 서울 은평구 수색로 ▨▨ 한창▨ 서울 강북구 삼양로19길 ▨ 신원▨ 인천 서구 중오대로318번길 ▨▨ 박종▨ 서울 도봉구 마들로 859-▨ 조수▨ 서울 도봉구 마들로 859-▨ 금지사항 매매, 증여, 전세권, 저당권, 임차권의 설정 기타일체의 처분행위 금지 |
| 30 | 19번가부등기말소 | 2019년11월19일 제5380호 | 2019년11월18일 해제 | |
| 31 | 강제경매개시결정(2 6번가압류의 본압류로의 이행) | 2020년5월1일 제19087호 | 2020년5월1일 수원지방법원 여주지원의 강제경매개시결 정(2020타경327 13) | 채권자 김◯ 600615-▨▨▨▨▨▨ 서울특별시 동작구 만양로 ▨▨ |

**[ 을 구 ]**  ( 소유권 이외의 권리에 관한 사항 )

| 순위번호 | 등 기 목 적 | 접 수 | 등 기 원 인 | 권리자 및 기타사항 |
|---|---|---|---|---|
| 1 | 근저당권설정 | 2007년8월31일 제33201호 | 2007년8월31일 설정계약 | 채권최고액 금430,000,000원 채무자 이▨▨ 경기도 양평군 서종면 수능리 ▨ 근저당권자 양평농업협동조합 134336-0000199 |

(출처 : 대한민국 법원 사이트)

## 적용사례 청주 2019 타경 3373

### 사건내용

| 소 재 지 | 충북 진천군 진천읍 신정리 469, (27837)충북 진천군 진천읍 문화길 | | |
|---|---|---|---|
| 용 도 | 아파트 | 매 각 기 일 | 20.09.14 매닥 |
| 감 정 가 | 66,000,000 (19.04.04) | 종 국 결 과 | 20.10.08 배당종결 |
| 최 저 가 | 11,074,000 (17%) | 경매개시일 | 19.03.13 |
| 입찰보증금 | 1,107,400 (10%) | 배당종기일 | 19.07.01 |

주 의 사 항
• 선순위가처분
• 소멸되지 않는 권리 : - 갑구 순위번호 10번 가처분등기(2016.12.26 제25484호)는 말소되지 않고 매수인에게 인수됨 (단, 2019.04.02자료 제출될 인천지방법원 2017가단258052 사해행위취소 사건의 확정된 호해권리고결정(을)에 의 가처분 피보전권리인 소유권이전등기청구권말소 신정등기소 2016.03.23. 제5153(2)의 말소등기절차를 이행하라는 조항 이 기재되어 있음.)

조 회 수 • 금일조회 1 (0) • 금회차공고후조회 24 (5) • 누적조회 457 (32) • 7일내 3일이상 열람자 1 • 14일내 6일이상 열람자 0    0는 5분 이상 열람
(기준일-2020.09.14/전국연인원)(윌)

관리내역 | 19년7윌본까지 미납액 없음 전기개별 수도포함170세대 (2019.09.17 현재)   • 관리사무소 043-534-8637

| 소재지/감정요약 | 물건번호/면적(m²) | 감정가/최저가/과정 | 임차조사 | 등기권리 |
|---|---|---|---|---|
| (27837)<br>충북 진천군 진천읍 신정리 469<br>[문화길 ] | 물건번호 단독물건 | 감정가 66,000,000 | 법원임자조사 | 소유권 신OO<br>2016.03.23 |
| 감정평가서요약 | 대지 73.5/3167 (22.22평)<br>₩19,800,000 | 대지 19,800,000 (30%)<br>(평)당 891,089) | 한OO 전입 2015.11.06<br>확정 2015.11.09 | 매매 60,000,000<br>전소유자:최OO |
| | 건물 59.9 (18.11평)<br>₩46,200,000 | • 건물 46,200,000 (70%) | 배당 2019.05.29<br>(보) 50,000,000<br>주거/전부 | 가처분 인천신용보증재<br>단 |
| 국민건강보험공단진천 지사남일용·축구거리단지 주위아파트단지(농경지 혼동촌 | • 총면적 59.85m² (18평)<br>• 공용 2188m² (7평) | 최저가 11,074,000 (17%) | 2015.11.17-<br>신정대항력 | 2016.12.26<br>가처분 7183 인<br>천 |
| 차량접근 근거능 인근노선버스(진)맛친 선도로소재 | | 경매진행과정 | | 감 제 한지 2019.03.14<br>• 청구액50,000,000원 |
| 제반교통상황보통 단지내도로포함경사지 | 보존 1998.03.25<br>준공 1998.04.08 | ① 66,000,000<br>2019-09-30 유찰 | • 현재 신청채권자 권리<br>선유이무(임차인) | 열람일자 : 2019.04.02 |
| 일용 공로왕복2차선도로보통 | | ② 20% ↓ 52,800,000<br>2019-11-04 유찰 | 지자옥션 전입세대조사 | |
| 469-5번지는 현재대장상 469-5번지내지3번지로 분류유지제생 | | ③ 20% ↓ 42,240,000<br>2019-12-09 유찰 | 15.11.06 한OO<br>주민센터확인:2019.09.19 | |
| 계획관리지역 주거개발진흥지구 종지구단위계획구역 | | ④ 20% ↓ 33,792,000<br>2020-01-13 유찰 | | |

| | | | |
|---|---|---|---|
| | ⑤ 20% ↓ 27,034,000 2020-02-17 유찰 | | |
| | ⑥ 20% ↓ 21,627,000 2020-03-23 유찰 | | |
| | ⑦ 20% ↓ 17,302,000 2020-04-27 유찰 | | |
| | ⑧ 20% ↓ 13,842,000 2020-06-01 유찰 | | |
| | ⑨ 20% ↓ 11,074,000 2020-07-06 매각 | | |

| 매수인 | (주)호성 |
|---|---|
| 응찰수 | 1명 |
| 매각가 | 11,137,900 (16.88%) |

2021. 7. 17.
- 가족사육제한구역 (일부제한지역300m)
- 가축사육제한구역 (전부제한지역)(469-1,7,8번지)
- 상대보호구역 (469-1,7,-8번지)
2019.04.04 심판결정

(출처 : 지지옥션)

가처분 채무자(최노○)가 소유일 때의 임차인이 경매신청했고, 이 경우 가처분 목적달성을 해도 같은 결과가 나온다.

사해행위취소소송(인천 2017 가단 258052)에서 피고인 신○과 신○과 '화해권 고결정'이 내려졌다.

가처분 채무자(최노○)가 소유일 때의 임차인이 경매신청했고 그에 기해 경락이 되었다면 가처분등기나 가등기는 말소대상이다. 따라서 경매에 의한 소유권이전등기 시 가처분등기와 가등기는 직권 말소될 것이다. 만일 경락되어 매수대금을 전부 지급하고 소유권이전등기를 신청했음에도 가처분등 기 등이 말소되지 않았다면 가처분권원에 말소촉탁등기신청을 하고 이를 거부할 경우 가처분법원에 '사법보좌관 처분에 관한 이의신정(또 는 집행에 관한 이의)'을 하고 그 이의가 인정되지 않는 경우 가처분말소 청구소송을 해야 한다(개인에 따라 전해가 다를 수 있다).

※ 선순위 임차인이 경매를 신청하고 그에 기해 경락이 되었다면 가

(출처 : 지지옥션)

등기가 가처분 투자 비밀 노트 · 201

[집합건물] 충청북도 진천군 진천읍 신정리 469외 2필지 우미아파트 제107동 제5층 제502호

| 순위번호 | 등 기 목 적 | 접 수 | 등 기 원 인 | 권리자 및 기타사항 |
|---|---|---|---|---|
| 5 | 강제경매개시결정 | 2005년3월18일 제13985호 | 2005년3월18일 청주지방법원의 강제경매개시결정 (2005타경 15999) | 채권자 ■■■■ 청주시 상당구 내덕동 ■■■ 산천군 진천읍 교성리 ■■ |
| 6 | 5번강제경매개시 결정등기말소 | 2005년8월10일 제14428호 | 2005년8월9일 취하 | |
| 7 | 2번가압류등기말소 | 2006년1월4일 제150호 | 2005년12월23일 해제 | |
| 8 | 소유권이전 | 2008년6월5일 제10660호 | 2008년5월20일 매매 | 소유자 최노■ 560115-******* 진천군양여시 남동구 관서동 6리■ 거래가액 금52,470,000원 |
| 8-1 | 8번등기명의인표시 변경 | 2011년4월22일 제■호 | ■ 전거 | 최노■의 주소 인천광역시 연수구 비류대로232번길 ■■ 2016년3월23일 부기 |
| 9 | 소유권이전 | 2016년3월29일 제5153호 | 2016년3월15일 매매 | 소유자 신■■ 830723-******* 인천광역시 연수구 비류대로232번길 ■■ 거래가액 금60,000,000원 |
| 10 | 가처분 | 2016년12월26일 제25484호 | 2016년12월26일 인천지방법원의 가처분 결정(201 6카단7183) | 피보전권리 사해행위 취소에 의한 소유권이전등기말소청구권 채권자 인천신용보증재단 120171-0002571 인천 남동구 남동대로215번길 30, 9층 (고잔동, 인천종합비즈니스센터) (남동지원) 금지사항 매매, 증여, 전세권, 저당권, 임차권의 설정 기타일체의 처분행위 금지 |
| 11 | 강제경매개시결정 | 2019년3월14일 제5697호 | 2019년3월13일 청주지방법원의 강제경매개시결 정(2019타경337 3) | 채권자 한미■ 590530-******* 충청북도 진천군 진천읍 문화길 ■■ |

(출처 : 대한민국 법원 사이트)

| 사건 | 2019타경3373 부동산강제경매 | 매각물건번호 | 1 | 담임법관(사법보좌관) | | | |
|---|---|---|---|---|---|---|---|
| 작성일자 | 2020.08.11 | 최선순위 설정일자 | 2019.03.13. 경매개시결정 | | | | |
| 부동산 및 감정평가액 최저매각가격의 표시 | 부동산표시목록 참조 | 배당요구종기 | 2019.07.01 | | | | |

부동산에 관한 권리 또는 가처분으로 매각으로 그 효력이 소멸되지 아니하는 것

점유자의 점유와 점유할 수 있는 기간, 차임 또는 보증금에 관한 관계인의 진술 및 임차인이 있는 경우 배당요구 여부와 그 일자, 전입신고일자 또는 사업자등록신청일자와 확정일자의 유무와 그 일자

| 점유자의 성명 | 점유부분 | 정보출처 구분 | 점유의 권원 | 임대차 기간 (점유기간) | 보증금 | 차임 | 전입신고 일자. 사업자등록 신청일자 | 확정일자 | 배당요구 여부 (배당요구 일자) |
|---|---|---|---|---|---|---|---|---|---|
| 한미■ | 전체 | 현황조사 | 주거 임차인 | | 5,000만원 | | 2015.11.06 | 2015.11.06. | 2019.05.29 |
| | 502호 전체 | 권리신고 | 주거 임차인 | 2015.11.17.~ | 50,000,000 | | 2015.11.06. | 2015.11.09. | |

< 비고 >
한미■ : 신청채권자 겸 최선순위 임차인

※ 최선순위 설정일자보다 대항요건을 먼저 갖춘 주택·상가건물 임차인의 임차보증금은 매수인에게 인수되는 경우가 발생할 수 있고, 대항력과 우선변제권이 있는 주택·상가건물 임차인이 배당요구를 하였으나 보증금 전액에 관하여 배당을 받지 아니한 경우에는 배당받지 못한 잔액이 매수인에게 인수되게 됨을 주의하시기 바랍니다.

※ 등기된 부동산에 관한 권리 또는 가처분으로 매각으로 그 효력이 소멸되지 아니하는 것
- 갑구 순위번호 10번 가처분등기(2016.12.26. 제25484호)는 말소되지 않고 매수인에게 인수됨 (단, 2019.04.02자로 제출된 인천지방법원 2
017카단25862 사해행위취소 사건의 확정된 화해권고결정문에 의거 가처분의 피보전권리인 소유권이전등기(진천등기소 201
6.03.23. 제5153호)의 말소등기절차를 이행하라는 조항이 기재되어 있음.)

※ 매각에 따라 설정된 것으로 보는 지상권의 개요

해당사항 없음

※ 비고란
- 갑구 순위번호 10번 가처분등기(2016.12.26. 제25484호)는 말소되지 않고 매수인에게 인수됨 (단, 2019.04.02자로 제출된 인천지방법원 2
017카단25862 사해행위취소 사건의 확정된 화해권고결정문에 의거 가처분의 피보전권리인 소유권이전등기(청주지방법원 진천등기소 201
6.03.23. 제5153호)의 말소등기절차를 이행하라는 조항이 기재되어 있음.) -이 사건 신청채권자도 해당 주인에게 대항할 수 있는 임차인으로
파악됨 배당에서 보증금이 전부 변제되지 않으면 잔액을 매수인이 인수함

(출처 : 지지옥션)

## 적용사례 성남 2007 타경 16504

### 사건내용

| 소 재 지 | 경기 성남시 분당구 구미동 | | |
|---|---|---|---|
| 경매구분 | 강제경매 | 채 권 자 | 조OO |
| 용 도 | 연립 | 채무/소유자 | 김OO | 매각기일 | 08.12.08 (193,330,000원) |
| 감 정 가 | 350,000,000 (07.11.02) | 청 구 액 | 150,312,328 | 종국결과 | 09.02.20 배당종결 |
| 최 저 가 | 179,200,000 (51%) | 토지면적 | 71.7㎡ (21.7평) | 경매개시일 | 07.10.25 |
| 입찰보증금 | 17,920,000 (10%) | 건물면적 | 60㎡ (18.1평) | 배당종기일 | 07.12.31 |

주의사항 · 재매각물건 · 선순위가처분

조 회 수 · 금일조회 1 (0) · 금회차공고후조회 699 (18) · 누적조회 1,088 (18)
· 7일내 3일이상 열람자 0 · 14일내 6일이상 열람자 0

(기준일-2008.12.08/전국연회원)

이는 5분이상 열람
(기준일-2008.12.08/전국연회원)

| 소재지/감정요약 | 물건번호/면적(m²) | 감정가/최저가/과정 | | 임차조사 | 등기권리 |
|---|---|---|---|---|---|
| 경기 성남시 분당구 구미동 OO동 | 물건번호: 단독물건 대지 71.7/8825 (2170평) W179,200,000 건물 - 건물 59.9 (18.13평) 방3, 총4층 - 보존: 1995.08.01 | 감정가 350,000,000 · 대지 140,000,000 (40%) (평당 6,451,613) · 건물 210,000,000 (60%) 최저가 179,200,000 (51%) | | 법원임차조사 조OO 전입 2002.11.22 확정 2002.10.09 임차권자로부터 예정임대차확인 느임차권등등기능 있음 | 소유권 김OO 2003.09.30 전소유자김OO 가처분 최명 2003.12.06 임차권 조OO 2004.12.23 전입 02.11.22 확정 02.10.09 |
| 감정평가서요약 - 철콘조경사슬래브지붕 - 전철분당선미금역부서 중위근거위치 - 싱가쇼핑우체국등집 발라맛아파트, 단지명 성 - 재반차량증근용이, 대종 교통사정우단 - 버스(정)연전철역운이 인근위치 - 소로2류통수도로접함 - 중로2류상반수도로접함 - 1층일반주거지역 - 지구단위계획구역 2007.11.02 동일감정 | | 경매진행과정 ① 350,000,000 2008-02-11 유찰 ② 280,000,000 2008-03-10 매각 | 인OO외 1명 (81.51%) | 지자옐션 전입세대조사 02.11.22 조OO 주민센터확인 2008.0131 | 확정 02.10.09 가등류 진영발라 2007.08.22 3.6단지 3,872,480 재권총액 *청구액:150,312,328원 2007.10.25 재권총액 123,872,480원 열람일자 : 2007.11.30 |
| | | ② 280,000,000 2008-10-13 유찰 ③ 224,000,000 2008-11-10 유찰 ④ 20% 179,200,000 | 2008-10-13 유찰 285,300,000 2008-11-10 유찰 | | |

(출처 : 지지옥션)

| | | 전OO | |
|---|---|---|---|
| | 매수인 | | |
| 2008-12-08 매각 | 응찰수 | 2명 | |
| | 매각가 | 193,330,000 (55.24%) | |

2009-02-20 종결

**참고사항**

· 선순위 가처분 있음(2003.12.06.자 접수 제99192호), 2순위 가처분(2007.08.22.자)은 임차권등기에 앞소 여부에 따라 소멸여부 결
정됨 · 최선순위 가처분이 있으며, 대항력 있는 임차권등기 등이 있으므로 주의 요망2. 특별매각조건 매수보증금 20%

(출처 : 지지옥션)

2021. 7. 17

전 소유자 김우○와 체결한 임차인에 의한 경매신청으로 가처분이 승소해 전 소유자에게 소유권 귀속되더라도 낙찰자는 유효하다.

※ 가처분권자(최명○)의 본안소송에서 패소

※ 미남건
2008년 미국의 리먼사태 직전으로 단독의 고가낙찰 또는 선순위 가처분에 대한 잘못된 판단으로 미남한 듯하다.

【 을 구 】 ( 소유권 이외의 권리에 관한 사항 )

| 순위번호 | 등 기 목 적 | 접 수 | 등 기 원 인 | 권 리 자 및 기 타 사 항 |
|---|---|---|---|---|
| 1 (전-1) | 근저당권설정 | 1995년8월1일 제67904호 | 1995년7월20일 설정계약 | 채권최고액 금5,600,000원정 채무자 ... 성남시 분당구 구미동 근저당권자 한국주택은행 111235-0001908 서울 영등포구 여의도동 36-3 (취급점2가) |
| 1-1 (전-1-1) | 1번근저당권변경표시추가 | | 1996년9월20일 부기 | 전산...전문서비스 관련...부기 1996년9월20일 부기 |
| 1-2 (전-1-2) | 1번근저당권변경 | | | |
| 2 (전-2) | 근저당권설정 | 1996년8월20일 제120125호 | 1996년8월14일 설정계약 | 채권최고액 금5,600,000원정 채무자 ... 성남시 분당구 구미동 근저당권자 한국주택은행 111235-0001908 서울 영등포구 여의도동 36-3 (취급점2가) 공동담보 ... 성남시 분당구 구미동 단독주택 추가 |
| 3 | 1번근저당권설정, 2번근저당권설정 등기말소 | 2001년6월17일 제34308호 | 2001년5월17일 해지 | |
| 4 | 주택임차권 | 2004년12월23일 제95519호 | 2004년12월8일 수원지방법원성남지원의 임차권등기명령(2004카기1674) | 임차보증금 금20,000,000원 ... 임대차계약일자 2002년 10월 8일 주민등록일자 2002년 11월 22일 점유개시일자 2002년 11월 22일 확정일자 2002년 10월 9일 임차권자 조... 661218-1****** 경기도 성남시 분당구 구미동 |

---

【대법원】 경기도 성남시 분당구 구미동 13 ...지하2층지상아파트 제603동 제3층 제304호.

고유번호 1356-1996-021821

| 순위번호 | 등 기 목 적 | 접 수 | 등 기 원 인 | 권 리 자 및 기 타 사 항 |
|---|---|---|---|---|
| 2 | 소유권이전 | 2002년2월8일 제17598호 | 2002년1월17일 매매 | 소유자 임무... 431010-1****** 용인시 ... 구성면 ... 476 12월 14일 전산이기 |
| 2-1 | 2번등기명의인표시변경 | 2002년7월30일 전거 | | 임무...의 주소 용인시 기흥읍 보라리 2003년9월30일 부기 |
| 3 | 소유권이전 | 2003년9월30일 제71898호 | 2003년9월1일 매매 | 소유자 김복... 581115-2****** 부산광역시 북구 화명동 |
| 4 | 가처분 | 2003년12월6일 제91192호 | 2003년12월4일 서울지방법원남부지원의 가처분결정(2003카단694) | 피보전권리 소유권이전등기청구권 채권자 최... 용인시 기흥읍 보라리 금지사항 매매, 증여, 전세권, 저당권, 임차권의 설정 기타일체의 처분행위 금지 |
| 5 | 압류 | 2006년1월2일 제6759호 | 2006년1월2일 압류(세무과-...) | 권리자 성남세무구 |
| 6 | 5번압류등기말소 | 2007년1월5일 제1179호 | 2007년1월1일 해제 | |
| 7 | 가처분 | 2007년1월22일 제51398호 | 2007년1월22일 수원지방법원성남지원의 가처분결정(2007카단476 7) | 피보전권리 진정명의회복을 원인으로 한 소유권이전등기청구권 채권자 대한민국 (소유권=수원세무부?) 소유권 법률상대표자 법무부장관 성상구 금지사항 매매, 증여, 전세권, 저당권, 임차권의 설정 기타일체의 처분행위 금지 |
| 8 | 가압류 | 2007년8월22일 제51464호 | 2007년8월21일 수원지방법원 성남지원의 가압류결정(2007카단6) | 청구금액 금3,872,480원 채권자 ... 성남시 분당구 구미동 129 82-62389 대표자 대표이사 ... (620327-...), 경기 성남 분당 구미동 |
| 9 | 강제경매개시결정 | 2007년10월25일 제63298호 | 2007년10월25일 수원지방법원 성남지원의 강제경매개시결정(2007 타경16504) | 채권자 조현... 성남시 분당구 구미동 |

# CHAPTER 2. 권리분석

## 3. 후순위 가처분

### 1) 소유권이전 → 근저당권 → 후순위 가처분

| 설정일 | 권리내용 | 권리자 | 권리내용 |
|---|---|---|---|
| 2011. 5. 1 | 소유권 | 甲 | - |
| - | 소유권이전 | 甲 → 乙 | 乙이 서류 위조(절대적 무효) |
| 2013. 1. 17 | 소유권 | 乙 | - |
| 2013. 4. 1 | 근저당권 | 丙 | 근저당설정자 : 乙 |
| 2013. 9. 5 | 임의경매신청 | 丙 | 乙의 채무불이행 |
| 2013.11.15 | 가처분 | 甲 | 乙 : 소유권이전등기말소소송<br>丙 : 근저당권 말소소송 |

## 3. 후순위 가처분

**가.** 현 소유자(乙)가 서류를 위조(또는 조건부매매)해 전 소유자(甲)의 소유권을 자기 앞으로 이전등기한 후 근저당권자(丙)에게 근저당을 설정해주었다. 근저당권자는 현 소유자가 빌려간 돈을 갚지 않자 근저당권에 기해 임의경매를 신청했다. 이런 사실을 모르고 있던 진정한 소유자(甲)가 가처분을 하고 각각 현 소유자와 근저당권자를 상대로 뒤늦게 소송을 제기했다. 즉, 현 소유자에게는 소유권이전등기말소소송을, 근저당권자에게는 근저당권말소소송을 했다.

**나.** 가처분은 후순위이나 말소기준등기인 근저당권에 선행하는 현 소유자에 대한 소유권이전이 무효가 되면 근저당권도 무효(아의 주장 · 제3자의 선의 불문)가 된다. 무효인 근저당권에 근거한 임의경매도 역시 무효가 되어 매각대금을 모두 납부했더라도 소유권을 취득할 수 없다. 이는 후순위 가처분이 마치 예고등기와 비슷한 효력이다.

### 2) 형식상 남은 선순위근저당(말소기준권리) 이후 가처분

실제적 권리가 소멸해 이름만 남아 있는 말소기준권리 바로 뒤에 있는 후순위 가처분일 경우, 외관상으로는 후순위 가처분이지만 사실상은 선순위 가처분이 되기 때문에 낙찰자가 인수해야 한다.

### 3) 소유권(甲) → 근저당권 → 소유권이전(乙) → 근저당권에 대한 가처분(甲) → 근저당권 경매신청

근저당권에 대해 원인무효 가처분이 제기된 경우 가처분 본안소송의 결과에 따라 근저당권이 무효로 판명되면 근저당권에 터잡은 경매가 무효가 되어 이를 신뢰하고 낙찰받은 매수인의 소유권이전도 무효가 된다.

## 3. 후순위 가처분

위험(상대적 원인무효)

### 1) 이사표시의 취소(민법107~110조) - 제3자 선의로 추정

| 설정일 | 권리 내용 | 권리자 | 내용 |
|--------|-----------|--------|------|
| 2011. 5. 1 | 소유권 | 갑 | – |
| – | 소유권이전 | 갑 → 을 | 을의 사기로 소유권 이전 |
| 2013. 1. 17 | 소유권 | 을 | – |
| 2013. 4. 1 | 근저당권 | 병 | 악의 : 무효<br>선의 : 유효 |
| 2013. 9. 5 | 가처분 | 갑 | 소유권이전등기말소청구의 소 |

말소기준권리보다 후순위 가처분은 말소되지만 본안소송의 결과에 따라 발생할 수 있는 위험은 별도로 고려해야 한다. 즉, '갑'은 사기로 상가의 소유권을 '을'에게 이전해주었고, '을'은 상가를 담보로 '병'은행에 근저당을 설정해주었을 경우 '갑'은 본안소송(소유권이전등기말소청구의 소)을 제기하기 전 '병'의 근저당 후순위로 가처분등기를 했을 경우 '병'이 사기로 인한 소유권이전에 대해 '선의'인 경우 '갑'은 본안소송에서 승소하더라도 근저당의 효력은 유효하다. 하지만 '병'이 '악의'인 경우 '갑'이 본안소송에서 승소하는 경우 '병'의 근저당은 효력을 잃고 낙찰자는 경매로 이 상가의 소유권을 얻었더라도 결국 잃게 된다.

일반적으로 근저당권자가 누구냐가 중요한 점이다. 은행이나 공기업이란 점이다. 은행이나 공기업의 '악의'를 입증하는 것은 거의 불가능하다. 즉, 낙찰자는 은행이나 공기업의 근저당권에 의한 임의경매에서 낙찰을 받더라도 안전하다고 판단되는 경매사건의 확신이 훨씬 많아진다. 실제 경매사건의 80% 이상은 은행이 1순위 근저당권자다.

## 3. 후순위 가처분

### 2) 사해행위 취소

| 설정일 | 권리 내용 | 권리자 | 내용 |
|---|---|---|---|
| 2011. 5. 1 | 소유권 | 을 | – |
| 2013. 3. 13 | 판결 | 갑 | 을의 채무불이행으로 승소판결 |
| – | 소유권이전 | 을 → 병 | – |
| 2013. 3. 20 | 소유권 | 병 | 을의 사해행위 취소 대상 |
| 2013. 4. 1 | 근저당권 | 정 | 악의 : 무효<br>선의 : 유효 |
| 2013. 9. 5 | 가처분 | 갑 | 소유권이전등기말소청구의 소 |

'갑'은 '을'에게 빌려준 돈을 받지 못하자 소송으로 판결을 받아 '을'이 아파트를 경매신청할 계획이었다. 그런데 '을'은 아파트를 '병'에게 매도했으며, '병'은 '정(은행)'에게 돈을 빌리면서 저당권을 설정해놓았다.

이때 '갑'은 '을'이 이러한 사해행위를 취소하고 소유권이전등기를 말소하여 원상회복을 요구할 수 있다. '정(은행)'이 선의로 경매로 나왔다면 결국 이 경매사이트는 제3자인 '병'과 '정'의 선의 여부에 따라 낙찰자의 안전성이 달라진다. 만약 근저당권자가 은행이나 공기업이라면 임장을 고려해볼 만하다.

한편, 사해행위 취소의 경우에는 제3자(수익자, 전득자)의 행위를 악의로 추정한다. 그러므로 소송에서 '병', '정'은 스스로 선의임을 입증해야 한다.

# CHAPTER 2. 권리분석

## 3. 후순위 가처분

### ※ 채권자취소권(債權者取消權)

채권자를 해함을 알면서 행한 채무자의 법률행위(사해행위)를 취소해 채무자의 재산 회복을 재판상 청구할 수 있는 채권자의 권리(민법 406·407조)로 사해행위취소권(詐害行爲取消權)이라고도 한다.

1) 채권자취소권 행사의 요건

① 피보전채권의 존재

② 사해행위로 인해 채무조과 상태에 이르거나 채권회수가 불가능해짐 - 채무자의 사해행위가 있어야 한다. 즉, 채무자가 재산권을 목적으로 하는 법률행위를 하여야 하고, 그것이 채무자의 일반재산을 감소하여 채권자를 해하는 것이어야 한다.

③ 채권자를 해할 '사해의사'가 있을 것 - 채무자 및 수익자(受益者) 또는 전득자(轉得者)에 악의(惡意)가 있어야 한다(406조 1항).

④ 채권자는 사해행위를 안 날로부터 1년 이내, 채무자의 사해행위가 행해진 날로부터 5년 이내에 소송을 제기해야 한다. 악의란 행위 당시에 채권자를 해하게 된다는 것을 알고 있는 것을 의미한다.

2) 사해행위취소권의 행사 및 효과

① 행사의 방법 및 기한

채권자가 사해행위취소권을 행사하기 위해서는 재판상 소송을 제기해야 한다. 그리고 사해행위취소권은 채권자가 사해행위를 안 날로부터 1년, 사해행위가 있은 날로부터 5년 내에 행사되어야 한다.

② 취소의 범위

원칙적으로 취소는 채권자취소권을 행사하는 채권자가 사해행위 당시의 채권액(사해행위 이후 사실심 변론종결시까지 발생한 이자나 지연손해금이 포함)을 표준으로 하며, 다른 채권자가 있더라도 취소채권자의 채권액을 넘어 취소하지 못한다. 따라서 사해행위가 가분이라면 채권보전에 필요한 범위안에서 일부취소를 해야 한다.

## 3. 후순위 가처분

③ 원상회복의 방법

원칙 : 원물반환

원상회복은 사해행위가 있기 전의 상태로의 복귀를 의미하므로 사해행위취소에 따른 원상회복방법은 원물반환이 원칙이다. 따라서 사해행위의 목적물은 사해행위취소에 따른 원상회복방법은 원물반환이 원칙이다. 따라서 사해행위의 목적물 자체의 반환이 가능한 경우에, 원칙적으로 그 목적물의 반환을 청구해야 하며, 특별한 사정이 없는 한 그 목적물이 가액의 상환을 청구하지는 못한다.

예외 : 가액반환

거래관념상 원물반환이 불가능하거나 현저히 곤란한 경우에 원상회복의무의 이행으로서 사해행위 목적물의 가액을 상환해야 한다.

가액반환의 예

• 저당권부동산이 양도된 후 경매에 의하여 매각된 경우나 선의의 전득자가 저당권을 취득한 경우

• 저당권부동산이 양도된 후 변제에 의하여 저당권이 소멸한 경우

• 사해행위가 있기 전의 상태로의 복귀가 불가능한 경우

3) 임증책임

채무자의 악의(사해의사)의 임증책임은 채권자에게 있으며, '사해의사'는 소극적인 인식으로도 충분하기 때문에 다만, 채무자 자신의 유일한 재산을 매각하여 소비하기 쉬운 금전으로 바꾸거나 무상으로 이전하는 행위는 '사해의사'가 추정된다. 수익자 또는 전득자의 악의는 추정되어 그 선의의 임증책임은 수익자 또는 전득자에게 있다(판례).

## 3. 후순위 가처분

### 대법원 2001. 4. 24. 선고 2000다41875 판결(사해행위취소등)

채무자가 자기의 유일한 재산인 부동산을 매각하여 소비하기 쉬운 금전으로 바꾸거나 타인에게 무상으로 이전하여 주는 행위는 특별한 사정이 없는 한 채권자에 대하여 사해행위가 된다고 볼 것이고, 이를 매수하거나 이전 받은 자가 악의가 없었다는 입증책임은 수익자에게 있다.

정리하면, 채권자 취소권의 행사에 있어서 채무자의 사해의사가 입증된 이상 수익자의 악의는 추정이 되기 때문에 이에 대한 반증의 입증책임은 수익자가 지게 되는 구조이다. 취소권의 행사는 소(訴)로써 하며, 이 소는 채권자가 취소원인을 안 날부터 1년, 법률행위가 있은 날부터 5년 내에 제기하여야 한다(406조 2항).

사해행위취소소송의 상대방 - 채무자가 아닌 수익자 내지 전득자

취소권행사의 효과는 모든 채권자의 이익을 위하여 그 효력이 있으며, 행사자의 이익만을 위하여 그 효력이 있는 것은 아니다(407조). 취소의 효력은 소송당사자인 채권자와 수익자 또는 전득자 사이에서만 법률행위를 무효로 한다(상대적 무효).

### 대법원 2018. 9. 13. 선고 2018다215756 판결(사해행위취소)

판시사항

1. 채권자취소소송에서 제척기간의 기산점인 '채권자가 취소원인을 안 날'의 의미

2. 사해행위취소에 따른 원상회복으로 가액배상을 명할 수 있는 경우 및 그 범위

3. 저당권이 설정되어 있는 부동산에 관해 사해행위 취소와 함께 가액반환을 명하는 경우, 가액반환의 범위 및 사해행위 이전에 임대차계약이 체결되었고 임차인에게 우선변제권이 있는 경우, 수익자가 반환할 부동산 가액에서 우선변제권 있는 임차보증금 반환채권액을 공제하여야 하는지 여부(적극) / 부동산에 관한 사해행위 이후에 비로소 채무자가 부동산을 임대한 경우, 임차보증금을 가액반환의 범위 내에서 공제하여야 하는지 여부(소극)

## 3. 후순위 가처분

**판결요지**

1. 채권자취소의 소는 채권자가 취소원인을 안 날로부터 1년 내에 제기하여야 하고 사해행위를 한 경우에도 마찬가지이다(민법 제406조 제2항). 이는 남세자가 국세의 징수를 피하기 위하여 사해행위를 한 경우에도 마찬가지이다(국세징수법 제30조). 여기에서 취소원인을 안다는 것은 단순히 채무자의 법률행위가 있었다는 사실을 아는 것만으로는 부족하고, 그 법률행위가 채권자를 불리하게 하는 행위라는 것, 즉 그 행위에 의하여 채권의 공동담보에 부족이 생기거나 이미 부족상태에 있는 공동담보가 한층 더 부족하게 되어 채권을 완전하게 만족시킬 수 없게 된다는 것까지 알아야 한다.

2. 부동산에 관한 법률행위가 사해행위에 해당하는 경우에는 채무자의 책임재산을 보전하기 위하여 사해행위를 취소하고 원상회복을 명하여야 한다. 수익자는 채무자로부터 받은 재산을 반환하는 것이 원칙이지만, 그 반환이 불가능하거나 곤란한 사정이 있는 때에는 그 가액을 반환하여야 한다. 사해행위를 취소하여 부동산 자체의 회복을 명하게 되면 일반 채권자들의 공동담보로 되어 있지 않던 부분까지 회복을 명하는 것이 되어 공평에 반하는 결과가 되는 경우에는 그 부동산의 가액에서 공동담보로 되어 있지 않던 부분의 가액을 빼 나머지 금액 한도에서 가액반환을 명할 수 있다.

3. 저당권이 설정되어 있는 부동산에 관하여 사해행위 후 변제 등으로 저당권설정등기가 말소되어 사해행위 취소와 함께 가액반환을 명하는 경우, 부동산 가액에서 저당권의 피담보채권액을 공제한 한도에서 사해행위를 취소하여야 한다. 그런데 그 부동산에 위와 같은 저당권 이외에 우선변제권 있는 임차인이 있는 경우에는 임대차보증금 등에 따라 임차보증금 공제 여부가 달라질 수 있다. 가령 사해행위 이전에 임대차계약이 체결되었고 임차인에게 임차보증금에 대해 우선변제권이 있다면, 부동산 가액 중 임차보증금에 해당하는 부분이 일반 채권자의 공동담보에 제공되었다고 볼 수 없으므로 수익자가 반환할 부동산 가액에서 우선변제권 있는 임차보증금 반환채권액을 공제하여야 한다. 그러나 부동산에 관한 사해행위 이후에 비로소 채무자가 부동산을 임대한 경우에는 그 임차보증금을 가액반환의 범위에서 공제할 이유가 없다. 이러한 경우에는 부동산 가액 중 임차보증금에 해당하는 부분도 일반 채권자의 공동담보에 제공되어 있음이 분명하기 때문이다.

CHAPTER

# 3

## 가처분의 해법

## 1. 개관

가처분된 부동산을 낙찰받아 이전등기를 완료한 후에 가처분권자의 본안소송의 승소판결로 가처분에 기한 본등기를 하여 낙찰자는 부동산의 소유권을 상실하게 되었다면 민법 제578조, 제576조에 따라 채무자나 채권자를 상대로 대금의 반환을 청구할 수 있다(법리상으로 부당이득반환청구는 허용되지 않는다는 것을 주의해야 한다).

⇒ 민법 제578조의 담보책임은 경매절차는 유효하게 이루어졌으나 경매의 목적이 된 권리의 전부 또는 일부가 타인에게 속하는 등의 하자로 매수인이 완전한 소유권을 취득할 수 없을 때 인정되기 때문이다(민법 제578조, 경매와 매도인의 담보책임).

제576조(저당권, 전세권의 행사와 매도인의 담보책임)
① 매매의 목적이 된 부동산에 설정된 저당권 또는 전세권의 행사로 인하여 매수인이 그 소유권을 취득할 수 없거나 취득한 소유권을 잃은 때에는 매수인은 계약을 해제할 수 있다.
② 전항의 경우에 매수인의 출재로 그 소유권을 보존한 때에는 매도인에 대하여 그 상환을 청구할 수 있다.
③ 전2항의 경우에 매수인이 손해를 받은 때에는 그 배상을 청구할 수 있다.

## 1. 개관

제578조(경매와 매도인의 담보책임)

① 경매의 경우에는 경락인은 전8조의 규정에 의하여 채무자에게 계약의 해제 또는 대금감액의 청구를 할 수 있다.

② 전항의 경우에 채무자가 자력이 없는 때에는 경락인은 대금의 배당을 받은 채권자에 대하여 그 대금전부나 일부의 반환을 청구할 수 있다.

③ 전2항의 경우에 채무자가 물건 또는 권리의 흠결을 알고 고지하지 아니하거나 채권자가 이를 알고 경매를 청구한 때에는 경락인은 그 흠결을 안 채무자나 채권자에 대하여 손해배상을 청구할 수 있다.

※ 경락인이 강제경매절차를 통하여 부동산을 경락받아 대금을 완납하고 그 앞으로 소유권이전등기까지 마쳤으나, 그 후 강제경매절차의 기초가 된 채무자 명의의 소유권이전등기가 원인무효의 등기이어서 경매 부동산에 대한 소유권을 취득하지 못하게 된 경우, 이와 같은 강제경매는 무효라고 할 것이므로 경락인은 경매 채권자에게 경매대금 중 그가 배당받은 금액에 대하여 일반 부당이득의 법리에 따라 반환을 청구할 수 있고, 민법 제578조 제1항, 제2항에 따른 경매의 채무자나 채권자의 담보책임은 인정될 여지가 없다(대법원 2004. 6. 24. 선고 2003다59259 판결).

# CHAPTER 3. 가처분의 해법

## 1. 개관

원심은 그의 채용 증거들을 종합하여, 이 사건 건물 및 대지에 관한 강제경매절차에서 원고가 이를 경락받아 정리대금을 완납하고 소유권이전 등기를 경료한 사실, 피고들이 강제경매절차에서 이 사건 건물 및 대지에 관한 근저당권자로서 채권최고액에 해당하는 9억 원을 배당받았으나, 그에 관한 이의가 제기됨에 따라 피고들에 대한 배당금이 공탁된 사실, 그 후 강제경매절차의 채무자인 ○메그린 주식회사 명의로 이 사건 건물에 관하여 정료된 소유권보존등기가 원인무효의 등기라는 이유로 원고의 이 사건 명의의 소유권이전등기를 말소하라는 내용의 판결이 확정된 사실을 인정한 다음, 이 사건 건물에 대한 강제경매절차는 그 개시 당시부터 채무자 아닌 타인 소유의 부동산을 대상으로 한 것이어서 무효이므로, 강제경매절차에서 피고들은 배당받을 권리가 없이 없이 이득을 얻을 것이고, 따라서 피고들은 원고에게 공탁된 배당금 중 이 사건 건물에 관한 부분에 관한 899,929,624원의 정구권을 양도할 의무가 있다고 판단했다.

또한, 원심은 이 사건 건물에 관해 소유권보존등기나말소예고등기가 경료되어 있었다거나 원고가 ○메그린 주식회사의 이사로서 이 사건 건물의 건축과정에 간여하였다는 등의 사정만으로는 원고의 부당이득반환청구가 신의성실의 원칙 내지 형평의 원칙에 반한다고 판단했다.

나아가 원심은, 피고들이 피고들에 대한 부당이득반환청구권을 양수한 원고승계참가인들에게 양수한 채권액의 비율에 따라 이 사건 건물에 관한 배당금의 지급청구권을 양도할 의무가 있다고 판단했다. 기록 중의 증거들과 대조해 살펴보니, 원심의 이와 같은 사실인정은 모두 정당해 거기에 필요한 심리를 다하지 아니하였거나 증거들에 위배해 사실을 잘못 인정했다는 등의 위법사유가 없고, 그 사실관계에서는 위의 법리에 따른 원심의 판단도 모두 정당하다. 거기에 부당이득과 담보책임에 관한 법리, 신의성실의 원칙과 형평의 원칙에 관한 법리를 오해했다는 등의 위법사유가 없다.

또한, 원심판결에는 피고들의 주장을 판단하지 아니한 잘못이 없고, 가사 피고들이 원심에서 원고승계참가인들에 대한 채권양도가 통정하위표시로서 무효라든가 사해행위로서 취소되어야 한다는 취지의 주장을 했다고 하더라도, 그 주장은 받아들일 만한 증거가 없어 배척될 것임이 분명하므로, 원심이 그에 관해 판단하지 않은 것은 판결 결과에 영향을 미치지 않았다고 할 것이다. 그러므로 피고들의 원고승계참가인들에 대한 각 상고를 모두 기각하고, 상고비용을 피고들이 부담하게 하기로 관여 대법관들의 의견이 일치되어 주문에 쓴 바와 같이 판결한다.

## 2. 배당절차 종료 전

경락대금 납부 후 경락부동산에 관해 가등기에 기한 소유권이전의 본등기가 경료되어 경락인이 소유권을 상실한 경우, 민사소송법 제613조의 경매절차취소 사유에 해당하느냐 여부(소극) 및 이때 경락대금 배당 전인 경우 경락인의 구제 방법

⇒ 소유권에 관한 가등기의 목적이 된 부동산을 낙찰받아 낙찰대금까지 납부하여 소유권을 취득한 낙찰인이 그 뒤 가등기에 기한 본등기가 경료됨으로써 일단 취득한 소유권을 상실하게 될 때에는 매각으로 인하여 소유권의 이전이 불가능하였던 것이 아니므로, 민사소송법 제613조에 따라 집행법원으로부터 그 경매절차의 취소결정을 받아 납부한 낙찰대금을 반환받을 수는 없으나, 이는 매매의 목적 부동산에 설정된 저당권 또는 전세권의 행사로 인하여 매수인이 취득한 소유권을 상실한 경우와 유사하므로, 민법 제578조, 제576조를 유추적용하여 담보책임을 주급할 수 있다고 할 것인바, 이러한 담보책임은 낙찰인이 경매절차 밖에서 별소에 의하여 채무자 또는 채권자를 상대로 주급하는 것이 원칙이라고 할 것이나, 아직 배당이 실시되기 전이라면, 이러한 때에도 낙찰인으로 하여금 배당이 실시되는 것을 기다렸다가 경매절차 밖에서 별소에 의하여 담보책임을 주급하게 하는 것은 가혹하므로, 이 경우 낙찰인은 민사소송법 제613조를 유추적용하여 집행법원에 대하여 경매에 의한 매매계약을 해제하고 납부한 낙찰대금의 반환을 청구하는 방법으로 담보책임을 주급할 수 있다(대법원 1997. 11. 11 자 96그64 결정).

## 2. 배당절차 종료료 전

### 매매계약해제 및 경매대금반환신청서

매매계약해제 및 경매대금반환 신청서

신청인(최고가 매수신고인)
채권자
채무자

위 당사자간의 귀원                타정           호 부동산 임의경매 사건에 관하
여 2020년    월    일이 일찰기일에서 신청인은 매각결정허가를 받고, 매
각대금을 전액납부 하였으나 이 사건 별지목록 기재 부동산에 관하여 이 법
원 2007.09.28. 접수 제63641호로 마친 "강구2번 가처분(2003가합1634)에
의한 원상회복등기가 실행되어 별지목록 기재 부동산에 대한 신청인의 소유
권취득은 불가하게 되었는바, 매매계약해제와 경매대금을 반환해 주시기를
신청합니다.

                      첨 부 서 류

1. 등기사항전부증명서          1통

                  년    월    일

            위 신청인(최고가 매수신고인)              (인)

            지방법원      귀중

## 3. 배당절차 종료 후

매수인은 경매절차 밖에서 별도의 소송으로 민법 제578조 1항에 따라 채무자(대개의 경우 무자력인 경우가 많다) 또는 채권자를 상대로 대금의 반환을 청구할 수 있다.

이때는 가능한 한 배당을 받을 수 있는 채권자가 금융기관과 같이 향후 담보책임을 부담하기에 충분한 자력이 있는 공신력 있는 기관일 경우 일정을 고려할 필요가 있다. 그래야 여차하면 납부한 매각대금을 소송을 통해 돌려받을 수 있다. 만일 배당받은 채권자가 개인이거나 경제력이 취약한 법인일 경우 소송을 통해 매각대금을 돌려받기가 어렵거나 불가능할 수도 있다.

⇒ 매매계약해제 및 매각대금반환청구청구의 소제기)

※ 가처분등기의 말소 방법

1. 목적달성 가처분 → 집행법원이나 가처분한 법원에 말소등기촉탁신청

2. 원인 및 필요성 소멸, 사정변경 → 가처분결정취소신청(가처분결정 - 이의신청 - 취소결정) → 가처분결정취소결정문, 송달증명원, 확정증명원 등 첨부하여 → 가처분집행해제(취소)신청(말소등기촉탁신청)

3. 채권자(가처분권자)의 동의 → 가처분신청취하 및 집행해제신청(말소등기촉탁신청)

4. 해방공탁

CHAPTER

4

적용사례

감정평가사가 알려주는 가등기·가처분 투자 비밀노트

## CHAPTER 4. 적용사례

### 목적달성

노모로 협의분할단독상속으로 채권자가 가처분 후 노모의 사망으로
3형제 중 박병○ 지분(1/3) 회복

(출처 : 대한민국 법원 사이트)

---

### 적용사례 7. 대전 2019 타경 103393

**사건내용**

| 소 재 지 | 대전 동구 가양동 44 (34530)대전 동구 용룡로기번길 |
| 경매구분 | 강제경매 | 채 권 자 | 박ОО / 박ОООО |
| 용 도 | 도 연립 | 청 구 액 | 61,642,746 |
| 감 정 가 | 24,000,000 (19.05.11) |
| 최 저 가 | 11,760,000 (49%) |
| 입찰보증금 | 1,176,000 (10%) |

(출처 : 지지옥션)

---

# 적용사례 9. 성남 2018 타경 12133

## 사건내용

| 소 재 지 | 경기 광주시 중대동 197- | | | | |
|---|---|---|---|---|---|
| 경매구분 | 강제경매 | 채 권 자 | 국OOO | | |
| 용 도 | 전 | 채무/소유자 | 안OO / 안OOOO | | |
| 감 정 가 | 447,378,750 (19.01.02) | 청 구 액 | 133,040,178 | 매각기일 | 20.02.17 (120,500,000원) |
| 최 저 가 | 107,416,000 (24%) | 토지면적 | 전체 1544 ㎡ 중 지분 926.2 ㎡ (280.2평) | 종국결과 | 20.05.28 배당종결 |
| 입찰보증금 | 21,483,200 (20%) | 건물면적 | 0㎡ (0.0평) | 경매개시일 | 18.12.20 |
| 주의사항 | · 재매각물건 · 지분매각 · 선순위가처분 · 맹지 · 농지취득자격증명<br>· 소멸되지않는 권리, 급3333건 1999.9.22 접수 제5709호 가처분 | | | 배당종기일 | 19.02.25 |
| 조 회 수 | · 금일조회 1 (0) · 금회차공고후조회 145 (55) · 누적조회 575 (93)<br>· 7일내 3일이상 열람자 20 · 14일내 6일이상 열람자 8 | | | | (기준일-2020.02.17/전국연회원전용) |

0 는 5주 이상 열람<br>(출)

| 소재지/감정요약 | 물건번호/면적(㎡) | 감정가/최저가/과정 | 임차조사 | 등기권리 |
|---|---|---|---|---|
| 경기 광주시 중대동 197-1<br><br>감정평가액<br>토지 : 214,707,990<br><br>감정평가요약<br><br>- 인근일대대규모전<br>- 경기성남동북측인근<br>- 버스(정)인근소재한이용<br>- 세대차량접근가능<br>- 인근교통사정보통<br>- 도로접하지못한맹지<br>(약55평정도거리소재)<br>- 제반교통상황보통<br>- 부정형완경사지<br>- 맹지이나시중현황도로<br>소재<br><br>- 계획관리지역<br>- 자연보전권역<br>- 공장설립승인지역<br>- 배출시설설치제한지역<br>(1권역)<br><br>2019.01.02 이팽감정<br>표준지가: 196,000 | 물건번호: 단독물건<br><br>전 444.5/741<br>(134.47평)<br>₩214,707,990<br>(토지 1204/2007 인<br>기월 지분)<br><br>· 전체 741㎡ (224평)<br>· 지분 444.53㎡ (134평)<br><br>· 농취증필요(미제출시<br>매수보증금미반환) | 감정가 447,378,750<br>· 토지 447,378,750<br>(평당 1,596,698)<br>(100%)<br><br>최저가 107,416,000<br>(24%)<br><br>경매진행과정<br>① 447,378,750<br>2019-07-22 유찰<br>② 30% ↓ 313,165,000<br>2019-08-26 유찰<br>③ 30% ↓ 219,216,000<br>2019-09-30 유찰<br>④ 30% ↓ 153,451,000<br>2019-11-04 유찰<br>⑤ 30% ↓ 107,416,000<br>2019-12-09 매각<br><br>매수인 김OO<br>응찰수 2명<br>매각가 168,888,000<br>(37.75%) | 법원임차조사<br><br>· 연3000에 임하였으나 이해관<br>계인을 만나지 못하여 점유<br>관계를 확인하지 못하였음 | 가처분 김은飛<br>1999.09.22<br>1999 카단 11504<br>수임 성남지 GO<br><br>가압류 삼성카드<br>강동강동지점<br>2006.08.17<br>2006카단 70326<br>서울중앙 GO<br>3,755,234<br><br>가압류 수지농협 중동<br>2006.09.04<br>2006 카단 11962<br>수원 GO<br>2,160,623<br><br>가압류 국민은행<br>신용여신관리<br>2008.07.21<br>2008 카단 7317|<br>서울중앙 GO<br>80,978,629<br><br>압 류 광주시<br>2013.07.17<br><br>강 제 국민은행<br>여신관리센터<br>2018.12.20<br>*청구액:133,040,178원<br>채권총액 86,894,486원 |

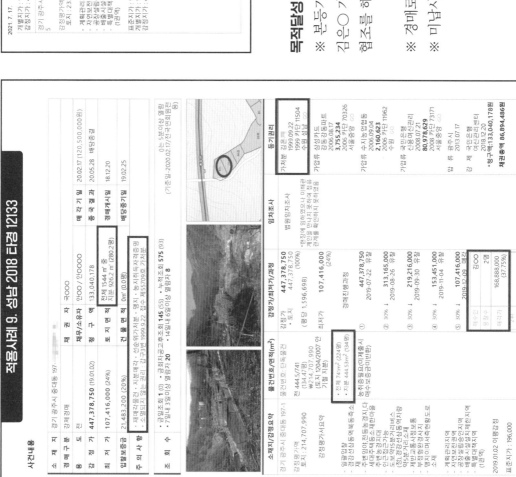

(출처 : 지지옥션)

---

2021. 7. 17.

개별공시지가 : 190,100<br>감정평가 지가 : 483,000

| 경기 광주시 중대동 197-3<br>5 | | | | | | | |
|---|---|---|---|---|---|---|---|
| 감정평가액<br>토지 : 232,670,760 | | 전 481.7/803<br>(145.72평)<br>₩232,670,760<br>(토지 1204/2007 인<br>기월 지분) | | | | 허가 2019.12.16<br>(26.92%)<br>납기 2020-01-22<br>(대금미납)<br>107,416,000<br>2020-02-17 매각 | 119,999,000<br>(26.92%) |

- 계획관리지역<br>- 자연보전권역<br>- 공장설립승인지역<br>- 배출시설설치제한지역<br>- 특별대책지역<br>(1권역)

- 전체 803㎡ (243평)<br>· 지분 481.7㎡ (146평)

· 농취증필요(미제출시<br>매수보증금미반환)

| | | 매수인 | 안OO |
|---|---|---|---|
| | | 응찰수 | 3명 |
| | | 매각가 | 120,500,000<br>(26.93%) |

표준지가 : 96,000<br>개별공시지가 : 96,000<br>감정지가 : 483,000

| | | 2위 | 120,110,000<br>(26.85%) |
|---|---|---|---|
| | | 3위 | 112,000,000<br>(25.03%) |
| | | 차순위 | 120,110,000 |

허가 2020-02-24<br>납기 2020-04-02<br>납부 2020-03-12 종결

2020-05-28 종결

법원임차조사

· 연3000에 임하였으나 이해관<br>계인을 만나지 못하여 점유<br>관계를 확인하지 못하였음

열람일자 : 2019.07.03

(출처 : 지지옥션)

## 목적달성

※ 본 등기의 등기원인 : 조정

김은O 가처분 후 안기O의 협조로 가등기를 했지만 나중에 본 등기

협조를 해주지 않아 법원의 조정절정으로 본등기

※ 경매로 매각되는 물건에 대한 지분은 김은자의 가처분과 관련 없다.

※ 미납사유 : 2등과 금액 차이가 크다.

## 등기사항전부증명서(말소사항 포함)
### - 토지 -

고유번호 1342-1996-052457

[토지] 경기도 광주시 중대동 197-

### 【 표 제 부 】 ( 토지의 표시 )

| 표시번호 | 접 수 | 소재지번 | 지 목 | 면 적 | 등기원인 및 기타사항 |
|---|---|---|---|---|---|
| 1 (전 5) | 1991년9월6일 | 경기도 광주군 광주읍 중대리 197- | 전 | 2997㎡ | |
| 2 | | 197-1→741㎡ x 1204/2007 = 444.53㎡<br>197-35→803㎡ x 1204/2007 = 481.72㎡<br>197-36→463㎡ | | ㎡ | 부동산등기법 제177조의 6 제1항의 규정에 의하여 2001년 06월 22일 전산이기 |
| | | | | | 분할로 인하여 전 803㎡를 경기도 광주시 중대동 197-에 이기<br>2001년9월6일<br>행정구역명칭변경으로 인하여<br>2001년7월6일 등기 |
| 3 | 2006년7월19일 | 경기도 광주시 중대동 197- | 전 | 741㎡ | 분할로 인하여 전 463㎡를 경기도 광주시 중대동 197-에 이기 |

### 【 갑 구 】 ( 소유권에 관한 사항 )

| 순위번호 | 등 기 목 적 | 접 수 | 등 기 원 인 | 권리자 및 기타사항 |
|---|---|---|---|---|
| 1 (전 6) | 소유권보존이전 | 1997년6월23일 제30513호 | 1997년6월16일 매매 | 공유자 지분 2007분의 463<br>김영 570032가-*******<br>광주군 광주읍 경안리 186 |
| 2 (전 7) | 배선지분전부이전 | 1997년9월24일 제46586호 | 1997년9월11일 매매 | 공유자 지분 2007분의 1544<br>안기 521119-*******<br>광주군 광주읍 역리 1 |
| 2-1 | 2번등기명의인표시변경 | 2005년4월28일 제21262호 | 1998년10월21일 전거 | 안기의 주소 경기도 광주시 송정동 59- |
| 3 | 2번안기 지분 2007 | 1999년9월22일 | 1999년9월20일 | 피보전권리 소유권이전등기 청구권 |

### 등기사항전부증명서(말소사항 포함)

고유번호 1342-1996-052457

[토지] 경기도 광주시 중대동 197-

| | 접 수 | | | 등기원인 및 기타사항 |
|---|---|---|---|---|
| (전 8) | 분의1544/2.803가A 분 | 제55709호 | 수원지방법원 성남지원의 가처분결정(99 가단11504) | 채권자 김으<br>광명시 광명동 261<br>금지사항 매매,증여,전세권,저당권,임차권의 설정 기타 일체의 처분행위 금지 |
| 4 (전 9) | 산가지분 전부이전 | 2001년도원공권동록 제228634호 | 2001년도원공권동록 등록 | 권리자 서울특별시-중대동구 |
| | | | | 부동산등기법 제177조의 6 제1항의 구정에 의하여 1인 내지 4번 등기를 2001년 06월 22일 전산이기 |
| 5 | 4번안가등기말소 | 2001년7월22일 제28477호 | 2001년6월28일 해제 | |
| 6 | 2번안가 지분2007 분의1544 중 일부(2007분의803) 이전청구권가등기 | 2005년4월28일 제21263호 | 2002년8월12일 매매예약 | 가등기권자 김으 590227-*******<br>경기도 광명시 광명동 346 |
| | 2번안가 지분 2007 분의1544 일부(2007분의803) 이전 | 2016년8월29일 제62804호 | 2009년11월12일 조의 | 공유자 지분 2007분의 803<br>김으 590227-*******<br>경기도 광주시 오토광리 |
| 7 | 2번안가 지분 2007 분의1544 중 일부구매가처분구마아사44가 권가처분등기 | 2005년4월28일 제21264호 | 2009년8월2일 매매예약 | 가등기권리 권영 616651-*******<br>경기도 광주군 오주군 역주동 중부로 산 |
| 8 | 1번임을해제분전부 이전 | 2006년7월19일 제43497호 | 2006년7월18일 공유물 분할 | 소유권 안가 521119-*******<br>경기도 광주시 송정동 59- |
| 9 | | 2006년8월17일 제48988호 | 2006년8월11일 서울중앙지방법원의 가압부결정(2006가단7 0326,2006가1717 319) | 청구금액 금3,755,234원<br>채권자 신영카드주식회사 110111-0346901<br>서울 중로구 연지동 1-7<br>(강동지점강동사무소) |
| 9-1 | 9번가처분변경 | | | 목적 2번안가 지분,8번안가→x분가압류<br>가등기의 본등기로 인하여 |

### 주요 등기사항 요약 (참고용)

[토지] 경기도 광주시 중대동 197-

#### 1. 소유지분현황 ( 갑구 )

| 등기명의인 | (주민)등록번호 | 최종지분 | 주　　소 | 순위번호 |
|---|---|---|---|---|
| 김으 (공유자) | 590227-******* | 2007분의 803 | 경기도 광주시 오토광리 | 6 |
| 안기 (공유자) | 521119-******* | 2007분의 1204 | 경기도 광주시 송정동 59- | 2, 8 |

(출처 : 대한민국 법원 사이트)

## 적용사례 10. 안산 2016 타경 54493

### 사건내용

| 과거사건 | 안산3계 2006-8675 , 안산6계 2008-25193 , 안산3계 2013-14906 | | |
|---|---|---|---|
| 소 재 지 | 경기 안산시 단원구 대부남동 926- | | |
| 경매구분 | 행사적경매(공유물분할) | | |
| 용 도 | 전 | 채무소유자 | 정○○ |
| 감 정 가 | 256,455,000 (16.11.21) | 청 구 액 | 0 |○○○○ / 0|○○○○ |
| 최 저 가 | 87,964,000 (34%) | 토 지 면 적 | 1,610.0m² (487.0평) |
| 입찰보증금 | 17,592,800 (20%) | 건 물 면 적 | 0m² (0.0평) |
| 매 각 기 일 | 17.11.21(173,777,008원) | 종 국 결 과 | 18.01.25 배당종결 |
| 경매개시일 | 16.11.10 | 배당종기일 | 17.01.31 |

주의사항 [매각토지.건물열람] · 소멸되지 않는 권리:1. 갑구10번 1998.6.5 접수된 제64507호 가처분 | 2.갑구17번 2016.9.1 제84525호 가처분

조 회 수 · 금일조회 1 (0) · 금회차공고후조회수 88 (6) · 누적조회 503 (110)
· 7일내 3일이상 열람자 9 · 14일내 6일이상 열람자 8

(기준일-2017.11.21/전국연회원전용)

| 소재지/감정요약 | 물건번호/면적(m²) | 감정가/최저가/과정 | 임차조사 | 등기권리 |
|---|---|---|---|---|
| 경기 안산시 단원구 대부<br>남동 926- | 물건1(번호 단독물건) | 감정가 256,455,000 | 법원임차조사 | 가처분 이심|의3 |
| | 전 1,164.0 | 토지  256,455,000 | ·점유자를 만날 수 없었고, | 1998.06.05 |
| 감정평가액<br>토지 :188,568,000 | (352.11평) | (100%) | 이후 마을 주민을 상대로 탐<br>문하였으나 점유자를 확인 | 1998 카단 28274 수원@ |
| | ₩188,568,000 | (평당 526,580) | 할 수 없었음을 전입세대 열람 | |
| 감정평가서요약 | 농취증필요 | 최저가  87,964,000 | 결과 해당 주소에 전입세대 | 가처분 김용| |
| | | (34%) | 가 없음. | 2016.09.01 |
| - 서측2~3m비포장도로접<br>함 | | | | 2016 카단 2570 수원 안산 |
| - 일괄입찰 | | 경매진행과정 | | |
| - 부정형남하향평지 | | ① 256,455,000 | | 임 의 정대|① |
| - 돌대동마을내위치 | | 2017-05-02 유찰 | | 2016.11.10 |
| - 주위순수농촌배후로 | | | | |
| - 제반기반시설상태보통 | | ② 30% ↓ 179,519,000 | | 열람일자 : 2017.10.04 |
| - 본건도로인근차지접함 | | 2017-06-07 유찰 | | |
| - 근거리노선버스승강장접 | | | 고|○○ | *청구액:0원 |
| - 대중교통사정다소불편 | | ③ 30% ↓ 125,663,000 | 2명 | |
| - 부정형남고향평지 | | 2017-07-11 매각 | | |
| | | | | |
| 2016.11.21 기준감정 | | 매수인 | 고|○○ | |
| 표준지가 : 58,000 | | 유찰수 | 2명 | |
| 감정지가 : 162,000 | | 매각가 | 155,110,000 | |
| | | | (60.48%) | |
| | | ③ 125,663,000 | | |

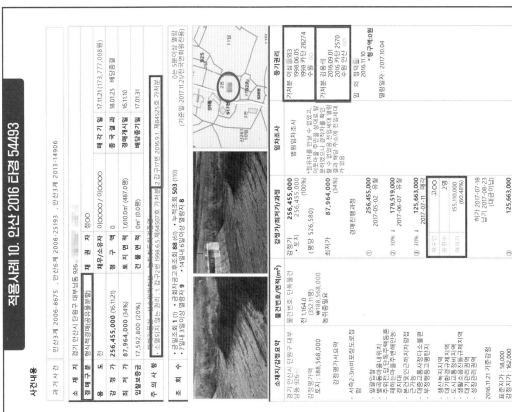

(출처 : 지지옥션)

| | | 답 291.0<br>(88.03평)<br>₩42,777,000<br>농취증필요 | | 2017-10-24 유찰 | 법원임차조사 |
|---|---|---|---|---|---|
| 경기 안산시 단원구 대부<br>남동 927-1 | | | | 87,964,000 | ·점유자를 만날 수 없었고, |
| 감정평가액 | | | | 2017.11.21 매각 | 이후 마을 주민을 상대로 탐<br>문하였으나 점유자를 확인 |
| 토지 :42,777,000 | | | | ④ 30% ↓ | 할 수 없었음을 전입세대 열람 |
| | | | | | 결과 해당 주소에 전입세대 |
| - 생산녹지지역 | | | | 매수인 이|○○ | 가 없음. |
| - 대기환경규제지역 | | | | 응찰수 7명 | |
| - 도시교통정비지역 | | | | 173,777,008 | |
| - 생활습수원보전특별대책지역 | | | | (67.76%) | |
| - 대기관리권역 | | | | 매각가 152,110,000 | |
| - 성장관리권역 | | | | (59.31%) | |
| 표준지가 : 58,000 | | | | | 법원임차조사 |
| 감정지가 : 147,000 | | | | 차기 2017-11-28 | ·점유자를 만날 수 없었고, |
| | | | | 납기 2017-12-27 | 이후 마을 주민을 상대로 탐 |
| 경기 안산시 단원구 대부 | | 전 155.0 | | 납부 2017-12-19 | 문하였으나 점유자를 확인 |
| 남동 927-2 | | (46.89평)<br>₩25,110,000<br>농취증필요 | | | 할 수 없었음을 전입세대 열람 |
| 감정평가액 | | | | 종결 2018-01-25 | 결과 해당 주소에 전입세대<br>가 없음. |
| 토지 :25,110,000 | | | | | |

감정평가서요약

(출처 : 지지옥션)

1. 이소○ 지분 경매(2008 타경 25193) 진행 2012. 10. 10 이정○ 낙찰
2. 이정○ 지분 경매(2013 타경 14906) 진행 2014. 5. 29 정덕○ 이범○ 낙찰
3. 공유물분할판결 선고 2015. 12. 22
4. 2016. 9. 1 이범○ 지분 가처분(매매대금 500만 원) 김용○
5. 2016. 11. 10 형식적 경매 신청
6. 2017. 11. 21 이소○ 낙찰

※ 이근○, 이삼○, 이사○, 이남○ 가처분은 목적달성으로 말소 가능

※ 갑구 17번 가처분은 집행 후 3년(2005. 7. 28 이후)이 경과하지 않아<br>가처분권자와 합의를 본 듯하며, 이 경우 가처분권자의 동의를 받아<br>신청 취하 및 집행해제 신청

※ 공유물분할을 선고일 이후 마쳐진 가등기의 말소<br>공유물분할판결의 변론이 종결된 뒤(변론 없이 한 판결의 경우에는 판결을<br>선고한 뒤) 공유지분에 관해 소유권이전청구권의 순위보전을 위한 가등<br>기가 마쳐진 경우

⇒ 공유물분할 확정판결의 효력은 민사소송법 제218조 제1항이 정한<br>변론종결 후의 승계인에 해당하는 가등기권자에게 미치므로, 특별한<br>사정이 없는 한 위 가등기상의 권리는 매수인에 매각대금을 완납함으<br>로써 소멸한다(대법원 2021. 3. 11 선고 2020다253836 판결).

[토지] 경기도 안산시 단원구 대부남동 927..     고유번호 1350-1996-736199

| 순위번호 | 등 기 목 적 | 접 수 | 등 기 원 인 | 권 리 자 및 기 타 사 항 |
|---|---|---|---|---|
| 17 | 16번이범주지분가처분 | 2016년9월1일 제84525호 | 2016년9월1일 수원지방법원 안산지원의 가처분결정(2016카단257 0) | 피보전권리 2016. 5. 4. 대금 5,000,000원의 매매를 원인으로 한 소유권이전등기 청구권<br>채권자 김○○ 621007-*******<br>경기도 안산시 상록구 인선천서로<br>금지사항 매매, 증여, 전세권, 저당권, 임차권의 설정 기타일체의 처분행위 금지 |
| 18 | 임의경매개시결정 | 2016년11월10일 제10802호 | 2016년11월10일 수원지방법원 안산지원의 임의경매개시결정(2016 타경54493) | 채권자 엄○○ 710210-*******<br>경기도 안산시 단원구 광덕2로 |

【 을 구 】 ( 소유권 이외의 권리에 관한 사항 )

| 순위번호 | 등 기 목 적 | 접 수 | 등 기 원 인 | 권 리 자 및 기 타 사 항 |
|---|---|---|---|---|
| 1<br>(전 수) | 근저당권설정 | 1999년4월5일 제52663호 | 1999년4월5일 설정계약 | 채권최고액 금00원정<br>채무자 이소열<br>인천 남구 웅천동 627- |

열람일시 : 2016년11월22일 11시21분46초     5/7

---

[토지] 경기도 안산시 단원구 대부남동 927..     고유번호 1350-1996-736199

| 순위번호 | 등 기 목 적 | 접 수 | 등 기 원 인 | 권 리 자 및 기 타 사 항 |
|---|---|---|---|---|
| 2<br>(전 3) | 가처분 | 1998년6월5일 제64507호 | 1998년5월30일 수원지방법원 가처분결정(989가단28274 호) | 피보전권리 소유권이전등기청구권<br>채권자<br>인천 연수구 선학동<br>이근행<br>인천시 대부남동<br>이재<br>인천 연수구 선학동<br>이범<br>인천 남구 학익동<br>금지사항 매매, 증여, 전세권, 저당권<br>임차권의 설정 기타일체의 처분행위<br>금지 |
| 3 | 소유권이전청구권가등기말소 | 2006년6월7일 제56481호 | 2006년6월3일 매매예약 | 부동산등기법 제177조의 6 제1항에 의하여 1번 내지 2번 등기를 1999년 12월 07일 전산이기<br>가등기권자 이소열 480521-*******<br>안산시 단원구 대부남동 |
| 3-1 | 3번가등기소유권이전청구권 처분 | 2006년3월17일 제27732호 | 2006년3월17일 수원지방법원 안산지원의 가처분결정(2006카단215 가 | 피보전권리 -사해행위취소<br>채권자 중소수산업협동조합 124139-0000274<br>인천 남구 도화동-385-19<br>금지사항 양도, 담보권설정, 기타 일체의 처분행위의 금지 |
| 4 | 강제경매개시결정 | 2006년3월10일 제24621호 | 2006년3월8일 수원지방법원안산지원의 강제경매사결정(2006 타경66가 | 채권자 중소수산업협동조합 124139-0000274<br>인천 남구 도화동-385-19<br>(관리과) |
| 5 | 가처분 | 2006년3월17일 제27732호 | 2006년3월17일 수원지방법원안산지원의 가처분결정(2006카단215 가 | 피보전권리 -사해행위취소<br>채권자 중소수산업협동조합 124139-0000274<br>인천 남구 도화동-385-19<br>금지사항 양도, 담보권설정, 기타 일체의 처분행위의 금지 |
| 6 | 4번강제경매개시결정등기말소 | 2007년4월2일 제3661?호 | 2007년3월28일 취하 | |
| 7 | 소유권일부이전 | 2008년11월2일 제4160호 | 2007년10월10일 진정한 등기명의의 회복 | 공유자<br>지분 5분의 1<br>이근행 350123-*******<br>경기도 안산시 단원구 대부남동<br>지분 5분의 1<br>이재 410217-*******<br>인천광역시 연수구 선학동<br>지분 5분의 1<br>이범 440702-*******<br>인천광역시 연수구 선학동<br>지분 5분의 1<br>이 520216-*******<br>경기도 수원시 장안구 송죽동 444- |
| 8 | 1번이범지분강제경매개시결정 등기 | 2009년5월14일 제39193호 | 2009년5월14일 수원지방법원 강제경매개시결정(2008 타경91?가 | 채권자 중소수산업협동조합<br>인천광역시 남구 도화동-385-19<br>(관리과) |

## 적용사례 12. 북부 2010 타경 19044

### 사건내용

| 소 재 지 | 서울 노원구 상계동 135-▨ |
|---|---|
| 경매구분 | 임의경매 | 채 권 자 | 우○○○ |
| 용 도 | 대지 | 채무/소유자 | 김○○ / 김○○○○ | 매 각 기 일 | 11.12.27 (656,100,000원) |
| 감 정 가 | 728,200,000 (10.10.19) | 청 구 액 | 162,851,501 | 종국결과 | 12.04.02 배당종결 |
| 최 저 가 | 582,560,000 (80%) | 토지면적 | 3310㎡ (100.1평) | 경매개시일 | 10.10.13 |
| 입찰보증금 | 58,256,000 (10%) | 건물면적 | 0㎡ (0.0평) | 배당종기일 | 11.01.07 |
| 주의사항 | · 법정지상권 · 입찰외 | 토지만입찰 | | | |

| 조 회 수 | · 금일조회 1 (0) · 금회차공고후조회 279 (54) · 누적조회 782 (56) |
|---|---|
| | · 7일내 3일이상 열람자 0 · 14일내 6일이상 열람자 0 |

(기준일-2011.12.27/전국연간편권 동)

| 소재지/감정요항 | 물건번호/면적(㎡) | 감정가/최저가/과정 | 임차조사 | 등기권리 |
|---|---|---|---|---|
| 서울 노원구 상계동 135-▨ | 물건번호 단독물건 | 감정가 728,200,000 | 법원임차조사 | 저당권 우리은행 |
| | 대지 331.0 | · 토지 728,200,000 | | 성계지점 |
| 감정평가서요약 | (100.13평) | (100%) | 성○ 전입 2009.02.27 | 2004.04.02 |
| | ₩7,28,200,000 | (평당 7,272,546) | 주거 | 192,000,000 |
| - 계상초등학교북동측인 | 입찰외제시외소유자미상 | | | 소유권 김○○○○ |
| 근주식택다세대주 | 의건물1개동소재 | 최저가 582,560,000 | 김○○ 전입 2009.05.19 | 2004.05.14 |
| 택등운재한기준후식 | | (80%) | 주거 | 전소유자:홍화▨ |
| 대지 | | | | 가처분 박○○ |
| - 차량출입용이/제반교통 | | 경매진행과정 | 김○○ 전입 2009.08.06 | 2004.11.04 |
| - 버스(정)인근소재 | | ① 728,200,000 | 주거 | 2004 조:단 2135 |
| - 북측및북동측6m도로접 | | 2011-06-14 변경 | | 가정법원 |
| | | | | |
| - 도시지역 | | ① 728,200,000 | *대지 지번의 대부 주민등록 | 가처분 우리은행 |
| - 2종일반주거지역 | | 2011-08-22 변경 | 전입세대열람결과 김△소 | 여신관리센터 |
| (7종이하) | | | 유무로 대지상에 5세대가량 | 2006.03.13 |
| 대답방이4어선구역 | | ① 728,200,000 | 점유는 것으로 추정 건축물대장 | 50,000,000 |
| (77-257m) | | 2011-09-27 유찰 | 상본건 것임 주상건물(건물 1982 | |
| - 과밀억제권역 | | | 본건 대지상에 건물 규모 | 가압류 우리은행 |
| | | ② 582,560,000 | 4,8,이인에 건물 부여하는 | 여신관리부 |
| 2010.10.19 심호감정 | | 2011-10-31 변경 | 본건 건물번호 165,2900㎡ | 2010.07.23 |
| | | | 등 항으로알 건물번호가 것는 | 20,000,000 |
| 표준지가: 1,630,000 | | ② 582,560,000 | 소유하는 건물에 대한무 | |
| 감정지가 : 2,200,000 | | 2011-12-27 매각 | 무허가건물임허거운무법사무 | 저당권 슬용로신용조직속 |
| | | | 등허가건 하위 관할 동사무 | 여신관리부 |
| | | 이○○○외 | 소서양도 건물에 대한무 | 2010.07.23 |
| | | 4명 | 무허가건물세대열람무 | 150,000,000 |
| | | 응찰가 656,100,000 | 무허가건물확인업함여부 | |
| | | (90.10%) | 바무허가건물 등등물 | 가압류 국민은행 |
| | | 매각가 | 바무허가건물 후확인의 앞이었던 | 수임관리부 |
| | | 2위 655,000,000 | 않고 문건 대지상에 법인것임 | 2010.08.23 |
| | | (89.95%) | | 61,191,173 |

(출처 : 지지옥션)

2012. 02. 29 이현○, 이현○, 이현○ 토지만 낙찰(2010 타경 19044)
건물철거청구 가처분 후 철거 및 토지인도판결후 건물 경매신청
2017. 04. 24 이현○, 이현○ 건물 낙찰

건물은 가처분등기의 촉탁으로 보존등기

[선부] 서울특별시 노원구 상계동 135-▨
고유번호 2002-2013-001917

| 순위번호 | 등 기 목 적 | 접 수 | 등 기 원 인 | 권 리 자 및 기 타 사 항 |
|---|---|---|---|---|
| 1 | 소유권보존 | | | 공유자 지분 2분의 1 상▨▨ 610106-******** 서울특별시 노원구 상계동194가구 지분 2분의 1 박이▨ 660321-******** 서울특별시 노원구 상계동72길 가처분 등기로 인하여 2013년8월8일 등기 |
| 2 | 가처분 | 2013년4월23일 제4767호 | 2013년4월8일의 서울북부지방법원의 가처분결정(2013카합165) | 채무자지분전부 채권자 서울특별시 노원구 428330-******** 금지사항 매매, 증여, 전세권, 임차권의 설정 기타일체의 처분행위 금지 |
| 3 | 1번주차권전입유유 | 2013년8월30일 제18195호 | 2013년8월29일 말부소(소유자4-5137) | 권리자 구 노회채무사 |
| 4 | 3번강제경매신청 | 2014년9월11일 제112884호 | 2014년9월11일 서울북부지방법원의 강제경매개시결정(2014타정3227) | 채권자 이▨▨ 428330-******** 서울 강남구 역삼로277길 이현▨ 68122******** 서울시 강남구 역삼로277길 |
| 5 | 1번주택채권등등유 | 2014년9월25일 제16519호 | 2014년9월25일 연부시(접수 수-90137 5) | 권리자 국민건강보험공단 서울특별시 마포구 독막로 311(염리동 168-9) (노원지사) |
| 6 | 1번주택채권전압채권의채권신 | 2014년8월18일 제5577호 | 2014년8월18일 서울북부지방법원의 여신권압류 강제경매(결정)(2014타정3273) | 채권자 신용카드주식회사 서울특별시 서초구 소로길 70(소공시구) (스마트채구경사) |
| 7 | 1번약약전채권압권 | 2015년11월12일 제154602호 | 2015년11월16일 서울북부지방법원의 가처분후확정등(2015카구확476) | 채권자 국민은행 서울특별시 중구 도로길 채권자 김○운 금지사항 노원구 증여, 전세권, 저당권, 임차권의 설정 기타일체의 처분 금지 |

(출처 : 대한민국 법원 사이트)

## 적용사례 12. 북부 2014 타경 2273

**사건내용**

| | |
|---|---|
| 법원/종목 | 2014-9373(종북·신한카드) |

| 소 재 지 | 서울 노원구 상계동 135-█ |
|---|---|
| | (01657)서울 노원구 한글비석로44가길 █ |

| 경 매 구 분 | 강제경매 | 채 권 자 | 이OOOO |
|---|---|---|---|
| 용 도 | 노유자시설 | 채무/소유자 | 김OOOO | 매 각 기 일 | 17.04.24 (234,210,000원) |
| 감 정 가 | 682,804,080 (16.11.03) | 청 구 액 | 96,735,885 | 종 국 결 과 | 17.08.11 배당종결 |
| 최 저 가 | 234,202,000 (34%) | 토 지 면 적 | 0.0㎡ (0.0평) | 경매개시일 | 14.02.11 |
| 입찰보증금 | 46,840,400 (20%) | 건 물 면 적 | 599㎡ (181.2평) | 배당종기일 | 14.04.23 |

주 의 사 항 · 재매각물건 · 법정지상권 · 선순위가처분 · 건물만입찰

조 회 수 · 금일조회 1 (0) · 금회차공고후조회 54 (49) · 누적조회 1,588 (248)
· 7일내 3일이상 열람자 1 · 14일내 6일이상 열람자 1

(기준일 2017.04.24/전국연회원전용)

| 소재지/감정요약 | 물건번호/면적(㎡) | 감정가/최저가/과정 | 임차조사 | 등기권리 |
|---|---|---|---|---|
| (01657)<br>서울 노원구 상계동 135-█ █<br>[한글비석로44가길 █]<br><br>감정평가서요약<br><br>- 건물만입찰<br>- 철근콘크리트조<br>- 경량철골조슬래브지붕(현 철골조)<br>조사<br>- 제오종교육회관인근<br>- 차량출입가능<br>- 제반교통상태조이나<br>- 해당구역위인한버스정류장및지하철이용<br>- 홀조근접이용가능<br>- 홀조로통행형성<br>- 일반상업지역으로있음<br>나3.3중에도는진기권사각<br>- 3종이내하여주거카마무<br>- 인접사별상사용승인지적<br>- 당복잡상지건물조진<br>- 1자검경634,864,320<br><br>2016.11.03 영림감정 | 울산번호: 단독물건<br><br>건물<br>· 1층어린이집 194.3<br>(58.77평)<br>₩671,431,680<br>연수거율1층-사무실<br>· 2층어린이집 194.3<br>(58.77평)<br>현장소<br>· 3층어린이집 194.3<br>(58.77평)<br>내부공사미완료<br>내부공사미완료이<br>합유중어린이<br>현 16.2<br>(4.90평)<br>₩1,372,400<br>연면적제외<br>총3층<br>-승인 : 2016.04.26<br>-2016.6월건물등기정가<br>재평가도면사정정기초<br>정 | 감정가 682,804,080<br>· 건물 682,804,080<br>(100%)<br><br>최저가 234,202,000<br>(34%)<br><br>경매진행과정<br>① 634,864,320<br>2015-01-19 유찰<br>② 20% ↓ 507,891,000<br>2015-03-16 유찰<br>③ 20% ↓ 406,313,000<br>2015-04-13 유찰<br>④ 20% ↓ 325,050,000<br>2015-05-11 유찰<br>⑤ 20% ↓ 260,040,000<br>2015-06-15 유찰<br>⑥ 20% ↓ 208,032,000<br>2015-07-13 매각<br>매수인 최OO | 법원임차조사<br><br>임OO 전입 2009.05.19<br>임OO 전입 2010.05.28<br>성OO 전입 2015.11.24<br><br>*법원조사시건물내의 현장을<br>방문.폐문부재로 소유자 및<br>점유자를 만나지 못하여<br>무 연락이 없어 점유자등 확인<br>불능.임 전입세대주 김주를<br>(소유자)전입되어 임기 불 발<br>본 등.임 주민등록에 의하여<br>작성하였으며 등차사항 미발 | 가처분 이현길외1<br>2013.05.23<br>2013 카단 1657 서<br>울북부 █<br><br>압 류 노원세무서<br>2013.08.30<br><br>강 제 이현길외1<br>2014.02.11<br>*청구액:96,735,885원<br><br>압 류 국민건강보험공<br>단<br>노원지사<br>2014.02.25<br><br>저 당 신한카드<br>2014.04.18<br>2014타경9373<br><br>가처분 김주용<br>2015.11.16<br>2015 카합 476 서<br>울북부 █<br><br>열람일자 : 2016.12.28<br><br>**건물등기기입 |

(출처 : 지지옥션)

---

| | | |
|---|---|---|
| 응찰수 | | 2명 |
| 매각가 | 350,000,000 | (51.26%) |
| 2위 | 321,110,000 | (47.03%) |

허가 2015-07-20
납기 2015-09-18
(대금미납)

⑥ 208,032,000
2015-10-12 유찰

⑦ 20%↓ 166,426,000
2015-11-09 유찰

⑧ 20%↓ 133,141,000
2015-12-14

매수인 박OO

| 응찰수 | | 2명 |
|---|---|---|
| 매각가 | 300,000,000 | (43.94%) |
| 2위 | 133,200,000 | (19.51%) |

허가 2015-12-2█
납기 2016-01-2█
(대금미납)

⑧ 133,141,000
2016-03-14 매각

매수인 지OO외1

| 응찰수 | | 2명 |
|---|---|---|
| 매각가 | 385,000,000 | (56.39%) |
| 2위 | 133,200,000 | (19.51%) |

허가 2016-03-21
납기 2016-04-26
(대금미납)

⑧ 133,141,000
2016-06-13 변경

① 682,804,080
2017-01-16 유찰

② 30%↓ 477,963,000
2017-02-27 유찰

③ 30%↓ 334,574,000
2017-03-27 유찰

④ 30%↓ 234,202,000
2017-04-24 매각

| 매수인 | 이OO외1 |
|---|---|
| 응찰수 | 1명 |
| 매각가 | 234,210,000 | (34.30%) |

(출처 : 지지옥션)

2021. 7. 17.

## 사건내용

### 적용사례 15. 여주 2008 타경 2987

| 소 재 지 | 경기 여주시 흥천면 복대리 | | |
|---|---|---|---|
| 경매구분 | 임의경매 | 채 권 자 | 0|○○ |
| 용 도 | 답 | 채무소유자 | ○|○○ |
| 감 정 가 | 144,495,000 (08.05.27) | 매각기일 | 09.03.06 (93,000,000원) |
| 최 저 가 | 92,477,000 (64%) | 종국결과 | 09.05.11 배당종결 |
| | | 경매개시일 | 08.05.14 |
| 입찰보증금 | 9,247,700 (10%) | 토지면적 | 2,535.0㎡ (766.8평) |
| | | 건물면적 | 0㎡ (0.0평) |
| 주의사항 | · 선순위가처분 | | 말소 |

· 금융조합 1 (0) · 금회차공고누적조회 55 (6) · 누적조회 138 (6)
· 7일내 3일이상 열람자 0 · 14일내 6일이상 열람자 0

이는 5분 이상 열람
(기준일-2009.03.06/전국회원열람중)

### 소재지/감정요약

경기 여주시 흥천면 복대리

감정평가서요약

- 석대울마을남서측인근
- 농경지,임야,임대주택등
- 차량접근가능
- 대중교통사정보통
- 지적도상맹지임
- 관리지역,가축사육제한구역
- 비행안전제5구역(전술)
- 한강수계배수구역
- 수질보전특별대책지역
- 문화재보존영향검토대상지역

2008.05.27 덕園감정
표준지가-18,000
개별지가-57,000

### 물건번호/면적(㎡)

물건번호-총물건 단독물건
· 토지
답 2,535.0
(766.84평)
₩144,495,000
농취증필요

### 감정가/최저가/과정

감정가 144,495,000
· 토지 144,495,000
(100%)
(평당 188,429)

최저가 92,477,000
(64%)

경매진행과정

① 144,495,000
2009-01-09 유찰

② 20%↓ 115,596,000
2009-02-06 유찰

③ 20%↓ 92,477,000
2009-03-06 매각

| 매각가 | ○|○○ |
|---|---|
| 응찰수 | 1명 |
| 매각가 | 93,000,000 |
| | (64.36%) |

2009-05-11 종결

### 임차조사

법원임차조사
-소유자점유

### 등기권리

소유권 0|○○
1997.12.09

가처분 이○|
1998.06.03

저당권 이○|
1998.06.17
130,000,000

임 의 이○|
*청구액:130,000,000원
2008.05.14

채권총액 130,000,000원

열람일자 : 2008.12.24

**최선순위소유권이전 청
구권가처분등기가 마쳐진
후 그 소유권이전등기 청구권
상이나 민약가처분권리
자가 승소등의경우는매수
인이 소유권상실할수있게됨

---

가처분의 피보전권리는 소유권이전등기청구권이며 근저당설정등기
청구권으로 오해하면 안 된다.
→ 이말○○이 낙찰

## 등기부 등본 (말소사항 포함) - 토지

[토지] 경기도 여주군 흥천군 복대리 ■

고유번호 1312-1996-560649

### [ 표 제 부 ] ( 토지의 표시 )

| 표시번호 | 접 수 | 소 재 지 번 | 지 목 | 면 적 | 등기원인 및 기타사항 |
|---|---|---|---|---|---|
| 1
(전 2) | 1997년12월9일 | 경기도 여주군 흥천면 복대리 ■ | 답 | 2535㎡ | 부동산등기법 제177조의 6 제1항의 규정에 의하여 2007년 04월 27일 전산이기 |

### [ 갑 구 ] ( 소유권에 관한 사항 )

| 순위번호 | 등 기 목 적 | 접 수 | 등 기 원 인 | 권 리 자 및 기 타 사 항 |
|---|---|---|---|---|
| 1
(전 2) | 소유권이전 | 1997년12월9일
제26708호 | 1997년12월8일
매매 | 소유자 이말■ 210006-1******
경기도 여주군 흥천면 복대리 538-■ |
| 2
(전 5) | 가처분 | 1998년6월3일
제14287호 | 1998년6월2일
수원지방법원
여주지원의가처분결정(98카합1032호) | 피보전권리 소유권이전등기
청구권
권리자 이양■
남양주시 진건면 신월리 ■
금지사항 매매, 양도, 담보권
설정기타일체의 처분행위의
금지 |
| 3 | 임의경매개시결정 | 2008년5월14일
제19846호 | 2008년5월14일
수원지방법원
여주지원의
임의경매개시결정(2008
타경2987) | 채권자 이양■
서울 영등포구 신길동 ■ |
| | | | | 부동산등기법 제177조의 6 제1항의 규정에 의하여 2007년 04월 27일 전산이기 |

### [ 을 구 ] ( 소유권 이외의 권리에 관한 사항 )

| 순위번호 | 등 기 목 적 | 접 수 | 등 기 원 인 | 권 리 자 및 기 타 사 항 |
|---|---|---|---|---|
| 1
(전 6) | 근저당권설정 | 1998년6월17일
제15458호 | 1998년6월15일
설정계약 | 채권최고액 금일억삼천만원
채무자 이말■
여주군 흥천면 복대리 ■
근저당권자 진건면 신용협동조합 521216-2******
남양주시 진건면 ■
공동담보 동소 복대리 ■토지
부동산등기법 제177조의 6 제1항의 규정에 의하여 2007년
04월 27일 전산이기 |

# CHAPTER 4. 적용사례

## 적용사례 16. 여주 2016 타경 9402(2)

### 사건내용

| 소 재 지 | 경기 이천시 부발읍 마암리 산※ |  |  |  |
|---|---|---|---|---|
| 경매구분 | 강제경매 | 채 권 자 | ○※○○○○ |  |
| 용 도 | 임야 | 채무/소유자 | ※○○ / ※○○○○ | 매각기일 17.08.23 변경 |
| 감 정 가 | 303,347,000 (16.10.18) | 청 구 액 | 242,212,723 | 종국결과 18.12.21 취하 |
| 최 저 가 | 303,347,000 (100%) | 토 지 면 적 | 전체 2398 ㎡ 중 지분 1199 ㎡ (362.7평) | 경매개시일 16.09.29 |
| 입찰보증금 | 30,334,700 (10%) | 건 물 면 적 | 0㎡ (0.0평) | 배당종기일 17.01.02 |
| 주의사항 · 지분매각 | 입찰외 |  |  |  |

| 조 회 수 | · 금일조회 1 (0) · 금회차공고후조회 12 (7) · 누적조회 89 (15)<br>· 7일내 3일이상 열람자 0 · 14일내 6일이상 열람자 1 | 0 는 5분 이상 열람<br>(기준일 · 2017.08.23/전국연회원 전용) |
|---|---|---|

(출처 : 지지옥션)

| 소재지/감정요약 | 물건번호/면적(㎡) | 감정가/최저가/과정 | 임차조사 | 등기권리 |
|---|---|---|---|---|
| 경기 이천시 부발읍 마암<br>리 산※ | 물건 1번호 2번<br>(총물건수 2건) | 감정가 303,347,000<br>· 토지 303,347,000<br>(100%) | 법원임차조사 | 소유권 김○○○<br>2007.11.30 |
| 감정평가서요약 | 임야 1,199.0/2398<br>(362.70평) | (평당 836,358) | ·채무자(소유자) 및 점유자<br>를 만날 수 없어 점유관계 | 근저당 이천서신림조합<br>2007.11.30<br>325,000,000 |
| · 부발읍사무소남서측근<br>거리위치 | 제외 303,347,000 | 최저가 303,347,000<br>(100%) | 확인할 수 없음 | 근저당 이천서신림조합<br>2007.11.30 |
| · 부근단독 임야농가주<br>택등혼재 | (토지 1/2 김※※ 지<br>분) |  |  | 162,500,000 |
| · 본건까지 차량접근가능 |  | 경매진행과정 |  | 근저당 이천서신림조합<br>2007.11.30 |
| · 대중교통사정보통 |  | ① 303,347,000<br>2017-05-10 변경 |  | 162,500,000 |
| · 부정형남서하향완경사<br>· 사질지양토 | 남나무·활잡목등모임 |  |  | 지상권 이천서신림조합<br>2007.11.30 |
| · 서측도로2가선도로접함 | 서측인근폭좁은<br>남동측보조271소재(지) | ① 303,347,000<br>2017-08-23 취하 |  | 30년 |
| · 도시지역<br>· 자연녹지지역 | 상에소재하는녹지토롭<br>이용본토및개수는대략2<br>기정도이나,이는구두 | 2018-12-21 취하 |  | 가처분 김※유<br>2013.01.17 |
| · 가축사육제한구역<br>· 배출시설설치제한지역 | 이용무조사시당에의한영으<br>입문조사신청인의재확인 | 무잉여러매수통지서 발송 이후<br>채권자기 취하 |  | 2013 즈단 3 수원<br>여주 GO |
| · 한강폐기물매립시설설<br>지제한지역 | 인요임) |  |  | 가압류 여주서신림조합<br>2014.03.20 |
| · 수질보전특별대책지역 |  |  |  | 183,730,917 |
| 2016.10.18 강인감정 |  |  |  | 2014 카단 101 수<br>원 여주 GO |
| 표준지가 : 50,000 |  |  |  | 가압류 김영※외<br>2015.05.11 |
| 개별지가 : 72,300 |  |  |  | 72,500,000 |
| 감정지가 : 253,000 |  |  |  |  |

(출처 : 지지옥션)

---

2021. 7. 18.

강 제 여주서신림조합<br>2016.09.29<br>*청구금액:242,212,723원<br>채권총액 906,230,917원<br>열람일자 : 2017.04.25

(출처 : 지지옥션)

후순위 가처분이라고 함부로 말소를 맡는다는 것은 조심 해야 한다. 매각시까지 선순위근저당 말소 여부를 체크하자.

2007. 11. 30 이천시 산림조합 근저당

2013. 1. 17 김매○ 가처분(재산분할청구권에 기한 소유권이전등기청구권)

2016. 9. 29 여주시 산림조합강제경매 개시 결정

2017. 7. 6 이천시 산림조합 근저당 말소 - 경매진행 중 후순위 가처분이 선순위가 됨.

2018. 12. 21 경매 취하

이후 김시○○의 공유물분할청구에 의한 형식적 경매(2020 타경 33822)에 의해 김시○○ 낙찰

## [구등기부]

[도시] 경기도 이천시 부발읍 마암리 산○○

고유번호 1344-1996-017885

| 순위번호 | 등 기 목 적 | 접 수 | 등 기 원 인 | 권 리 자 및 기 타 사 항 |
|---|---|---|---|---|
| 9 | 2번가처분등기말소 | 2013년1월17일<br>제3525호 | 2013년1월17일<br>수원지방법원<br>여주지원의<br>가처분결정(2013즈단○○) | |
| 10 | 2번가처분이전가처분 | 2014년3월20일<br>제3135호 | 2014년3월20일<br>수원지방법원<br>여주지원의 가처분<br>결정(2014카단101) | |
| 11 | 2번경정가처분이전 | 2015년5월11일<br>제3113호 | 2015년5월11일<br>서울사부지방법원<br>가처분<br>결정(2015카단1887) | |
| 12 | 2번임의경매로인한경매개시결정 | 2016년9월29일<br>제14878호 | 2016년9월29일<br>여주지방원의<br>임의경매개시결정(2016<br>타경○○○) | |

(출처 : 대한민국 법원 사이트)

[도시] 경기도 이천시 부발읍 마암리 산○○

고유번호 1344 1996 017885

| 순위번호 | 등 기 목 적 | 접 수 | 등 기 원 인 | 권 리 자 및 기 타 사 항 |
|---|---|---|---|---|
| (소유권 이외의 권리에 관한 사항) | | | | |
| 1 | 1번가등기권설정등기말소 | 2001년7월18일<br>제27564호 | 2001년7월16일<br>해지 | |
| 2 | 2번가처분설정등기말소 | 2001년7월18일<br>제27565호 | 2001년7월16일<br>해지 | |
| 3 | 근저당권설정 | 2007년11월30일<br>제75579호 | 2007년11월30일<br>설정계약 | |

(출처 : 대한민국 법원 사이트)

## [신등기부]

| | | | | |
|---|---|---|---|---|
| 4 | 2번거상권선설정등기말소 | | | |
| 5 | 근저당권설정 | 2006년7월30일<br>제75268호 | 2006년7월30일<br>설정계약 | |
| 6 | 근저당권설정 | 2006년7월30일<br>제75269호 | 2006년7월30일<br>설정계약 | |
| 7 | 근저당권설정 | 2006년7월30일<br>제75281호 | 2006년7월30일<br>설정계약 | |
| 8 | 지상권설정 | 2007년11월30일<br>제75582호 | 2007년11월30일<br>설정계약 | |
| 9 | 5번근저당권설정<br>6번근저당권설정<br>7번근저당권설정<br>등기말소 | 2017년7월6일<br>제28863호 | 2017년7월6일<br>해지 | |
| 10 | 8번지상권설정등기말소 | 2017년7월6일<br>제28864호 | 2017년7월6일<br>해지 | |
| 8 | 5번지분근저당권이전 | 2012년5월31일<br>제27094호 | 2012년5월25일<br>계약 | |
| 9 | 5번근저당권부질권 | 2013년4월1일일<br>제25285호 | 2013년4월2일<br>확정채권양도 | |
| 10 | 8번소유권일부이전 | | 2014년9월29일<br>매매 | |
| 15 | 10번강제경매개시결정등기말소 | 2018년12월28일<br>제52213호 | 2018년12월21일<br>해지 | |
| 16 | 12번근저당권설정등기말소 | 2018년12월28일<br>제52216호 | 2018년12월21일<br>해지 | |
| 17 | 9번가처분등기말소 | 2019년1월11일<br>제257365호 | 2019년5월29일<br>해지 | |
| 18 | 14번임의경매신청등기말소 | 2020년3월17일<br>제14849호 | 2020년2월17일<br>취소기각결정 | |

(출처 : 대한민국 법원 사이트)

## 적용사례 17. 의정부 2010 타경 31993

**사건내용**

| 소 재 지 | 경기 의정부시 낙양동 |
| 경매구분 | 강제경매 | 채 권 자 | 이○○ |
| 용 도 | 대지 | 채무/소유자 | 조○○○○ / 조○○○○ | 매 각 기 일 | 11.10.31 (배당종결) |
| 감 정 가 | 71,635,380 (10.10.29) | 청 구 액 | 2,673,138 | 종국결과 | 12.01.27 배당종결 |
| 최 저 가 | 29,342,000 (41%) | 토지면적 | 전체 225 m² | 경매개시일 | 10.09.14 |
| 입찰보증금 | 2,934,200 (10%) | 건물면적 | 0m² (0.0평) | 배당종기일 | 10.12.16 |

주 의 사 항 · 지분매각 · 선순위가처분 · 대지

조 회 수 · 금일조회 1 (0) · 금주차공고후조회 72 (6) · 누적조회 230 (7)
· 7일내 3일이상 열람자 0 · 14일내 6일이상 열람자 0
(기준일 : 2011.10.31)전국연회원전용

**소재지/감정요약**

경기 의정부시 낙양동

감정평가서요약

| 물건번호/면적(m²) | 감정가/최저가/과정 |
| 물건1번호 단독물건 | 감정가 71,635,380 |
| 대지 116.7/225 (35.29평) ₩71,635,380 여름전 | · 토지 71,635,380 (100%) (평당 2,029,906) |

임차조사

법원임차조사

등기권리

**목적달성**

2004.10.14. 이정○○지분에 대한 조한주의 가처분

2005.05.25. 조한○이 사망

2008.07.04. 이정○○지분에 대한 조한주상속인들의 가처분

2009.10.22. 상속인들의 소유권이전등기청구권소송(2008가합2484)-(원고일부 승)

2010.07.19. 이정○○지분 상속인들에게 이전(2004.03.30. 등기원인 : 매매)

- 자연녹지지역
- 개발제한구역
- 과밀억제권역
- 토지거래허가구역
2010.10.29 의정부감정

(출처 : 지지옥션)

---

(표 — 등기 관련 내역)

| 15 | 12번이정○지분가처분 | | 2004년10월14일 의정부지방법원 (2004카합119 25) | 파보정입의 소유자이정지청구분 |
| 16 | | 2006년8월28일 | 2005년5월25일 예상상속 | 공유자 지분 189분의 18 이정 550203-2****** ... |
| 18 | 17번가압류등기말소 | | 2006년12월26일 매매 | 국세자 의정부시 |
| 19 | | | | |
| 20 | 1번조한주가처분등기 | 2009년9월15일 | 2009년9월15일 | |
| 23 | 12번이정○지분전부이전 | 2010년7월19일 | 2004년3월30일 매매 | 공유자 지분 189분의 24 이정 550203-2****** ... |

(출처 : 대한민국 법원 사이트)

## 적용사례 18. 대전 2013 타경 15340(2)

### 사건내용

| 소 재 지 | 대전 유성구 어은동 31● | | |
|---|---|---|---|
| 경매구분 | 강제경매 | 채 권 자 | 정○○ |
| 용 도 | 답 | 채무소유자 | 김○○ |
| 감 정 가 | 83,390,000 (13.07.10) | 채 권 액 | 380,448,809 | 매각기일 | 14.01.13 취하 |
| 최 저 가 | 58,373,000 (70%) | 토 지 면 적 | 269.0m² (81.4평) | 종국결과 | 14.01.13 취하 |
| 입찰보증금 | 5,837,300 (10%) | 건 물 면 적 | 0m² (0.0평) | 경매개시일 | 13.06.24 |
| 주의사항 | · 선순위가처분 [등기취득자지분형] | | | 배당종기일 | 13.09.11 |
| 조 회 수 | · 금일조회 1 (0) · 금차(공고후)누적조회 41 (3) · 누적조회 124 (14)<br>· 7일내 3일이상 열람자 3 · 14일내 6일이상 열람자 1 | | 0는 5분이상 열람<br>(기준일-2014.01.13/전국연합건전) | | |

**감정평가요항**

대전 유성구 어은동 31-2
- 철콘조남동측인근
- 주변에하천및도로인접
- 구거발전정행중인대전인근
- 교통상편리
- 차량접근가능,교통사항
- 부정형토지
- 남측구거사이에두고고지
- 차선노변로및간선도로
- (동서대로)개통

- 생산녹지지역
- 개발행위허가제한지역
- (도시2단계2군구)
- (용지구단지계획구역)
- (도시2단계2군구)

2013.07.10 지정감정

**특수권리분석**

표준지가: 170,000
개별지가: 190,000
감정지가: 310,000

**물건번호/면적(m²)**

물건중2-2번
(물건건수 3건)
답 269.0
(81.37평)
₩83,390,000
농취필요

**감정가/최저가/과정**

감정가       83,390,000
· 토지    83,390,000
          (100%)
(평당 1,024,825)

최저가   58,373,000
          (70%)

경매진행과정
①          83,390,000
       2013-12-02 유찰

          2014-01-13 취하

**임차조사**

법원임차조사
·점유 및 임대차 관계 미상

**등기권리**

소유권 김○○
       2002.02.01
       전소유자:김●●
가처분 정순●
       2010.02.23
       2010 즈단 42 대
       전 대전지방법
감 제 정순●
       2013.06.24
       *청구액:380,448,809원
열람일자 : 2013.11.14

(출처 : 지지옥션)

· **농취증** : 매각결정기일까지 대전지방법원에 농취증을 제 1,000m² 미만(도시 농업인의 경우) 농경영계획서를 작성하지 않고 농 출하여야 매각허가를 받을 수 있습니다. 미제출 시 보증금 성고전에 발급 신청할 수 있습니다. 농취증 발급 소요가 기간 금이 몰수될 수 있으므로 유의 바랍니다. 본 물건은 면적이 은 발급일로부터 4월 이내이므로 사전예방문(전화) 조사가 가능 수 있습니다.

(출처 : 대한민국 법원 사이트)

## 목적달성 - 이문

고유번호 1601-1996-031047

[토지] 대전광역시 유성구 어은동 31●

| 순위번호 | 등 기 목 적 | 접 수 | 등 기 원 인 | 권 리 자 및 기 타 사 항 |
|---|---|---|---|---|
| 2 | 소유권이전 | 2002년11월17일<br>제6063호 | 1987년 12월 22일<br>한수자 김정복 사망<br>1996년 6월 16일<br>한수자 김 성 사망<br>1988년 10월 14일<br>한수●김●●사망으로<br>협의분할에의한상속 | 소유자 김●●  510514-1******<br>대전 유성구 어은동 |
| 3 | 소유권이전 | 2002년2월11일<br>제12151호 | 2002년1월10일<br>매매 | 소유자 김●● 600915-1******<br>대전 대덕구 오정동 |
| 4 | 가처분 | 2010년2월23일<br>제16833호 | 2010년2월23일<br>대전지방법원<br>가처분결정<br>가처분결정(2010즈단42) | 피보전권리 이혼에 기한 재산분할청구권<br>채권자 정순● 611227-2******<br>대전 대덕구 오정동 83-<br>금지사항 매매, 증여, 전세권, 저당권, 임차권의 설정<br>기타일체의 처분행위 금지 |
| 5 | 강제경매개시결정 | 2013년6월24일<br>제6054호 | 2013년6월24일<br>대전지방법원<br>강제경매개시결정(20)13<br>타경15340) | 채권자 정순● 611227-2******<br>대전 대덕구 오정동 |

| 【 을 구 】 | ( 소유권 이외의 권리에 관한 사항 ) | | | |
|---|---|---|---|---|
| 순위번호 | 등 기 목 적 | 접 수 | 등 기 원 인 | 권 리 자 및 기 타 사 항 |
| 4 | 근저당권설정 | 2004년5월6일 | 2004년5월6일 | 채권최고액 금***,***,***원 |

열람일시 : 2013년11월14일 16시59분10초

2/3

(출처 : 대한민국 법원 사이트)

## 적용사례 19. 성남 2013 타경 20276

### 사건내용

| 소 재 지 | 경기 광주시 오포읍 능평리 | | | | |
|---|---|---|---|---|---|
| 경매구분 | 임의경매 | 채 권 자 | 성이OOOOO | | |
| 용 도 | 연립 | 채무/소유자 | 이OO | 매 각 기 일 | 14.03.10 (173,670,000원) |
| 감 정 가 | 320,000,000 (13.08.16) | 청 구 액 | 134,505,100 | 종 국 결 과 | 14.05.15 배당종결 |
| 최 저 가 | 131,072,000 (41%) | 토 지 면 적 | 124.4㎡ (37.6평) | 경매개시일 | 13.08.14 |
| 입찰보증금 | 13,107,200 (10%) | 건 물 면 적 | 168㎡ (51.0평) | 배당종기일 | 13.10.21 |

주의사항 · 선순위가처분

조 회 수 · 금일조회 1 (0) · 금회차공고후조회 138 (32) · 누적조회 344 (66)
· 7일내 3일이상 열람자 9 · 14일내 6일이상 열람자 7
(기준일 : 2014.03.10/전국연회원전용)
이는 5분이상 열람

2013.08.16 원인정

(출처 : 지지옥션)

## 목적달성 - 소유권이전

[집합건물] 경기도 광주시 오포읍 능평리
고유번호 1342-2003-010631

<table>
<tr><td colspan="6">( 내자위의 표시 )</td></tr>
<tr><td>표시번호</td><td colspan="2">내자위치인</td><td>내자위비용</td><td colspan="2">등기원인 및 기타사항</td></tr>
<tr><td>1</td><td colspan="2">1, 2 소유건대리권</td><td>2004분의 124, 421</td><td colspan="2">2010년6월25일 체내 간<br>2010년6월29일</td></tr>
<tr><td colspan="6">[ 갑 구 ] ( 소유권에 관한 사항 )</td></tr>
<tr><td>순위번호</td><td>등 기 목 적</td><td>접 수</td><td>등 기 원 인</td><td colspan="2">권 리 자 및 기 타 사 항</td></tr>
</table>

(출처 : 대한민국 법원 사이트)

이 책과 관련한 의문사항은 언제든지 네이버 카페 '부자를라이밍'에 질문주시기 바랍니다.

최선을 다해서 궁금증을 풀어드리도록 하겠습니다.

여러분의 성공 투자를 기원합니다.

https://cafe.naver.com/donzzul22

# 가틀가·가차분
# 투자 비밀 노트

제1판 1쇄 2024년 10월 3일

지은이 차건환
펴낸이 한성주
펴낸곳 (주)두드림미디어
책임편집 우민정
디자인 김진나(nah1052@naver.com)

**(주)두드림미디어**
등 록 2015년 3월 25일(제2022-000009호)
주 소 서울시 강서구 공항대로 219, 620호, 621호
전 화 02)333-3577
팩 스 02)6455-3477
이메일 dodreamedia@naver.com(원고 투고 및 출판 관련 문의)
카 페 https://cafe.naver.com/dodreamedia

ISBN 979-11-94223-12-2 (03320)